江苏省社会科学基金后期资助项目(18HQ012)

休闲农业发展成熟度评价及经营管理研究

毛　帅　宋　阳　王冉冉　著

中国矿业大学出版社
·徐州·

内 容 提 要

本书共分为五篇：第一篇是休闲农业的发展历史与前沿，主要介绍相关理论基础、国内外休闲农业的产业发展历史回顾、欧洲休闲农业的发展前沿及对我国的启示；第二篇是休闲农业发展成熟度评价与实证研究，构建并运用休闲农业成熟度评价指标体系对江苏省的休闲农业发展做出评价，并针对江苏省休闲农业的协调发展提出对策建议；第三篇主要是对中外游客消费行为和徐州市居民十五年休闲农业消费行为发展变化进行分析，基于此提出徐州市休闲农业发展战略路径选择；第四篇是休闲农业经营管理行为研究，首先基于游客满意度进行景区大型主题活动研究，其次基于环境容量提出“游环冲突”的解决原则及思路；第五篇则是总结及展望。本书信息丰富，可作为休闲农业管理人员和从业者的参考资料，也可为休闲农业相关研究者提供参考。

图书在版编目(CIP)数据

休闲农业发展成熟度评价及经营管理研究/毛帅，宋阳，王冉冉著．—徐州：中国矿业大学出版社，2021.12

ISBN 978-7-5646-5284-5

Ⅰ．①休… Ⅱ．①毛… ②宋… ③王… Ⅲ．①观光农业—农业发展—研究—中国②观光农业—农业经营—研究—中国 Ⅳ．①F326②F324

中国版本图书馆 CIP 数据核字(2021)第 271074 号

书　　名　休闲农业发展成熟度评价及经营管理研究
著　　者　毛　帅　宋　阳　王冉冉
责任编辑　陈红梅
出版发行　中国矿业大学出版社有限责任公司
　　　　　　（江苏省徐州市解放南路　邮编 221008）
营销热线　(0516)83884103　83885105
出版服务　(0516)83995789　83884920
网　　址　http://www.cumtp.com　**E-mail**:cumtpvip@cumtp.com
印　　刷　徐州中矿大印发科技有限公司
开　　本　787 mm×1092 mm　1/16　**印张** 11.25　**字数** 281 千字
版次印次　2021 年 12 月第 1 版　2021 年 12 月第 1 次印刷
定　　价　45.00 元

前　　言

休闲农业是运用农村自然生态、人文环境，经过设计和规划管理，为游人提供充满农业特色的休闲活动。近年来，我国重点关注农村发展，提出乡村振兴战略，其中一个主要表现就是大力支持休闲农业发展。虽然国家政策有所倾斜，我国休闲农业发展仍不够成熟，在此引入休闲农业的成熟度评价研究，同时通过调查2004—2019年以来休闲农业旅游中的中外游客行为变迁，为休闲农业的成熟发展指明方向，并提供战略路径选择。

本书共分五篇：第一篇是休闲农业的发展历史与前沿，主要介绍休闲农业的相关理论基础、休闲农业的产业发展历史回顾以及欧洲休闲农业发展前沿和对我国的启示；第二篇主要讲述休闲农业发展成熟度评价与实证研究，首先对成熟度和休闲农业成熟度相关的文献进行梳理，其次就休闲农业成熟度评价构建评价指标体系，最后就这些评价指标进行实证研究，探究江苏省内休闲农业发展的成熟度评价，并提出相应的对策建议；第三篇是基于中外游客消费行为对比提出休闲农业区域发展战略路径选择，首先以徐州市为例对休闲农业的消费行为进行研究，其次对休闲农业的市场进行细分，最后形成区域休闲农业发展战略，对接近几年提出的“全域”概念；第四篇讲述休闲农业经营管理研究，首先介绍基于游客满意度的景区大型主题活动研究，其次基于环境容量，提出“游环冲突”的管理方法；第五篇为本书的研究结论与展望，首先介绍本书的研究结论与创新点，然后展现了本书的研究不足与展望。

我国休闲农业的研究不断创新和深化，休闲农业景区的成熟度也在不断提高和发展，书中的相关内容难免挂一漏万，敬请广大读者指正。

在本书的撰写过程中，得到中国矿业大学经济管理学院和中国休闲农业协会诸多专家、学者的支持与帮助，在此一并致谢！感谢在调研中积极配合的各位游客和休闲农业景区的经营者们，是他们在调研过程中的积极配合为本书提供了第一手的真实数据，在此表示衷心的感谢！

本书从休闲农业的成熟度评价方面深入解读休闲农业的发展路径选择，让更多的人认识到休闲农业成熟度评价、研究休闲农业成熟度，支持休闲农业经济，使这一新型农业经营主体服务农业、发展农村、造福农民，为实现国家乡村振兴战略、统筹城乡发展、减少城乡差距、实现中华民族伟大复兴的“中国梦”贡献力量。

在本书出版之际，衷心感谢所有关心、支持休闲农业发展的朋友们！

著　者

2021年10月

目　录

第一篇　休闲农业的发展历史与前沿

第二篇　休闲农业发展成熟度评价与实证研究

第四篇　休闲农业经营管理研究

第五篇　总结与展望

第一篇
休闲农业的发展历史与前沿

第一章　休闲农业的相关理论基础

第一节　休闲农业的概念

休闲农业的概念在学术界并没有统一的界定，不同国家、不同研究背景和目的对休闲农业所使用的名词也不同。在国外，休闲农业的称谓有：agriculture tourism，rural tourism，agritourism，village tourism，farm tourism，agri-tourism，green tourism 等。在国内，与休闲农业相关的名词也有许多，如乡村旅游、都市农业、观光旅游、农业旅游等。

一、乡村旅游

1994 年，欧盟与世界经济合作与发展组织对乡村旅游的概念进行了界定，乡村旅游是指发生在乡村地区的旅游活动，乡村性是其核心和独特卖点。乡村旅游主要是在乡村特色景观环境中的一种旅游类型，其以农业景观为基础，注重乡村景观的欣赏和游玩。

二、都市农业

1935 年，青鹿四郎在他所著的《农业经济地理》一书中首先提出都市农业的学术概念：都市农业是分布于城市内并依附于城市的特殊型农业，主要提供农产品，并具有集约化、专业化的特征[1]。都市农业的主要特点是范围小，是围绕城市或者在城市郊区的一种供城市居民体验农业活动的新的农业，隶属于城市经济圈内，专门为城市游客提供休闲放松、了解农业、体验教育等活动的场所。都市农业的概念是美国学者最早提出的，20 世纪 50 年代末 60 年代初，一般表述有都市农业生产、都市农业区域。1977 年，《日本的农业模式》中也对都市农业做了精确表述，自此日本、韩国的研究者对都市农业展开了相关研究，农业经济学研究的分支中便逐渐有了都市农业。现在学术界对都市农业有着几种不同的表述，从不同视角得到不同说法。首先，从休闲农业内涵角度来说，都市农业与休闲农业都是体验休闲类等时兴的新型农业项目，也是旅游业和农业相互融合的结果[2]。其次，从区位的角度出发，都市农业是与都市相关联，具有限定范围，是城市地区以及周边延伸区在内的“插花式”的农地，所以郊区等较远区域的农业不应该包含在内。但是，休闲农业不具有限定范围，在此类农业旅游项目中是不分区域的。

三、观光农业

1998 年，范子文[3]对观光农业做出了解释，他认为观光休闲农业是通过自然环境和生态资源等天然景观，与农家人、农业经营的相关活动（农林牧渔的生产经营、农家生活及其文化等）结合产生的，主要是为人们进行放松体验式旅游、深度了解农村等提供场所。换言之，观光农业是以农业事务为基础，以生产经营为特点，农业旅游业相结合，再把农业的产销、农产品加工、提供休憩服务、调剂性劳动和新鲜食物享用等融为一体的新兴农业。观光农业的定义与休闲农业最相似，二者的概念基本相同。但是，有些学者认为，“休闲农业”比观光农业更为贴切。

四、农业旅游

农业旅游是将农业与旅游业结合，主要以地方的农业特色为基础，设计一些为城市居民提供休闲度假、农事教育、农事科普等的特色活动，满足游客“亲近自然、回归自然”的消费需求。农业旅游与农业息息相关，在内容上突显农业的魅力。

五、休闲农业

学者们对休闲农业的概念界定总结为五种：经营说、产业说、企业说、场所说、综合说。其中从经营说和产业说的角度界定休闲农业的学者较多。

（一）经营说

休闲农业是“农场主以所有者身份积极参与小规模旅游的一种经营形式”。观光休闲农业是为了人们进行娱乐性、教育性以及亲身体验劳动的一种活动，主要是让人们去浏览参观农业的耕种、劳作、培养等农事活动来感受农村环境[4]。吉尔伯特(Gilbert)等[5-6]指出，乡村旅游是农户为旅游者提供食宿等条件，使旅游者可以在牧场、农场等乡村环境中从事各种休闲活动的一种旅游形式。有学者将休闲农业界定为以休闲、娱乐、教育、体验农事为主要目的的企业经营活动[7]。

目前，学术界对休闲农业的定义为：利用田园景观、自然生态及环境资源，结合农林渔牧生产、农业经营活动、农村文化及农家生活，提供国民休闲，增进国民对农业及农村之体验的农业经营。

（二）产业说

产业说认为，休闲农业是结合生产、生活及生态等三生的农渔产业，同时也是集合农渔产业、加工制造业及生活服务业的“六级产业”，是一种农业转型的经营方式，应经过完善规划与开发建设，而成为一个具有特色与吸引力的地区，以促进游客可重复游憩与体验的休闲游憩产业[8]。休闲农业以农业为发展的基本单元，在延长农业产业链发展第二、三产业的基础上，与农村文化、教育、体育、旅游等其他产业结合，形成跨行业的新兴乡村休闲文化产业[9]。它是现代农业发展的主流模式，也是未来农村社会经济发展的新兴主导产业。因此，认同“产业说”的学者将休闲农业的定义划分为一个产业层面，从整个产业的角度进行研究。

（三）企业说

刘健哲[10]认为，休闲农业是农村农业的一种事业，是将农村的自然风貌、农业经营的特点、生产多样化、乡村独有的乡土文化以及环境独特性融入旅游，这种不一样的呈现方式，带给都市人一种放松休闲的感受——体验田园风光、感受农村劳作的乐趣，从而达到休闲旅游的目的。邵琳萍[11]也认为，休闲农业是农村三个产业的衍生品，结合了农业生产、生活劳作和环境生态等，紧密连接农业、服务业的新型农业产业形态和新型消费业态，因此，休闲农业是提供农副产品以及住宿、游玩等服务的企业。这类学者将休闲农业描述为一个企业，以企业的形态研究休闲农业的各种特点和发展。

（四）场所说

场所说的学者将休闲农业定义为供游客游玩、观赏、体验和教育的场所。郭一新[12]认为，休闲农业是将农业生产、农业生活、生态环境三者合为一体进行旅游开发的。其基本形式是：以农业生产为基础，利用农业自然环境和人文环境，选择城市周边地区，进行农业科学规划设计，形成集科研、科普、生产、销售、加工、观赏、娱乐、度假、咨询等为一体的体现综合性休闲观光农业的园区。

（五）综合说

这一类定义则是综合了休闲农业的多数角度，将休闲农业的组成、功能及特征都呈现在定义里，从多方面表述了休闲农业的作用，让民众对休闲农业的作用和特点有所了解。休闲农业是集农业生产、传统观光、现代观光为一体的综合产物[13]；莱恩（Lane）[14]从旅游活动性质、地域、规模、类型、社会结构、文化特征等方面对乡村旅游的内涵进行了较为全面的阐述。

综上所述，虽然有很多种不同的名词不同的界定，但休闲农业的本质都是以农业资源为基础，融合与农业有关的人、事、物，将传统农业结合旅游业逐渐转变为一种新的农业发展形式。这种新的形式既发展了农业，又为人们提供新的旅游形式，让人们接近自然、释放自我，成为发展农村经济、调整农业结构、统筹城乡规划的新的产业形态。研究表明，休闲农业是利用农业农村的自然风貌、生态环境、人文情怀，再进行设想和计划管理，提供给游客一种具备农业特色的休闲旅游活动。

第二节　休闲农业的特征

休闲农业是结合了农业与旅游业的新型产业，其内涵广泛，所具有的特征则来自农业与旅游双重属性的结合。休闲农业不仅具有农业基本的生产性、季节性、地域性，同时也包含了旅游业的观赏性、生态性等一些典型特征。有学者指出，休闲农业具有以下五种特性[15]：

一、包容性

大多数休闲农业是将第一产业和第三产业中的旅游业相融合而形成的一种新型农业产业，也有些休闲农业是将第一产业、第二产业和第三产业进行融合所形成的。通过对农村良好的生态环境和丰富的自然资源进行合理规划开发，在此基础上为消费者提供休闲文化娱乐等活动，并穿插特色工艺品加工、特色农产品加工等产业形成的一种将生态、生活、生产合为一体的新型农业发展形态。

二、地域文化性

不同的地区有着自身独特的乡村文化和风俗习俗。休闲农业就是通过对这种多样化的文化内涵进行开发建设，使得地域特色文化得以发扬，并且被广大消费者所熟悉。一方面是对乡土文化的推广与传承，使更多的人重视乡村文化；另一方面是通过文化建设对当地人的思想进步起到正面导向作用。

三、参与性

休闲农业活动中最为重要的就是体验。只有当消费者身临其境，才能真切感受到不同地域的特色。在整个参与过程中，消费者能够体验包括种植、管理、收获的农业生产全过程，以及农产品的初级制作、加工等环节，消费者可以从中获得心理的满足与全新的体验，这就是休闲农业参与性的根本所在。

四、季节性

休闲农业是旅游业和农业的结合体，自然存在农业本身所特有的季节性特征。休闲农业是对各个地区农村资源和环境的开发，不同地区有着各自的环境特点，不同类型的休闲农业会受到自然变化的影响，因此，休闲农业具有明显的季节性特点。

五、综合效益性

休闲农业作为乡村振兴的重要手段，它的出现和发展既符合经济发展的需要，又是人们对美好生活需要的多元化反映，更是生态环境保护的有力抓手。休闲农业在开发管理过程中，以原料的供给使用、特色文化的深入挖掘、自身娱乐的创造开发、生态环境的保护利用以及乡村就业岗位的创造等各类功能带动包括农产品加工业、交通运输业、餐饮业、旅游住宿业等相关产业的进一步发展。做到农业产业链不断延伸，使农村地区的面貌焕然一新。休闲农业的不断发展不但能够促进经济效益的实现，更多地体现在社会效益和生态效益方面。

第三节　休闲农业的分类

休闲农业内容广泛，由于存在地域差异，其类型也是多种多样的。为更好地了解休闲农业的类型，下面对休闲农业的类型进行汇总，见表 1-1。

表 1-1　休闲农业类型汇总

作者	分类依据	休闲农业类型
袁燕才等[16]	按层次	农业环境利用型、农产品直接利用型、农作过程利用型
丁忠明等[17]	按结构	观光林业、种植业、牧业、渔业、副业、生态农业
李春生[18]	按功能	观赏型、务农型（参与型）、品尝型、购物型、娱乐型、疗养型、度假型
韦林娜等[19]	按农业旅游发展地距离城市中心的距离	近郊型、中郊型、远郊型
袁定明[20]	按功能	农业公园，教育型农园、观光农园，民俗旅游、市民农园、休闲农场
戴美琪等[21]	按旅游功能方面的差异	务农型、观赏型、购物型、娱乐型、疗养型、度假型
郑雨尧等[22]	按土地利用分析的角度	塘基废弃地利用型、山岙荒坡利用型、土地整理型
史亚军等[23]	按休闲农业结构	休闲种植业、休闲牧业、休闲林业、休闲渔业、生态农业、休闲副业、高科技农业园、民俗文化园

由表 1-1 可以看出，根据不同的分类方式，休闲农业的类型也多种多样。首先，学者们根据不同的划分标准，对休闲农业的类型进行了不同的划分，都希望能够合理地将其类型划分出来。另外，休闲农业自身的多样性也是种类繁多的原因之一，人们根据本地独有的文化和景观，创造出不同的经营类型，满足大多数消费者的需求，从而吸引更多的顾客。随着休闲农业的发展，其类型会不断被创新和增加，休闲农业的种类将更加繁多，为休闲农业增添靓丽的色彩。

第四节　休闲农业的典型类型

根据美国、德国、日本、法国、日本等国外的实践研究发现，虽然休闲农业的类型很丰富，学者分类也很多，但其中人们比较青睐、规模又大的类型（表 1-2）一般有以下几种[5]：

一、观光农园

待农园的果蔬、鲜花以及茶类等成熟后对游客进行开放，游客可以自行采摘喜欢的果蔬，也可以欣赏、栽培等，能够充分体验田园的快乐，这种方式在国外较为常见。反之，对于农园的主人而言，一些服务设施(像座椅、凉亭等)投资有所增加，但同样采摘、运输、销售等过程的成本却相对减少了，所以最后农产品的价格仍具备市场竞争力。对于游客和消费者而言，他们不仅能够获取到高品质的产品，同时还享受到不同的乐趣，身心也可在此放松。每逢节假日，一家人或亲朋好友到农园观光，看看碧绿发青的蔬菜和五彩缤纷的鲜花，亲手采摘水果，尽情享受田园风光，是何等的轻松、愉快！

表 1-2　休闲农业的主要类型

形式	经营方式	休闲内容
观光农园	农园的果蔬、鲜花以及茶类等成熟	游客可以自行采摘喜欢的果蔬，也可以欣赏、栽培等
市民农园	让人们亲自下地耕作的园地，场所由农民来提供	租给市民，让市民可以自己种植喜欢的农作物或经营农艺等
农业公园	根据公园的经营思路，将农业生产地、农产品消费地和休闲旅游相融合	通常分为活动区、果蔬区、花卉区、景观区、森林区等
教育农园	教育农场、学童农园、自然生态教室等	特用植物、热带植物、水耕设施栽培、传统农具展示等
休闲农场	综合性的农业区。游客可以进行观赏、采摘、体验耕作、体验农民生活、感受乡村乐趣，同时还可以居住度假、娱乐	景色观赏、耕作体验、自然生态学知识解说、钓鱼等
森林旅游	森林公园、森林旅游风景区。森林公园和景区一般所处地形多变，如广阔的林地、山谷溪流等	通常有森林小木屋、森林浴步道、体能训练场等游憩设施
农村留学	市民会将自己的子女送到农村就读，或者在假期将子女送去农村居住	参与农场的各项事务活动
民宿农庄	农家对废弃或多余的农舍进行设计、改造、修缮，面向都市旅游度假者，同时赚取收入，称为民宿	休闲、住宿、秀丽的景色、农村文化和特色农副产品
民俗旅游	将乡村独有的生活文化风俗加入休闲活动中	民俗文物馆、地方人文、丰年祭、乡土文化等

二、市民农园

市民农园是让人们亲自下地耕作的园地，场所由农民来提供。通常将地处城市或近郊的土地统一规划分成许多区域，然后租给市民，让市民可以自己种植喜欢的农作物或者经营农艺等。这主要是为了让城市居民了解农业的整个种植产销过程，并体验农作的快乐。市民农园的主要功能是休闲体验，而不是生产经营。大部分市民也是在空闲日或节假日来到农园，其他时间则是由农园提供者进行管理。农园里种植成熟的农产品不能对外销售，只能赠予亲朋好友或自己享用。市民农园发展较早的国家是德国，于 19 世纪初就出现了政府提供给城市居民进行耕种的小片农地，让其体验自给自足的生活。1919 年，德国颁布了《市民农园法》，有了市民农园现在的模式。

根据使用对象的不同，农园可分为以下几种：残障人士农园（盲人农园）、儿童农园、家庭农园、银发族农园等。

三、农业公园

农业公园是根据公园的经营想法，将农业生产地、农产品消费地和休闲旅游相融合。比如，日本的某个葡萄公园便将景色观赏、葡萄采摘、衍生品制造及品尝，关于葡萄的一切相关产品和葡萄的诗词绘画等结合到节日庆典中，并举办一些竞赛活动等，这样的形式引来了众多游客。除去果蔬、鲜花、茶叶等专业性农业公园，大部分农业公园是综合性公园，通常分为活动区、果蔬区、花卉区、景观区、森林区等。农业公园面积和规模大小是由性质和功能决定的，既有 0.3 hm^2的小型公园，也有几十公顷的大型公园，一般为 10～15 hm^2。公园在经营方式划分上，既有政府免费提供给社会的，也有收费的。但从经营效率、提高市民消费能力与减少政府支出方面出发，还是采取法人的企业经营方式更多。

四、教育农园

教育农园是同时具备农业生产和教育两种功能的经营状态，其中种植的农作物、饲养的动物以及基础设备和服务设施都是在教育的基础上设计的，如水培植物、热带植物、传统式工具等，都是不常见的，目的是给市民进行教育普及。此类最具代表性的有德国教育农场和日本学童农园。例如，在法国巴黎郊区，有的教育农场的土地规模在 700 hm^2 以上，农场内修建了展厅、步道，开放了牛圈、挤奶室、奶制品加工车间等设施，向游人展示奶制品生产制作全过程，供农业学校的学生和游人免费参观。

五、休闲农场

休闲农场是综合性的农业区，游客可以进行观赏、采摘、体验耕作，体验农民生活、感受乡村乐趣，同时还可以居住度假、娱乐游玩[9]。农场设置的休闲游玩项目通常包括景色观赏、耕作体验、自然生态学知识解说、钓鱼等；同时，还有野餐式的娱乐，可以烤肉、滑草等。

六、森林旅游

随着环保的呼声不断加强，人们都倡导回归大自然，感受自然风光，世界森林旅游热方兴日盛。我国目前也开发了 200 多个国家级森林风景区。森林公园和景区一般所处地形多变，如广阔的林地、山谷溪流等，可以让人们感受天然风貌，从而成为人们休闲度假、旅游野营等活动的理想选择。森林公园通常有森林小木屋、森林浴步道、体能训练场等游憩设施。

七、农村留学

为了让青少年从小具备健康朴实、坚韧的人格，日本很多市民会将自己的子女送到农村就读，或者在假期将孩子送到农村居住，借此来锻炼他们。孩子们要参与到农场的各项事务活动中，这样锻炼孩子的方式称作“农村留学”[5]。对农村的家庭来说，接受寄宿的青少年能够赚取住宿费和伙食费；在节假日，家长探望孩子，同时也增加了农村家庭的收入。另外，市民可以买到农村的土特产、手工产品等赠予亲友，带动了农村经济的发展，提高了农村的经济收入。

八、民宿农庄

在国外，农场经营的规模可以达到几十公顷，如德国、丹麦等国就有二三十公顷的农村，一个大型农场可以划分很多功能区，是休闲度假的良好选择。另外，农场的景色优美，能够给长期居住在城市的人们带来新鲜感，所以市民会选择像民宿农庄这样的地方度假、放松身心，假日孩子们还可以体验乡村生活。在日本，农户耕作面积比较小，但优势在于秀丽的景色、农村文化和特色农副产品。这种地方，农家对其进行设计、改造、修缮，面向都市旅游度假者，同时赚取收入，称为民宿。民宿的住宿规模可容纳25～60人，以当地特色食物供应一日三餐，一天的收费在5 500～6 500日元。民宿经营以家庭成员为主，有少量的雇员工。从业者参加旅馆公会，依旅馆法规范经营，且旅客投宿均通过民俗协会安排。

九、民俗旅游

将乡村独有的生活文化风俗加入休闲活动中，像民俗文物馆、地方人文、丰年祭、乡土文化等。在德国，目前有多处村民俗博物馆，每处占地约25 hm^2，全部模仿百年前的样式建造，陈列从过去到现在的各种民宅建筑、农耕作业方式及农家生活，让游客体验农业生产与农家生活的变迁过程。在馆区内，农业生产使用的是没有化学肥料的天然物质，以馆内树木制作木炭，以畜力或人力耕种。馆区内生产的农产品虽不很多，但都是健康、鲜美的。此种博物馆不仅向市民展示了当地民俗文化，而且使社区农民增加了收益。

第二章 国内外休闲农业的产业发展历史回顾

第一节 日本休闲农业发展历史

日本的休闲农业发展历史总的来说分为三个阶段。

第一阶段:国家经济飞速提升时期,政府和社会适时推动了高级度假村的建设和经营。乡村旅游和休闲农业开始于20世纪50年代末,长野县本地人在冬季比较闲的时间,充分发挥当地独有的自然条件,设置了滑雪场和旅游馆,借此引来了众多旅游者。

第二阶段:在泡沫经济破灭以后,农业活动体验型休闲农业和乡村旅游、自然生态旅游开始飞速发展。日本为修缮泡沫经济带来的低劣旅游环境,从1993年开始推进全国性的休闲农业,尤其是大型城市周边地区的采摘农业园区。

第三阶段:伴随着周末的休息时间变长,日本市民的休闲生活需求在逐渐增长。另外,由于工业化和城市化带来的农业衰落,日本农民农业同样亟须与市民进行交融,所以国家加大了对农业农村的生态保护、文化传承作用的宣传。城镇居民的休闲需求也推动了日本休闲农业的进一步发展,并由此迈入了正轨。

随着农业现代化的出现,日本农业从20世纪70年代开始就产生了历史性的变化。随着体验经济概念的提出,休闲农业得到政府的广大支持,进而得到良好的发展。日本休闲农业具有类型丰富、责任到人、制度完整、开发合理等特点。

(1) 日本的相关协会和公司之间各司其职。在日本,农业合作组织扮演着极其重要的角色。1967年,日本成立了全国农协观光协会,这意味着休闲农业的发展在日本迈出了重要一步。协会的主要工作是从推动农业产业发展的角度对休闲农业进行宣传、研究、培训等。经过50多年的发展,日本的休闲农业已经自成一体,是日本现代化大休闲的有机组成部分。日本休闲农业形成目前的格局主要与其特殊的形成过程有关。日本土地是私有的,虽然第二次世界大战后进行了大规模的城市土地开发,国家买下城市周围的绝大部分土地,但仍有很多农民不愿出卖土地,结果城市社区就保留了一些私有土地,这些土地的主要用途不再是生产粮食,而是种植蔬菜和花卉。

(2) 日本政府通过合理科学的规划,制定了区域协调发展的战略,从政府角度对休闲农业的合理开发提供有益帮助;同时,将区域内的产学研紧密联系在一起,使各种相关产业和体验服务相融合,促进区域内休闲农业共同发展,推动整个区域内的整合营销,最终实现休闲农业与区域协同发展,促进产融结合,打造完整的旅游目的地和产业聚集区。

(3) 日本休闲农业发展过程中非常注重生态和文化的概念。休闲农业的乡村景观能够最大限度地进行保留，在开发过程中不会进行过多改变，保持传统的乡村环境。例如，小岩井农场中广泛存在的乡村风格的木屋、草地、羊肠小道等，这种美丽的乡村环境原本就是一种特殊的旅游吸引物，会给游客留下深刻印象。乡村的生态环境是开展各种体验性活动的宝贵观光资源，也是检验自然环境清洁程度和食品安全程度的重要指标之一。

(4) 在法律制度方面，日本以《观光立国推进基本法》《粮食、农村、农业基本法》为依据，建立健全休闲农业和乡村旅游的法律法规。这些法律法规明确规定了休闲农业与乡村旅游项目的审批程序和审核标准，具有较强的可操作性，不会受到人为因素的影响，使得各种管理条例的执行变得更为简单。这些规则不仅保证了企业能够合法经营，也使得那些想要借着休闲农业和乡村旅游的名头进行违法行为的人得到控制。法律法规的制定促使了日本休闲农业在快速发展的同时能够高质量发展。

日本休闲农业主要包括以下几种类型：① 森林资源开发与利用型。日本作为一个国有面积较小的国家，森林覆盖面积超过 2/3。众所周知，森林是良好的休闲农业观光资源，也有一些企业对森林进行开发与利用，使其创造更多的价值。例如，茨城县那珂郡美和村将村庄 20 hm^2 的国有用林租借给企业，由企业进行开发和管理。企业在森林里举办新生儿诞生植树纪念活动，在活动中提出“育人先育树”的理念，促使森林中的树木变得更多，同时也给企业带来巨大利润。② 景区边缘和都市郊区型。这种类型的休闲农业依托于著名的景区景点，是对景区景点的重要补充。例如，和歌山县早期民宿旅馆就是依靠当地的温泉和浴场等。近年来，日本国民的消费观念发生变化，闲暇时间变多，对于休闲的要求不断提升，对于休闲农业的接受度变高。在休闲农业发展及乡村旅游势头较好时，白滨町积极抓住机遇，建立农产品直销所，为城市游客提供当地新鲜、安全的农产品，提高当地农产品的附加值。③ 闲置农地开发利用型。该休闲农业类型是对丰富的自然资源、优美的环境和历史悠久的农业荒地进行开发，打造休闲农业景点。例如，饭田市成立南信州观光公社，大力发展休闲农业和乡村旅游，成立教育农园，吸引年轻游客了解农业知识，体验农村生活乐趣，规划市民农园，不仅带动了当地经济的发展，同时产生了极大的社会效益。

但是，日本休闲农业的进一步发展也遇到不少障碍，影响其发展的主要因素如下：① 耕地原本十分有限，但随着城市化的加速，开发建设占地越来越多，使可耕地变得更加稀缺；② 从事休闲农业劳动的劳动力日益减少，且严重高龄化、女性化；③ 农村城市化与工业化步伐不断加快，各种环境危害日趋严重，绿化覆盖率锐减，极大地破坏了生态环境。

第二节　德国休闲农业发展历史

市民农园起源于中世纪德国的克莱因花园(Klien Garden)，是德国休闲农业发展的典型代表。那时，德国人多在自家的大庭院里划出一小部分土地作为园艺用地，享受亲手栽培作物的乐趣。然而，德国休闲农业的真正发端一般认为始于 19 世纪，今日依然占到德国农业总产值的 1/3 的“市民农园”则最早诞生在 19 世纪后半叶。那时，德国政府为每户居民提供一小块荒地，让他们用作自家的小菜园，以实现蔬菜的自给自足，其目的是树立健康生活理念，使久居都市的人享受田园之乐。近年来，德国建立市民农园的宗旨已发生了很大的变化，转向为市民提供体验农家生活的机会，使久居都市的市民享受田园之乐。

田园综合体是德国休闲农业发展的一种典型的在郊区发展的农园模式，也叫作施雷柏田园。这种农园模式是从中世纪个人农作物培养演变出来的，此时，德国市民会在自家院子中划分出一部分田地进行种植，栽培农作物，享受经营田地的乐趣。1868 年，德国修建了第一个市民农园，从此，市民农园开始在德国流行起来，并逐渐在整个欧洲开始盛行。随着休闲农业的不断发展，德国休闲农业发展具有了一定规模，于 1919 年颁布了《市民农园法》，标志了相关法律法规的建立。因此，德国成为世界上最早颁布相关法律的国家。其流程为政府将公有土地或者从农村租赁一些土地提供给城市居民进行耕种和体验，每一个市民农园的占地面积大概在 2 hm^2，将这 2 hm^2 的土地划分为 50 个单元，每一个单元占地面积为 0.04 hm^2。城市居民在租赁土地的时候要与政府签订 25～30 年的租赁合同，且他们要承担起保护和管理农园的责任。在德国，人们将参与农艺劳作当作一种最为高尚的休闲娱乐方式，很多家庭都期望自己能够拥有一个农园，这是一件值得开心和自豪的事情。

截至目前，德国已经有超过 100 万个市民农园。卡尔斯农场在德国比较有名，它位于波罗的海沿岸的普克斯霍夫(Purkshof)小镇是一个以儿童体验生活为主的教育农场，占地面积 8 hm^2，成立于 1921 年。每年，该农场都会吸引约 500 万名游客，游客可以在里面进行采摘、游玩水上世界、体验农业劳作、教授儿童各种农业知识、宣传农业劳作精神，同时放松身心，与大自然进行更好的接触。与其他农业旅游经营模式最为不同的地方在于，该农场所有的休闲娱乐设施都是免费的。其主要收入来源为游客自觉、自愿进行草莓采摘所获得的利润。该农场在发展过程中将文化注入，打造了如草莓节、中世纪特色节等具有自身特色文化的节庆活动。同时，随着草莓农场的兴起，政府也提供大力支持，对农园进行改革，使其更加贴合游客需求，积极促进农业旅游，打造文化旅游，丰富旅游项目，促进经济发展。

第三节　法国休闲农业发展历史

法国休闲农业最早发展于 1855 年，最早是由一名叫欧贝尔的国家参议员及其带领的贵族成员所践行的。他们通过与当地农民同吃同住，学习相关知识，体验到农耕劳作的乐趣，进而更好地认识到了大自然的价值。

到 19 世纪 70 年代法国推出了农业旅游后，法国农业旅游得到了大力的发展。据统计，截至 2018 年，法国有农场 101.7 万个，其中大于 50 hm^2 的农场有 50.1 万个。法国的农场类型较全，主要包括：农场客栈、点心农场、农产品农场、骑马农场、教学农场、探索农场、狩猎农场、民宿农场、露营农场等农场类型。

法国巴黎是一个国际化大都市，城市化进程很高，也存在着相当发达的农业。这些农业不仅仅是为了生产农作物，更重要的价值是具有强大的生态功能、景观功能、休闲和教育能力。随着城市居民假期的增多，休闲成为城市居民放松的一种主要方式，随之而来的是休闲农业在城市中具有极为重要的作用，是其重要组成部分，承担着教育功能。

位于巴黎郊区的休闲农业旅游主要有以下三种经营模式。一是家庭农场类型。这种类型的休闲农业主要是进行农业作物的生产，同时也具有较高的生态价值，为城市绿化做出重要贡献。二是教育农场类型。这种类型的休闲农业主要是起到教育功能，主要是政府租用土地对农业部门的员工进行培训。还有一种是称为“自然之家”的教育中心。三是自然保护区类型。这种类型的休闲农业的主要目的是保护环境和文化遗产、景观遗产以及农村风貌，次要目的是利用这些农业遗产对游客开放，实现社会和经济效益。

为保护农民利益，法国于 1924 年成立农会，农会是一个农业职业性机构。法国农会常设委员会（APCA），成立于 1935 年，由省级农会主席和大区级农会主席组成，设在巴黎。

APCA 以保护法国农民的利益为目的来干预政府（主要是农业部）、议会及其他行政机构的各种行为，并代表省级和大区级农会在欧盟占有一席之地。1988 年，APCA 设立了农业及旅游接洽服务处，结合法国农业经营者工会联盟、国家青年农民中心和法国农会与互助联盟等专业农业组织，为法国农场规划出其明确定位的区域，并设计研发"欢迎莅临农场"组织网络，联结法国各个大区的农场，成为法国农场强有力的促销策略。

"欢迎莅临农场"这一网络组织将法国的农场划分为三大类型：美食品尝、休闲和住宿。其中，这三大类型又细分为 9 种不同属性的农场，并颁发图标以作为引导标志。9 种类型的农场分别有各自应遵守的条例。

农业及旅游接待服务处所设计的"欢迎莅临农场"网络组织，不仅提供日常农民经营农场的必要咨询，使其配合旅游活动，而且还配合国家农业及旅游业发展的政策，促使农民加入这 9 个系列农场活动中，提高了法国农场旅游的竞争指数。

法国的休闲农业之所以能达到世界领先的水平，除了良好的自然条件之外，合作社模式也发挥了重要作用。有数据显示，2018 年法国有 13 000 多个农业合作社，3 800 多家农业合作企业，这些合作社覆盖了 90%以上的法国农民，每年的产值可以达到 1 650 亿欧元。农业合作社模式融入农业生产和食品行业的各个环节，其服务功能能够帮助农民解决不少困难。法国的农业合作社和各个家庭农场之间既是独立的，又能相互合作，家庭农场负责农业种植和生产，合作社负责提供相关销售、运输等方面的服务，如此明确的分工让整个产业链都轻松了不少。另外，农业合作社还帮助农民与销售终端建立联系，农业合作社这种团体的力量不仅能节约生产成本，还能帮助农民在市场中取得更多话语权，从而维护农民的利益。

第四节　中国休闲农业发展历史

20 世纪中期，休闲农业开始在我国出现，经历了早期兴起、初期发展和初具规模 3 个阶段，最终发展到今天，并且持续在推进。20 世纪中期，休闲农业主要依托城市和景区带动周边乡村的发展，根据各自的地域特色旅游资源带动乡村旅游观光，以单一的乡村或农村观光为主。20 世纪 90 年代以后，城郊农村或者农户利用农业资源开办观光休闲农业园，开始融入采摘、钓鱼、野餐等农家乐活动，由单纯的旅游观光转变为带有休闲的体验活动。进入 21 世纪后，国家开始注意这一方面的发展，促使休闲农业进入快速发展阶段，融合各种休闲功能，逐步带来休闲收益。

我国休闲农业快速发展始于 20 世纪 90 年代，与海外休闲农业相比起步较晚。20 世纪 90 年代初期，有一些地方以村庄为基础开展民俗旅游，如浙江富阳"农家乐"曾接待过一批批的外国游客，传统的牛车、水车、染坊引起外国游客极大的兴趣，但没有形成品牌产品并持续发展下去。

经过 30 多年的发展探索，我国以乡村为特色的旅游已初具规模，呈现类型多元化、功能系列化的特征。

目前，休闲农业主要有以下几种形式：① 观光农业。观光农业以观赏农业景观为主。我国很多区县都发展了这一特色农业。② 休闲度假农业。休闲度假农业以休闲娱乐为主，如森林公园、水上娱乐场、沙滩浴场、乡村高尔夫球场、赛马场等休闲娱乐场所等。③ 体验型农业。体验型农业是指游客参与生产劳作，体验农业生产的乐趣。体验型农业是与各地观光、休闲农业紧密联系在一起的，如采摘、干农家活、吃农家饭、拉农家话等旅游活动等。

2004 年评出的“首批全国农业旅游示范点”[31]共 203 个。其中，北京市 7 个，天津市 4 个，河北省 8 个，山西省 3 个，内蒙古自治区 7 个，辽宁省 9 个，吉林省 3 个，黑龙江省 9 个，上海市 3 个，江苏省 16 个，浙江省 6 个，安徽省 17 个，福建省 2 个，江西省 5 个，山东省 25 个，河南省 12 个，湖北省 6 个，湖南省 3 个，广东省 14 个，广西壮族自治区 4 个，海南省 2 个，重庆市 6 个，四川省 9 个，贵州省 3 个，云南省 6 个，西藏自治区 1 个，陕西省 3 个，甘肃省 3 个，青海省 2 个，宁夏回族自治区 2 个，新疆维吾尔自治区 3 个。

2018 年全国休闲农业营业收入超 8 000 亿元，接待游客量超过 30 亿人次，农产品网络销售额超过 3 000 亿元，吸收人才 2 800 万人。2019 年上半年全国乡村旅游总人次超过 15 亿次，同比增加 10.2%，仅 2019 年上半年实现乡村旅游总收入 0.86 亿元，同比增加 11.7%，超过 2018 年的全年总收入。

分析我国休闲农业迅速发展的原因，主要是以下两个方面。

(1) 日益扩大的旅游市场的消费需求。在旅游消费方面，居民出行方式多样化程度不断提高，旅游市场环境日趋改善，相关消费需求旺盛。文化和旅游部数据显示，2018 年我国人均出游已达 4 次，国内旅游人数超过 55 亿人次，是 1994 年的 11 倍，年均增长 10.3%；国内旅游收入超过 5 万亿元，是 1994 年的 50 倍，年均增长 17.7%。

(2) 良好的政策扶持。我国各级地方政府均已认识到旅游业对优化产业结构、提升经济优势的重要作用，也纷纷出台支持、鼓励、指导旅游农业发展的政策、措施。更有部分富有卓识的政府官员，鼓励之余，带头发展农家游。例如 2019 年 12 月，甘肃省卓尼县出台《关于创新打造文化旅游“一十百千万”工程促进乡村振兴的实施方案》。此方案旨在发展乡村旅游，推进乡村振兴，着力打造文化旅游标杆村。

同时，迅速发展的休闲农业旅游也势必会吸纳更多的农村富余劳动力，解决更多的人员就业问题。目前，我国不少地方开展的休闲农业旅游大多是粗放式，更适应国内市场。我国的农村大多村落式，开发面向入境市场的乡村旅游不能完全套用发达国家的做法，但应吸收国外有关乡村旅游的理念，与我国的国情相结合，突出中国的民俗文化。

第三章　欧洲休闲农业的发展前沿及对我国的启示

得益于居民休闲的需要、政府的重视和从业者的探索，国内外休闲农业均已得到了长足的发展，形成了较为完善的传统经营与管理模式。但在科技日新月异的今天，新科技与互联网冲击了诸多领域，亦包括以传统大农业为基础的休闲农业。近年来，新科技和互联网不断应用于精准农业的生产与经营，初步产业互联网、现代生产制造、电子商务均日趋成熟。在此背景下，德、英、法等欧洲休闲农业经营大国，其休闲农业经营也都出现了新举措和新发展，值得我们探究和学习。

第一节　德国的休闲农业新发展

在德国，休闲农业如今已成为一种高度的品牌农业文明，是一种成熟的生活方式。休闲农业已经成为德国政府所重视并成功推动转型的农业经营模式。

一、已形成休闲农业循环立体经营模式

德国的休闲农业在新的科技背景下，呈现大规模、立体生产经营模式。以德国巴伐利亚最大的农场——丹尼斯农场为例，这是一个占地面积达到 1 600 hm^2，以商场、餐饮、畜牧场、种植场、沼气生物发电等立体生产经营模式为特色的现代化休闲农业旅游目的地。在其 1 600 hm^2的土地面积中，900 hm^2 种玉米，400 hm^2 种小麦，50 hm^2 种芦笋，20 hm^2种西红柿、黄瓜和辣椒，剩下的土地种草用来畜牧。各种作物秸秆和动物粪便可用来产沼气。大规模生产与管理在基于互联网和物联网的管理系统中按部就班。循环农业发展给丹尼斯农场带来了巨大的效益，仅用沼气发电一项，每天就能够抵消 11 hm^2 休闲区 50%的成本。丹尼斯提供奶、蔬果和特色冰激凌给超市，也提供各种特色的加工品给游客。丹尼斯农场休闲区环境友好，体验性强，每年均迎来大批游客。

二、已建成系统的休闲农业人才培养体系

在德国，丹尼斯农场的成功不是个案，大量成功案例依赖于德国农业人才培育政策和体系。德国各州的休闲农业经营管理由各自的社会福利部门或经济部门负责共同策划并执行，为农场经营者提供系统的知识培训。在德国，要成为休闲农场的经营者必须经过培训并取得证照。在开业初期，培训老师会驻留农场指导经营管理。可以说，德国的农业教育充分体现了“理论与实务并重”。

三、已拥有完善的政府支持配套系统

德国休闲农业的资助主要靠各类组织，大约有 90%的休闲农场经营者都加入了各州的休闲农场协会。另外，经营者都积极参加休闲农庄等级评比，其评比包括 5 个等级，项目包

括了住宿空间品质、服务质量、公共设施、环境美化、景观等。国家层面则是由经济部休闲观光部门主导，跨部门将农业农村部、社会福利部、建设部等协同起来规划指导休闲农业发展，并成立了以文化和旅游部为中心的完善的旅游推广体系。

四、国际联合推广运营

对于欧洲地区的休闲农业，因地缘优势，以德国、荷兰等为代表的休闲农业旅游大国已经开拓了成熟的国际联合旅游线路，比如从 2015 开始德国和荷兰就联合推出了“休闲农业花季之旅”的游学课堂，广受民众好评。

第二节 法国的休闲农业新发展

法国自然风光秀美，人文底蕴深厚，农产品种类多、产量大。其通过优化合理配置资源，依托新科技，形成了诸多专业性强、特色明显的现代化农场。

一、高科技元素融入传统休闲旅游

法国已将发达的科技力量渗透到休闲农业旅游中。以法国巴黎布洛涅城市公园为例，最初它属于皇家林园，如今坐落其中的路易威登基金会艺术中心以“数字计划(digital project)”为基础，这座由 1.9 万块白色增强纤维混凝土面板覆盖建造而成的“云朵”已经成为法国乃至全球当代艺术的新标志，是市民休闲旅游的好去处。另外，巴黎布洛涅森林旅游也体现了科技与休闲农业旅游的完美结合。

二、全景模拟、远程查询，实现预售优化管理

法国已建成景点全观网络模拟系统和完善的旅游网络预售制度，这些使游客可以轻松实现旅行线路、景区、交通、住宿的远程直观查询。

三、农户为主体，政府大力扶持

法国政府每年组织一次为期两天的休闲农业博览会，为农户和休闲农业经营者提供信息。所有通过政府评级，达到三稻穗(三星级)标准的家庭旅馆即可得到修缮补助津贴。法国政府还成立了休闲农业常设会议机构包括国际小组来促进休闲农业的发展。其海外宣传和推广也有明确的部门——法国旅游发展署。

第三节 英国的休闲农业新发展

一、精准农业造就高科技休闲农业项目和产品

作为工业革命的先驱，英国的制造业和农业发展依然处于世界领先水平。就牛奶加工生产而言，英国至少 30%以上的农场已经应用了全球最精密的奶源监控系统。在这个系统中，每头奶牛身上都有电子设备监控它们的健康数据和产奶数据。奶牛们会自己排队进入产奶区，挤奶均由机器人完成。再如，英国有许多农场采用智能机器孵化小鸡和鸟类，许多教育农园将这一孵化过程按时间分类管理展示给游客。这些高科技的教育农园可使英国学生对现代化农场和动植物进行深入的了解，发挥其教育作用。

二、可持续发展探索颇有成效

以“乡村庭院”为特点的英国休闲农业起源于 17 世纪。众所周知，英国在经济发展的同时，也为自然环境被破坏而付出了惨痛的代价，因此，其现在成熟的休闲农业经营已经跨越了纯盈利时代，开始关注可持续发展。以坐落在英格兰中部的拉夫堡西笔架山农场（West Beacon Farm）为例，其生产和服务均致力于减少英国的碳排放量，已经成为世界范围内新能源技术研发运用和可持续发展的典范。西笔架山农场运用了很多可再生能源和节能技术，农场所使用的电和水不仅不需要依赖国家电网和水资源，相反，还能反哺国家电网。该农场所运用的新技术包括风力发电、光伏发电、氢能存储、雨水过滤、电动和混合动力运输等。就农场的风力发电装置而言，既为农场提供了能源，还成为了靓丽的风景，实现了经济效益和社会效益的“双赢”。

三、经营者主动肩负社会责任

仍以西笔架山农场为例，其创始人创立了一个非营利组织为诸丁汉大学等三所大学提供研究可持续发展的基金，致力于解决国家的环境问题，并作为意见领袖通过自己的行动来影响他人关注可持续发展。可见，该农场的经营者已经主动担负起社会责任。

第四节 欧洲休闲农业新发展对我国的借鉴

作为休闲农业发展的前沿地区，以英、法、德为代表的欧洲国家在当今高科技背景下，其休闲农业经营给了我国休闲农业的发展以诸多借鉴和启示。

一、从休闲农业经营的角度而言

（一）明确农户主体地位，政府实现规划引导

农户为主体意味着农户应当是休闲农业经营的最终和主要受益者，而政府的角色是规划引导者，即从整体上协调资源，并做好教育、培训和配套宣传。在我国，目前休闲农业的主要经营关系是“公司＋农户”，该模式下农民由于缺少经营管理知识和资金，往往失去主体地位，真正收益难以确保。然而，无论是英国的山庄、法国的葡萄园，还是德国的农园，休闲农业经营中都是以农户为主体。与此同时，法国成熟的休闲农业教育帮扶体系，德国、英国的政府资助体系都很好地帮助农户经营管理，非常值得我国借鉴学习。目前，我国休闲农业的经营管理、宣传推介尚无明确归口。因此，明确农户主体地位，政府实现规划引导，二者缺一不可。

（二）建立包括国际联合推广的系统推广模式

近些年，休闲农业在我国飞速发展，农业农村部、文化和旅游部也连续多年进行了全国休闲农业与乡村旅游示范县、示范点创建活动。但是，我国目前尚无一个系统的休闲农业景区展示、推荐平台。相比较而言，法国的远程全景模拟、网络预售，德国和荷兰的国际联合推荐都非常值得我国借鉴。当然，我国也应建立自己的系统和推广模式。

二、从休闲农业产业发展的角度而言

（一）以高科技与精准农业助推休闲农业产业发展

在欧洲地区，休闲农业景区内随处可见高科技设备与精准农业。目前，我国休闲农业开发尚处于比较粗放的阶段，虽然休闲农业的经营本身就是环境友好和可持续发展的，但只有与高科技相结合，才能更好地发挥其环境友好、节能、绿色、可持续发展的价值与作用。

（二）要整合优化与延伸发展休闲农业产业链

欧洲地区的休闲农业产业链的上下游都已经整合优化完毕，并已延伸发展；同时，其产业链已经开始走向多产业、多企业协同作用的模式。例如，农场的农作物一部分用来哺育奶

牛，奶牛产奶，牛奶被制成冰激凌等出售给景区的游客，而多余的牛奶加工后通过冷链运输送到超市销售或奶粉加工企业。相比较而言，国内的休闲农业经营景区大多还处于“自给自足”阶段，上下游产业链有待于进一步整合优化并延伸发展。

三、从社会发展的角度而言

（一）更精细地细分市场，更好地满足游客需求

休闲农业旅游作为一个大市场，游客数量非常庞大，而这些游客又有着各自不同的旅游目的和喜好。在法国，休闲农场仅休闲农业就可分为9种形式，能够非常精准地满足游客的需求。相比较而言，我国的休闲农业经营模式较为粗放，还处于大而全的探索阶段，特色化经营有待于进一步提升和发展。

（二）要基于休闲农业经营助推社会可持续发展

休闲农业的发展本身就是对大农业资源的整合优化，休闲农业的经营势必也会助推社会可持续发展。目前，我国与欧洲地区国家的差距在于：我国休闲农业对于社会可持续发展的助推还是无意识行为，但以英国为代表的地区已经上升到了意识层面，其休闲农业经营者已经有计划地去反哺国家能源，去引导和助推社会可持续发展，这也是我国休闲农业经营未来期望的高度。

四、小结

欧洲地区作为休闲农业的起源之地，在当今高科技和互联网迅猛发展的背景下，休闲农业发展也有了诸多新举措：从精准农业奠定发展基础，到循环立体模式的开发；从市场精细划分，到高科技元素的融入；从政府的扶持、国际联合推广，到经营者反哺国家能源，助推可持续发展，都给我国目前休闲农业的经营、产业发展和可持续发展以诸多借鉴。

第二篇
休闲农业发展成熟度评价与实证研究

第四章　成熟度与休闲农业成熟度

第一节　成熟度研究综述

一、成熟度的概念

成熟度的概念来自软件能力成熟度模型(capability maturity model for software),是美国软件工程研究所推广实施的一种评价标准,主要用于软件开发过程的评估和改进[32]。后来,学者们开始在各个领域用“成熟度”来评价事物发展的现状,如产业转移成熟度评价体系研究、项目管理成熟度、人力资源成熟度、电子商务成熟度等一系列的研究。

对于成熟度的概念,照字面意思是成熟的程度,它描述了从一个初始的状态,经过若干个中间状态达到一个更高级的状态的转变[32]。1993 年,保尔克等[33]将过程成熟度(process maturity)定义为“一种将过程清晰定义的,可以操纵、测量以及持续改进的程度”。马文等[34]认为成熟度是一个形容事物程度的概念,一般用于描述一件事物的发展与完善的程度。肖吉君等[35]将成熟度应用到智能制造中,分为非常高、较高、中等、较低、非常低 5 个等级,总结得出智能制造成熟度等级较低的地方需要注意的举措,以促进制造业转型升级。马静[36]将成熟度模型应用到财务评价中,将评估结果量化到成熟度等级。

本书中的成熟度是指休闲农业现阶段的发展状态,成熟度的不同反映了产业不同的发展现状。将成熟度模型运用到休闲农业现状的发展评价之中,深入挖掘现阶段休闲农业的发展状况,对江苏省内的休闲农业做出评价,引导省内休闲农业趋于规范、健康的发展。

二、能力成熟度模型内涵

最早研究能力成熟度模型(CMM)的是美国卡内基美隆软件工程研究所,他们提出的成熟度模型是用来描述如何提升软件开发能力、改善软件质量的框架。该模型基于软件计划、开发、设计和维护的整个过程,评估软件目前所处的阶段,找出影响软件质量和过程的最核心因素,并参与进一步改进软件的过程,为软件的成功开发提供指导方向,从而引导软件向更为成熟的层级迈进。

在最初软件的 CMM 建成后,国内外学者对成熟度模型的研究逐渐增加,学者们借鉴最初的成熟度模型,结合研究的领域和实践将成熟度模型发展到各个学科,为成熟度模型的理论研究奠定了深厚的基础。例如,美国项目管理解决方案公司提出的项目成熟度管理模型(PMS-PMMM)[37]。孙昌庆等[38]在研究企业信息化成熟度判定时,将 Synnott 模型中的 4 个信息化阶段对应到 8 个有代表性的信息化过程,信息化成熟度可从 8 个过程得到反映,启示人们在现代企业管理中应加强战略信息资源转化为竞争武器的速度和力度。陈淑静等[39]在软件成熟度理论基础上，从用户体验的角度，对软件成熟度的影响因素进行了研究，建立基于可用性、易用性和爱用性 3 个层次的用户体验的成熟度影响因素，从而使软件达到高层次成熟度。

结合现有的理论基础，我们认为成熟度模型就是构建一个引导组织或个人能力成功发展的框架。在组织发展过程中，成熟度模型能使组织认识到现状，当组织的现状达到某一阶段所需要的条件时，就可以向更高的层次改进，同时能明确进入下一阶段所要达到的要求和目标，正确引导组织在发展过程中不断提升。

三、能力成熟度模型内容

能力成熟度模型包括 3 个部分：成熟度等级、关键过程域（KPA）和关键实践（KP）。

（一）能力成熟度模型等级

能力成熟度模型的等级有 5 个：初始级、可重复级、已定义级、可管理级和优化级。每一个低等级是下一个高等级的基础，在低等级的支持下，组织能力便可以向高等级迈进；而且每一个等级都有一定的实现条件，只有满足低等级的标准条件，组织的能力才能提升到更高等级。能力成熟度模型结构如图 4-1 所示。

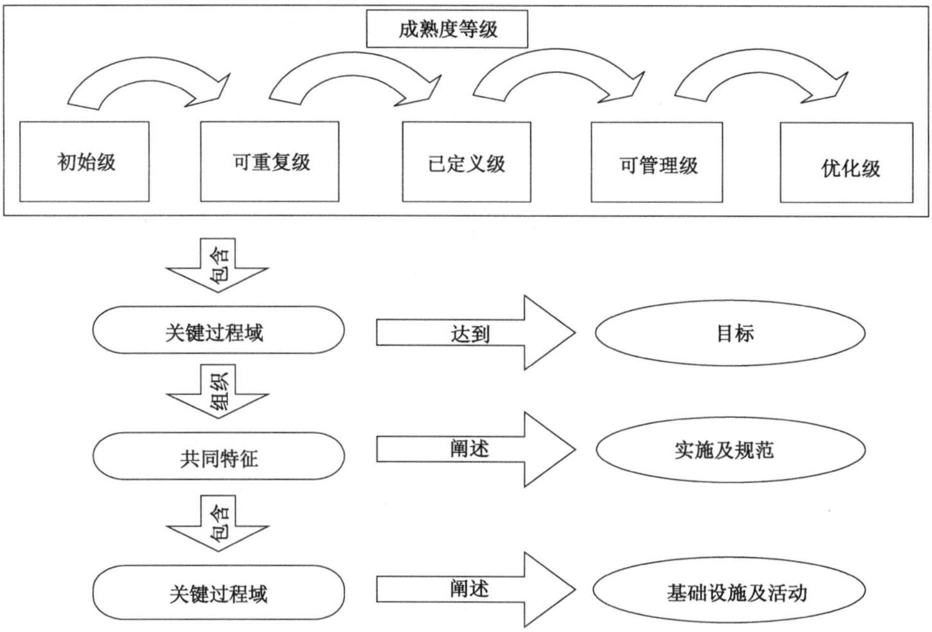

图 4-1　能力成熟度模型结构图

（1）初始级：初始级等级较为低级，软件的整体状态混乱，没有准则可循，处于不断探索阶段，这时软件开发成功与个人的努力和智慧紧密相关。

（2）可重复级：这一阶段，组织经过一定的经验积累，对软件开发过程较为熟悉，并形成一定的流程，他们在之后的工作中就会把过去成功的经验运用到相类似的案例当中，按部就班地开发。这种流程和管理方法是可重复的。

（3）已定义级：这一阶段，组织的软件开发能力已实现标准化和文档化，组织将会按照相应的标准进行软件的开发和维护。

（4）可管理级：组织对这一阶段的软件开发过程能够进行量化管理，会精确地测量软件开发过程，控制软件的开发和改进。

(5) 优化级：优化级是组织软件开发能力的最高等级。这一阶段，组织已经熟练掌握软件的开发过程，不再局限于以往的经验，而是在原有的基础上进行创新，并对软件进行进一步的改进，完善软件功能。

（二）关键过程域

为保证组织在各阶段正确的发展，采取有效措施，在成熟度模型中的每个阶段都有一定的内部结构，主要包括关键过程域和关键实践。在成熟度模型中，除第一阶段外，其他的阶段都有关键过程域。关键过程域主要包含了每个阶段组织能力所要达到的目标，只有组织满足这一目标，才能在原有的基础上向下一成熟阶段迈进。

（三）关键实践

关键实践是关键过程域当中的指标，也就是关键活动，组织在完成关键活动后才能够完成相应的目标。因此，关键实践是组织实现目标的指示条件，也是主要的行动指标，告诉组织应该要"做什么"。

四、能力成熟度模型引入休闲农业评价体系的可行性分析

能力成熟度模型在探索软件开发过程中，组织能够根据软件的开发现状确定开发的等级，从而对软件开发成熟度进行改进。将能力成熟度模型引入休闲农业的评价体系，可以确定某个地区或组织休闲农业的现阶段的发展水平，从而找出其发展存在的薄弱点，进行针对性的提升。由于在每个发展阶段的关键过程域不同、实施的关键活动不同，所以每个阶段的侧重点也是不同的，改进的过程就需要对关键实践中的关键活动进行改进，进而促进休闲农业不断发展。因此，将能力成熟度模型引入休闲农业评价体系，这样就可以在研究现状的基础上对休闲农业每个阶段的关键过程域进行管理，通过评价体系对现有的关键指标进行评价，从而清晰地认识休闲农业现阶段的发展，并有针对性地提升休闲农业发展的关键因素，实现休闲农业高效、有序的协调发展。

本书在能力成熟度模型的理论基础上，首先结合休闲农业的特质，构建休闲农业理论模型框架，为休闲农业的发展提供一个改进的模型；之后基于休闲农业成熟度模型构建成熟度评价指标体系，组织可以根据休闲农业成熟度评价体系评价休闲农业产业的成熟度；然后有针对性地指导休闲农业的发展，保证在发展休闲农业过程中不再盲目建立和扩大休闲农业的数量与规模。

第二节　休闲农业成熟度等级划分及特征描述

一、休闲农业成熟度等级划分

通过文献研究发现，很少有研究者将成熟度模型引入休闲农业评价体系当中。杨紫英[40]在研究北京环城游憩带成熟度评价模式时，也只是将成熟度引入文章，并没有建立成熟度模型。除此之外，在其他与休闲农业相关的文献中，也没有将成熟度模型纳入休闲农业评价体系的研究。因此，通过大量的文献研究，本书将休闲农业成熟度模型定义为：休闲农业成熟度模型是以一个地区休闲农业的发展现状为研究对象，从休闲农业发展的客观因素和主观因素出发，将休闲农业成熟度分为5个等级，同时在每个等级上设立休闲农业在该阶段的关键过程域，并明确其关键实践，从而构成地区休闲农业发展成熟度的框架结构。模型涵盖了一个地区休闲农业维持和提升的整个过程，它的核心就是引导组织发现休闲农业存在的不足，并制定有效的改进策略，促使地区的休闲农业高效、有序发展。

本书依照能力成熟度模型理论，根据研究对象的特质，将休闲农业成熟度模型划分为5个等级：混乱期、重复期、成长期、成熟期、优化期，如图4-2所示。

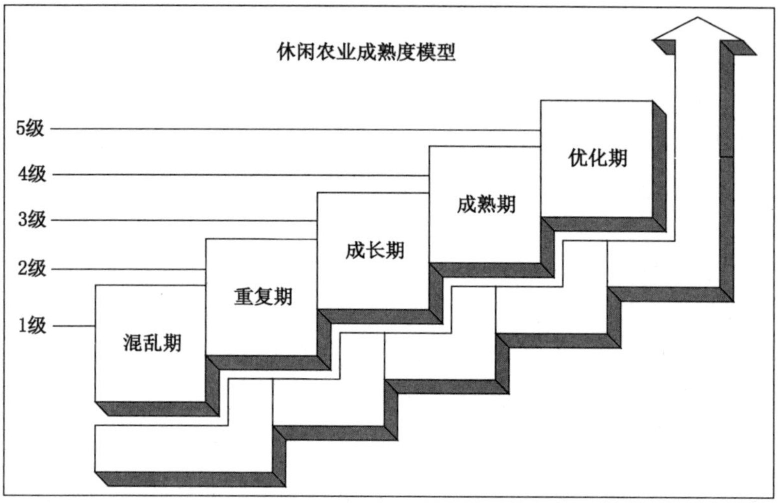

图4-2 休闲农业成熟度模型等级划分图

二、休闲农业成熟度等级特征描述

（一）混乱期

这一阶段，一个地区的休闲农业刚刚起步，没有现成的标准和经验，也没有正确管理的方法和系统的规划，组织只能凭借管理者的摸索和自我能力去创建休闲农业，因此，休闲农业的发展在这一段显得没有目标且混乱。改进的方向就是建立一些示范区，增加人们对休闲农业的正确认知，引导更多的休闲农业经营者合理建立农庄。

（二）重复期

随着休闲农业的发展，休闲农业的优势和盈利效果已突显出来，地区和企业对休闲农业的重视度增加，休闲农业的建立有了目的性，各部门有意识地对休闲农业进行规划，并建立相应的休闲农业示范区，引导当地的休闲农业正确建立和发展。另外，政府和很多休闲农业企业都在前期阶段积累了一定的经验，面对相似休闲农业的建立，组织能够较快地参照经验对其进行管理。但这一阶段，很多的休闲农业的经营模式较为雷同，只停留在大量的重复建设层面，缺乏系统规划。因此，这一阶段改进的方向是向标准化改进，建立正式的组织管理机构，加强对休闲农业发展的管理。

（三）成长期

这一阶段，克服了重复期按部就班的经营，建立了休闲农业的发展标准，对休闲农业的管理已进入标准化和文档化的阶段，休闲农业的数量和规模也达到了一定的程度。此时，地区的休闲农业已逐步趋于规范管理，地区政府强力支持休闲农业建设，设定了休闲农业的星级划分，并且对休闲农业发展的各项指标提出了严格的要求，以期实现休闲农业的标准化管理。

（四）成熟期

休闲农业的发展已标准化，地区设立专门的部门，对地区休闲农业进行统筹规划；同时，地方设立相应的学科和培训机构，为休闲农业培训相关的人力资源，以便为休闲农业提供专业的、高水平的管理人才。除了标准化的发展休闲农业之外，组织应建立休闲农业发展指标的量化管理体系，对休闲农业发展过程中的各项指标进行控制，也要对休闲农业项目进行监测；同时，组织更加注重当地休闲农业的质量，并且建立了不可替代的“休闲农业文化”。

（五）优化期

这一阶段，休闲农业的企业开始进行创新，不断改进休闲农业的内部结构，以使得当地的休闲农业更加优化。一个地区的休闲农业的发展趋于稳定、健康，当地的休闲农业已有了独特的品牌，形成了自有文化，吸引大量的游客前来体验，给人们带来不可替代的感受。另外，休闲农业的发展不仅为地区创造了经济效益，而且，休闲农业的发展已达到了统筹城乡规划、促进环境与经济协调发展的境界。

第三节　休闲农业成熟度模型的关键过程域和关键实践

休闲农业成熟度模型中每一个等级的关键过程域都不相同，侧重的内容和标准也不相同；同时每一个过程域又包含了几个关键实践，从而构成休闲农业成熟度模型的内部结构。

一、混乱期

在休闲农业的混乱期，地区的休闲农业处于萌芽阶段，没有经验和标准，发展较为混乱。在这一阶段，没有关键过程域和关键实践，如表 4-1 所列。

表 4-1　休闲农业成熟度混乱期的关键过程域和关键实践

等级	关键过程域	关键实践
混乱期	无	无

二、重复期

这一阶段，地区休闲农业的发展趋于大批创建的时期，很多的农户或企业开始模仿已有的休闲农业进行开发和经营。该阶段主要的关键过程域包括：休闲农业的规模、休闲农业的盈利性、休闲农业的保障力、休闲农业的发展潜力等。在关键过程域中，包括了一些关键实践活动，如表 4-2 所列。

表 4-2　休闲农业成熟度重复期的关键过程域和关键实践

等级	关键过程域	关键实践
重复期	休闲农业的规模	休闲农业的数量、休闲农业的规模分布
	休闲农业的盈利性	地区休闲农业年营业收入
	休闲农业保障力	休闲农业的基础设施、交通设施、通信设施等
	休闲农业的发展潜力	地区休闲农业年游客量，举办的节庆数量

三、成长期

在休闲农业成长期，休闲农业已建立标准化制度，开始注重休闲农业的质量，也得到了政府的强力支持。这一阶段，主要的关键过程域包括：休闲农业的标准化、休闲农业发展质量保障、休闲农业的景区规模和资源、地方政府的政策支持等，如表 4-3 所列。

表 4-3　农业成熟度成长期的关键过程域和关键实践

等级	关键过程域	关键实践
成长期	休闲农业的标准化	地区休闲农业的标准制度、示范区数量
	休闲农业发展质量保障	安全措施、卫生状况
	休闲农业的景区规模和资源	旅游资源数量、景区的规模
	地区政府的政策支持	政府政策法规、财政投入

四、成熟期

休闲农业达到成熟期时，说明休闲农业的发展已经步入正轨，地区的休闲农业更加注重量化控制，组织可以测量和分析休闲农业的各项指标，对休闲农业进行完善和改进，使地区的休闲农业变得更加协调和繁荣。这一阶段，主要的关键过程域包括：休闲农业人力资源质量、休闲农业的服务水平、休闲农业景观质量保障、创新性和定量化管理等，如表 4-4 所列。

表 4-4　休闲农业成熟度成熟期的关键过程域和关键实践

等级	关键过程域	关键实践
成熟期	休闲农业人力资源质量	员工的质量和水平
	休闲农业的服务水平	游客的投诉率、游客体验感知
	休闲农业景观质量保障	休闲农业知名度、景区独特性
	创新性和定量化管理	地区休闲农业的种类、定量化管理目标

五、优化期

优化期阶段的休闲农业的发展是休闲农业成熟度模型的最高等级，这一阶段的休闲农业的发展已经十分完善，关注的方面已上升到更高的境界，如城乡统筹的效果、人与自然的融合等。这一阶段，主要的关键过程域包括：休闲农业文化独特性、人与自然的协调性、对社会的贡献性、休闲农业的过程变更和技术变更等，如表 4-5 所列。

表 4-5　休闲农业成熟度优化期的关键过程域和关键实践

等级	关键过程域	关键实践
优化期	休闲农业文化独特性	地区不可替代性休闲农业文化
	人与自然的协调性	环境保护、生态系统的修复
	对社会的贡献性	对农村人口的就业率的贡献、对参与者的教育程度
	休闲农业的过程变更和技术变更	防范缺陷、升级已有的模式，更新技术、理念、方案

第五章　休闲农业成熟度评价指标体系构建

一个地区休闲农业的成熟度可以评价该地区休闲农业的发展状况及其发展中存在的问题和因素。本书在构建休闲农业成熟度模型的基础上，根据科学性、全面性、客观性、简便可行性原则，结合休闲农业的特点，通过查阅文献、与学者讨论以及专家咨询的方法构建一套较为适用的休闲农业成熟度评价指标体系。

第一节　休闲农业成熟度评价指标体系构建的准则及依据

一、休闲农业成熟度评价指标体系构建原则

（1）科学性原则

在构建休闲农业成熟度评价体系时，要准确、客观地选取评价指标，建立科学的休闲农业成熟度评价指标体系，采用定性、定量结合分析的方法减小误差因素，建立可靠的休闲农业成熟度评价体系。在实际分析中，确保数据来源可靠，并运用科学的计算方法进行计算。

（2）全面性原则

在休闲农业成熟度评价指标体系的构建过程中，需要考虑到休闲农业成熟度动态的影响因素以及根据休闲农业结合三级产业的特点，全面深层次地挖掘休闲农业评价指标，建立较为完善的休闲农业成熟度评价指标体系，全面地评估地区的休闲农业成熟度。

（3）客观性原则

评价一个地区休闲农业的发展状况要从其客观的角度进行分析，不以个人的主观性为转移，要结合现有的状况，用实事求是、客观理性的态度对事物的表象和内在进行分析，不能夸大和贬低。

（4）简便可行性原则

所建立的休闲农业成熟度评价指标体系要在现实的生活中具有可采集性，能够方便地获得数据。

二、休闲农业成熟度评价指标体系构建依据

本研究在软件能力成熟度模型的基础上，构建了休闲农业成熟度模型，在每个成熟度等级的内部结构中，分析了休闲农业在该阶段的关键过程域以及关键实践，为接下来的指标体系构建奠定了非常好的基础。同时，本研究也参考了《全国农业旅游示范点、工业旅游示范点检查标准（试行）》《农业部国家旅游局关于开展全国休闲农业与乡村旅游示范县和全国休闲农业示范点创建活动的意见》《旅游景区质量等级的划分与评定（修订）》等官方发布的标准，并结合现有文献的梳理构建了休闲农业成熟度评价指标体系[41]。

第二节　休闲农业成熟度评价指标体系构建

一、休闲农业成熟度指标建立

本书对国内研究休闲农业的文献进行整理，在整理的过程对休闲农业相关指标体系进行汇总，如表 5-1 所列。

表 5-1　休闲农业相关评价指标统计表

序号	休闲农业相关评价指标	杨紫英	钟平	肖光明	黄志红	余兵	张润清	黄维琴	陈志峰	全国农业旅游示范点标准	旅游景区质量等级的评定
1	景区数量			★				★			
2	开发规模			★				★		★	★
3	景区聚集度	★							★		
4	年营业收入			★			★	★		★	
5	乡村旅游馆个数							★			
6	年游客量			★				★		★	
7	基础设施	★	★	★	★	★	★		★	★	★
8	交通设施	★	★	★	★	★	★	★	★	★	★
9	通信设施	★		★		★	★		★	★	★
10	接待服务	★			★	★	★				★
11	地理条件	★	★	★	★		★		★	★	★
12	地区标准制度					★					
13	政府政策						★				
14	安全措施					★	★			★	★
15	卫生情况					★	★			★	★
16	星级休闲农业企业及示范区数量				★			★		★	
17	景区知名度				★				★	★	
18	景观类型丰富度	★		★				★		★	★
19	相对资源丰富度	★	★					★		★	★
20	景区独特性			★			★			★	★
21	景观质量				★	★			★	★	★
22	景区人力资源质量		★		★				★	★	★
23	体验质量		★		★	★			★	★	
24	周围生态质量			★	★	★	★			★	★
25	游客满意度			★		★				★	
26	社区参与性					★		★			
27	环境协调度	★		★						★	

表 5-1(续)

序号	休闲农业相关评价指标	杨紫英	钟平	肖光明	黄志红	余兵	张润清	黄维琴	陈志峰	全国农业旅游示范点标准	旅游景区质量等级的评定
28	产品特色			★			★		★		★
29	四季观赏性			★					★		
30	营销方式	★		★					★	★	
31	购物条件						★				★
32	农产品注册商标数量							★		★	
33	休闲农业经营模式									★	
34	设施人性化设计				★				★		
35	科技含量				★				★	★	
36	带动能力		★				★				
37	要素协调性	★	★	★							
38	获得荣誉									★	★
39	经营管理							★	★		★

注:★表示研究者在研究休闲农业相关的评价指标时所涉及的指标。

在表 5-1 中,研究者对休闲农业研究的内容和重点各不相同,因此,研究的评价体系和指标的构成各不相同。例如,在研究游客满意度时,有些研究者注重体现休闲农业的体验价值[42],而有些研究者注重建立评价体系,通过实证研究来提出休闲农业的规划建议[43]。

在前文对成熟度模型研究的基础上,结合休闲农业的特征,再根据休闲农业评价指标体系建立原则和指标的适用性,本章筛选、归纳出休闲农业的成熟度评价指标,初步构建休闲农业成熟度评价指标体系。

休闲农业成熟度评价指标体系以休闲农业成熟度为评价总目标,以基础保障、经济效益和景观资源、景观质量、经营管理及政府支持、社会价值 5 个方面为评价准则,共包含 26 个评价指标,如表 5-2 所列。

二、指标体系修正

为保证本书指标体系的合理性、科学性以及各项指标对休闲农业成熟度的重要性,我们采用了德尔菲法,对休闲农业成熟度评价体系的 26 个指标进行打分。专家意见评分法采用调查问卷的形式,向相关的研究者、工作人员以及指导老师发放问卷。问卷将指标的重要性分为不重要、一般、较为重要、重要、非常重要 5 类程度,让被调查者按照 26 个指标对休闲农业成熟度重要性打分。共发放 30 份专家意见评分表,回收有效问卷 21 份。

(一) 指标信度检验

指标信度检验就是对指标的可靠性进行测量,即分析指标内部调研的一致性程度,从而确保指标能更真实地反映实际情况。本书将对休闲农业成熟度评价指标的重要性评价开展信度检验,以确保此次指标问卷调查的质量。本书将运用克朗巴哈系数法(Cronbach's Alpha)的 α 系数方法测量指标的信度(α 为克朗巴哈系数)。Cronbach 法是李·克朗巴哈在

1951 年提出的，是目前社会科学研究最常使用的信度分析方法。通常情况下，当 α 在 0.6 以下，则认为问卷的信度不足，有些项目需要摒除；当 α 达到 0.7～0.8，则认为问卷具有一定的信度；当 α 达到 0.8～0.9，表示问卷的信度比较好；当 α 达到 0.9 以上时，则认为问卷信度非常好，被认为可信度较高[44]。通过休闲农业成熟度评价指标的评价结果来看，α 为0.9，信度较高，具有较高的一致性，说明此次问卷的指标是比较可靠的，如表 5-3 所列。

表 5-2　休闲农业成熟度评价指标体系

	一级指标	二级指标
休闲农业成熟度评价指标体系	基础保障(U_1)	基础设施(U_{11})
		交通设施(U_{12})
		接待服务(U_{13})
		安全措施(U_{14})
		卫生保障(U_{15})
	经济效益和景观资源(U_2)	休闲农业企业数量(U_{21})
		休闲农业聚集度(U_{22})
		休闲农业营业收入(U_{23})
		接待游客量(U_{24})
		休闲农业种类丰富度(U_{25})
		相对资源丰富度(U_{26})
	景观质量(U_3)	星级休闲农业企业及示范区数量(U_{31})
		休闲农业知名度(U_{32})
		休闲农业独特性(U_{33})
		体验价值性(U_{34})
		周围生态质量(U_{35})
		获得荣誉(U_{36})
	经营管理及政府支持(U_4)	休闲农业人力资源质量(U_{41})
		社区参与性(U_{42})
		科技含量(U_{43})
		营销渠道种类(U_{44})
		地区标准制度(U_{45})
		政府政策(U_{46})
	社会价值(U_5)	环境协调度(U_{51})
		就业贡献率(U_{52})
		文化传承性(U_{53})

表 5-3　休闲农业成熟度评价指标信度分析

α	项数
0.9	26

（二）描述性分析

本书将学者们对建立的休闲农业成熟度评价指标体系的打分进行了统计，计算出各项指标的均值和标准差。由表 5-4 可以看出，大部分指标的均值在 3.5 以上，只有“获得荣誉”这项指标的均值最低，只有 3.333 3。因此，大部分指标的重要程度为“较为重要”。

表 5-4　休闲农业专家调查法描述统计

描述统计量	*N*	极小值	极大值	均值	标准差
基础设施	21	3.00	5.00	4.523 8	0.601 59
交通设施	21	3.00	5.00	4.476 2	0.601 59
接待服务	21	1.00	5.00	4.047 6	1.023 53
安全设施	21	3.00	5.00	4.523 8	0.601 59
卫生保障	21	3.00	5.00	4.523 8	0.601 59
休闲农业企业数量	21	2.00	5.00	3.714 3	0.902 38
休闲农业聚集度	21	2.00	5.00	3.523 8	0.928 39
休闲农业营业收入	21	2.00	5.00	3.523 8	0.928 39
接待游客量	21	2.00	5.00	3.904 8	0.943 65
休闲农业种类丰富度	21	3.00	5.00	4.238 1	0.700 34
相对资源丰富度	21	2.00	5.00	3.904 8	0.889 09
星级休闲农业企业及示范区数量	21	2.00	5.00	3.952 4	1.023 53
休闲农业知名度	21	3.00	5.00	4.285 7	0.717 14
休闲农业独特性	21	3.00	5.00	4.333 3	0.730 30
体验价值性	21	3.00	5.00	4.333 3	0.730 30
周围生态质量	21	3.00	5.00	4.428 6	0.597 61
获得荣誉	21	1.00	5.00	3.333 3	1.154 70
休闲农业人力资源质量	21	2.00	5.00	3.904 8	0.768 42
社区参与性	21	2.00	5.00	3.904 8	0.995 23
科技含量	21	2.00	5.00	3.619 0	0.864 65
营销渠道种类	21	2.00	5.00	3.619 0	0.864 65
地区标准制度	21	2.00	5.00	4.142 9	1.062 34
政府政策	21	2.00	5.00	3.952 4	1.023 53
环境协调度	21	3.00	5.00	4.238 1	0.624 88
就业贡献率	21	2.00	5.00	3.809 5	0.980 77
文化传承性	21	3.00	5.00	4.285 7	0.717 14

（三）指标修改

本书在初步建立休闲农业成熟度的基础上，用专家评分法对指标体系进行修正，见图5-1。

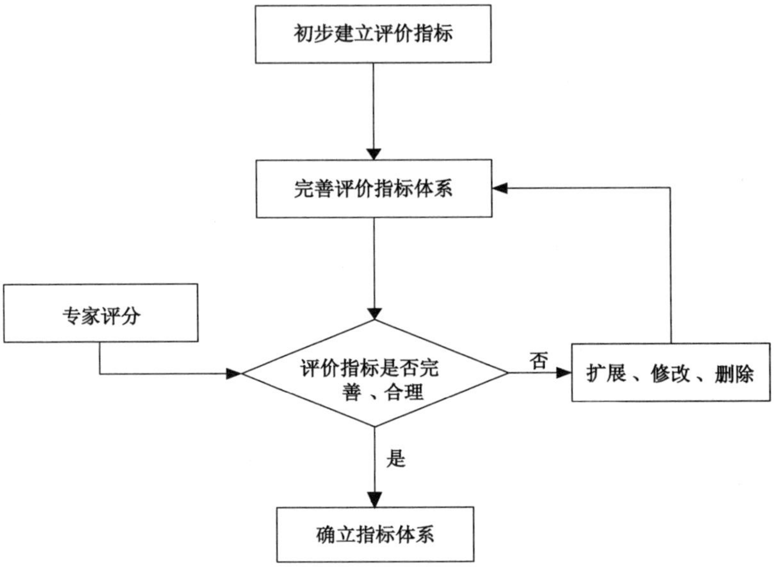

图 5-1　休闲农业成熟度评价指标体系修正框图

通过咨询相关的专家和现场专业人员，本书对休闲农业成熟度评价指标进行修正，修正的结果如下：

(1) 删除“获得荣誉”指标，原因是这项指标的贡献率较小，不能很好地反映休闲农业成熟度的程度。同时，该指标适合评价一个企业的成熟度，对整个地区休闲农业成熟度进行评价不太合理，数据也不容易获得。

(2) 删除“营销渠道种类”指标，因为不同企业的营销渠道是不同的，地区的休闲农业企业较多，因此每个地区都可能会覆盖所有的营销渠道种类，这个指标对地区休闲农业成熟度的评价并没有太大的贡献。

(3) 删除“休闲农业聚集度”，增加“休闲农业节庆数量”。休闲农业的聚集度需要更加详细的数据作为支撑，由于时间和精力的限制，考虑到数据的可获得性和可参照性，将指标改换为容易测量的休闲农业节庆数量。

(4) 删除“接待游客量”，增加“休闲农业园区规模”。游客量的大小对休闲农业成熟度的贡献率并不大，且休闲农业以游客量作为成熟度的评价标准会有误差，过多的游客会影响休闲农业的可持续发展。另外，休闲农业游客量的数据不容易获得，因此，改换为休闲农业园区的规模作为休闲农业成熟度的评价指标。

修正之后的休闲农业成熟度评价指标体系从 26 个二级指标减少到 24 个评价指标，如表 5-5 所列。

表 5-5　休闲农业成熟度评价指标体系(修正后)

	一级指标	二级指标
休闲农业成熟度评价指标体系	基础保障(U_1)	基础设施(U_{11})
		交通设施(U_{12})
		接待服务(U_{13})
		安全措施(U_{14})
		卫生保障(U_{15})
	经济效益和景观资源(U_2)	休闲农业企业数量(U_{21})
		休闲农业节庆数量(U_{22})
		休闲农业营业收入(U_{23})
		休闲农业园区规模(U_{24})
		休闲农业种类丰富度(U_{25})
		相对资源丰富度(U_{26})
	景观质量(U_3)	星级休闲农业企业及示范区数量(U_{31})
		休闲农业知名度(U_{32})
		休闲农业独特性(U_{33})
		体验价值性(U_{34})
		周围生态质量(U_{35})
	经营管理及政府支持(U_4)	休闲农业人力资源质量(U_{41})
		社区参与性(U_{42})
		科技含量(U_{43})
		地区标准制度(U_{44})
		政府政策(U_{45})
	社会价值(U_5)	环境协调度(U_{51})
		就业贡献率(U_{52})
		文化传承性(U_{53})

三、指标内涵界定

对指标修正后,其内涵界定如下:

(一) 基础设施

基础设施指当地休闲农业发展过程中,休闲农业园区的餐饮、住宿、指示牌、停车场等基础设施的完善度,表示休闲农业基础能力,是地区休闲农业园区建立和发展的基础保障。随着休闲农业成熟度等级的提高,基础设施也将会更加完善。基础设施完善程度数据可通过问卷调查获得。

(二) 交通设施

交通设施是影响休闲农业建设和发展的重要因素,也是衡量休闲农业的基础保障的必要方面。这里所指的交通设施主要有两点:一是区域的可到达性;二是交通工具种类的丰富程度。交通设施完善程度数据可通过问卷调查获得。

（三）接待服务

基础设施是硬件基础，服务就是软件支持。服务能够提高顾客的满意度，增加游客对休闲农业的认可度，因此，服务设施是休闲农业的基础，也是提升的重要因子。这里的服务设施主要是指休闲农业的购物条件、接待条件方面服务设施的完善情况。接待服务完善程度数据可通过问卷调查获得。

（四）安全措施

安全措施是休闲农业的重要保障。本书主要从两个方面衡量评价休闲农业的安全措施：一是休闲农业企业以及政府对休闲农业安全制度的制定情况；二是休闲农业企业现有安全防范设备的完善情况。安全措施完善程度数据可通过问卷调查获得。

（五）卫生保障

卫生保障表示休闲农业住宿、餐饮等的卫生状况，也包含其卫生是否达标，以及地区部门对休闲农业的卫生状况的监督情况。卫生保障监督程度数据可通过问卷调查获得。

（六）休闲农业企业数量

一个地区休闲农业企业数量的多少，能够看出这个地区的人们对休闲农业的认可程度，也能够反映该地区的休闲农业表面的发展状况。

（七）休闲农业节庆数量

休闲农业节庆数量是指该地区休闲农业举办节庆的数量多少，是评价一个地区休闲农业品牌影响力大小的指标，反映了该地休闲农业市场推广和营销手段的强弱。节庆活动越多，表示休闲农业的品牌影响力越大，成熟度越高。其计算公式为：

休闲农业节庆数量＝5×国家级节庆数量＋3×省级节庆数量＋市级及以下节庆数量

（八）休闲农业营业收入

休闲农业营业收入是以地区休闲农业一年的营业收入为测量指标，显示地区休闲农业的盈利能力。该指标可通过已有报告收集数据。

（九）休闲农业园区规模

休闲农业园区规模是指地区不同规模的休闲农业企业所占比例的多少，主要分为500亩（1亩＝666.67 m^2，下同）及以下，501～3 000亩、3 000亩以上3个层次。其计算公式为：

休闲农业园区规模＝5×3 000亩以上规模比例＋3×(501～3 000亩所占比例)＋500亩及以下所占比例

（十）休闲农业种类丰富度

各地区的休闲农业种类丰富度是指该地区休闲农业的多样性，反映休闲农业的功能类型的丰富程度，侧面显示该地区休闲农业的创新程度。某一地区的休闲农业的种类越多，其种类丰富度就越高，成熟度也就越高。

通过计算不同类型休闲农业的离散度，测量休闲农业类型的差异和分散程度。离散度越高，说明类型丰富度越大，反之越小。其计算公式为：

$$R^2 = \frac{1}{n-1}\sum_{i=1}^{n}(y_i - \bar{y})$$

式中，R^2 为离散程度；y_i 为每种类型休闲农业的数量；$\bar{y}$ 为休闲农业种类数量的均值。

（十一）相对资源丰富度

休闲农业的发展需要周围资源的支撑，相对资源丰富度就是测量该地区所拥有的景区资源的数量以及景区的等级状况。除此之外，还涉及当地的农业特色资源情况。相对资源丰富度表示休闲农业的基础资源支撑和发展潜力的情况。相对资源丰富度越大，地区的景区资源就相对丰富，发展潜力也就越大。这里借用旅游资源相对丰富度的计算方法计算休闲农业的相对资源丰富度。其计算公式为：

$$M = \frac{Q}{\sqrt{SP}}$$

式中，M 为地区休闲农业的相对资源丰富度；Q 为休闲农业的资源数量；S 为所在地区的面积，万 km^2；P 是代表该地区的人口数量，千万人[45]。

（十二）星级休闲农业企业及示范区数量

该指标测量现阶段该地区的休闲农业各星级企业的数量以及休闲农业示范区的数量，能从中看出该地区休闲农业的发展状况以及政府对休闲农业的重视程度。计算公式为：

星级休闲农业企业及示范区数量＝3×该地区最具魅力休闲乡村数量＋5×全国休闲农业与乡村旅游示范县数量＋1.5×四星级示范企业（园区）数量＋三星级示范企业（园区）数量

（十三）休闲农业知名度

休闲农业知名度是指游客对该地休闲农业的认知情况，主要通过问卷调查，观测游客对该地区休闲农业品牌的认知。

（十四）休闲农业独特性

休闲农业独特性表示当地休闲农业的核心竞争力的强弱。通过挖掘其休闲农业的产品独特性和文化独特性来描述该地区休闲农业的竞争力。该指标可通过问卷调查获得。

（十五）体验价值性

体验价值性是在基础功能价值之上的附加价值，从休闲农业对游客的教育、体验、放松等方面的可获得性显示休闲农业的体验价值。该指标主要包含游客对该地区休闲农业的满意程度以及游客在体验过程中所得到的效用。

（十六）周围生态质量

在地区休闲农业发展过程中，除了初始时期要进行推广而不考虑外在环境的情况外，休闲农业要实现可持续发展，必须考虑周围生态环境的质量问题。该指标主要从当地休闲农业周围的空气质量、水土质量测量其环境质量。

（十七）休闲农业人力资源质量

人力资源是休闲农业健康发展的支撑条件。提高休闲农业人力资源质量，是休闲农业企业经营管理的关键要素。这里主要通过该地区休闲农业的培训机构数量、持有上岗证或导游证的员工比例评价其休闲农业人力资源质量。

（十八）社区参与性

社区参与性是指当地的村民的好客程度、村民参与决策的程度，表示村民对休闲农业的支持程度。

（十九）科技含量

科技含量是指该地区休闲农业运用科学方法对景观的规划，并且借用科学技术与设备将农业与旅游完美结合，不仅能让游客体验到自然和农业的舒适，也能体验到科学的力量。该指标可通过对游客进行问卷调查获得。

（二十）地区标准制度

地区标准制度是指该地区为休闲农业制定的相关的星级标准和规范，主要衡量的是相关标准和规范文件的数量。

（二十一）政府政策

政府政策与休闲农业息息相关，休闲农业在政府的支撑下才能蓬勃发展，这个指标衡量的是政府支持政策的数量，可通过地区网上公布的有效政策来获取数据。

（二十二）环境协调度

环境协调度是指休闲农业对环境和农业带来的协调作用，主要用来衡量休闲农业与环境的契合程度，观测休闲农业对环境的影响程度。

（二十三）就业贡献率

就业贡献率指的是休闲农业工作人员中，有多少是当地的农民，衡量的是休闲农业为农村地区的就业贡献情况。

（二十四）文化传承性

文化传承主要是考察休闲农业发展的软实力的情况，在硬件设施完善的情况下，地区的休闲农业对休闲农业文化的规划和重视程度。

第三节　休闲农业成熟度评价指标权重的确定

一、层次分析法确定评价指标权重步骤

本书采用层次分析法确定休闲农业成熟度评价指标的权重。层次分析法（analytic hierarchy process，AHP）是 20 世纪 70 年代初美国运筹学家匹茨堡大学教授萨蒂提出的一种确定权重的分析方法[46]。层次分析法是将目标分解成多个要素层，进而分解为不同的指标层，然后通过专家咨询的方法，对指标进行两两比较，按照各指标的相对顺序构造评价指标的判断矩阵，求解特征向量，确定各要素对总目标的贡献程度，从而得到各指标对总目标重要性程度的排列顺序以及权重。

层次分析法确定权重的思路和步骤见图 5-2。

本书采用调查问卷的方法，通过两两比较的方式确定各指标的重要程度，其中指标重要程度分为 9 级，1～9 级相对重要程度递增，专家通过对两两指标的重要程度打分，然后计算出其权重。各重要性程度量化标准如表 5-6 所列。

表 5-6　指标重要性量化标准

标度	重要性等级
1	指标 i 与指标 j 同等重要
3	指标 i 比指标 j 稍微重要
5	指标 i 比指标 j 明显重要
7	指标 i 比指标 j 特别重要
9	指标 i 比指标 j 极端重要
2,4,6,8	重要程度介于上述两两标度之间
倒数	因素 i 与 j 比较的判断 b_{ij}，则因素 j 与 i 比较的判断 $b_{ji}=1/b_{ij}$

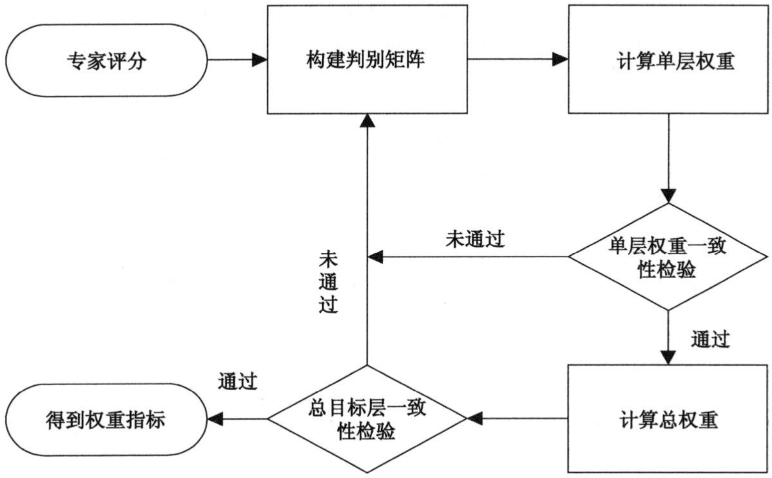

图 5-2　层次分析法确定权重的思路图

数据收集完成后，计算各指标权重：

（一）构造判断矩阵

通过调查问卷，得出两两比较判断矩阵：

$$\boldsymbol{A} = \begin{bmatrix} a_{11} & a_{12} & \cdots & a_{1n} \\ a_{21} & a_{22} & \cdots & a_{2n} \\ \vdots & \vdots & & \vdots \\ a_{n1} & a_{n2} & \cdots & a_{nn} \end{bmatrix}$$

（二）计算特征向量

第一步：将矩阵 $\boldsymbol{A}$ 中的每行元素进行连乘得到向量 $\boldsymbol{B}=(b_1,b_2,\cdots,b_n)$：

$$b_i = \prod_{j=1}^{n} a_{ij}(i,j = 1,2,\cdots,n)$$

第二步：计算向量 $\boldsymbol{B}$ 的 n 次方根，得到向量 $\boldsymbol{C}=(c_1,c_2,\cdots,c_n)$：

$$c_i = \sqrt[n]{b_i}(i = 1,2,\cdots,n)$$

第三步：计算指标权重向量：

$$\omega_i = c_i / \sum_{i=1}^{n} c_i (i = 1,2,\cdots,n)$$

则，$\boldsymbol{\omega} = (\omega_1,\omega_2,\cdots,\omega_n)^{\mathrm{T}}$ 为所求特征向量，也是休闲农业成熟度评价指标的权重向量。

（三）进行一致性检验

首先，计算判断矩阵的最大特征根：

$$\lambda_{\max} = \sum \frac{(\boldsymbol{A\omega})_i}{n\omega_i}$$

其次，计算一致性指标 CI：

$$\mathrm{CI} = (\lambda_{\max} - n)/(n-1)$$

再次，查平均随机一致性指标 RI。其中，RI 取值见表 5-7。

表 5-7　n 阶矩阵的平均随机一致性指标值

n	1	2	3	4	5	6	7	8	9	10
RI	0	0	0.58	0.9	1.12	1.24	1.32	1.41	1.45	1.49

最后，求一致性随机比例 CR：

$$CR=CI/RI$$

计算完成后，若 CR＞0.1，说明指标的一致性较差，需要重新构建判断矩阵；若 CR＜0.1，说明指标的各指标的一致性较好，则该结果可以作为各指标的权重。

在计算一致性随机比例时，不仅要对各具体指标进行一致性检验，还要检验总目标层的一致性。只要有一项的一致性不能通过检验，就必须重新构造判断矩阵，然后再进行权重的确定，直到各项指标通过一致性检验为止。

二、休闲农业成熟度评价指标权重确定

本研究邀请了 3 位从事休闲农业方面研究的专家对指标进行打分。根据休闲农业成熟度评价指标权重调查表获得的数据，构建评价指标的判断矩阵，然后计算各指标权重，求出其最大特征值，并进行一致性检验，如表 5-8 和表 5-9 所列。

表 5-8　一级指标判断矩阵及一致性检验结果(专家 1)

休闲农业成熟度综合评价	U_1	U_2	U_3	U_4	U_5	ω_t	λ_{max}	CI	RI	CR
U_1	1	1/9	1/5	1/3	1/5	0.036	5.269	0.067	1.12	0.060
U_2	9	1	5	7	3	0.518				
U_3	5	1/5	1	3	1/3	0.132				
U_4	3	1/7	1/3	1	1/5	0.065				
U_5	5	1/3	3	5	1	0.250				

表 5-9　二级指标基础保障判断矩阵及一致性检验结果(专家 1)

基础保障评价	U_{11}	U_{12}	U_{13}	U_{14}	U_{15}	ω_t	λ_{max}	CI	RI	CR
U_{11}	1	5	7	5	5	0.532	5.400	0.100	1.12	0.089
U_{12}	1/5	1	5	3	3	0.213				
U_{13}	1/7	1/5	1	1/5	1/5	0.035				
U_{14}	1/5	1/3	5	1	1	0.110				
U_{15}	1/5	1/3	5	1	1	0.110				

按照以上步骤和方法，分别计算出 3 位专家对不同层级的指标相对重要性打分得出的权重，并且进行一致性检验。经过计算和分析，以上的专家打分经过修正之后，指标一致性检验 CR 均小于 0.1，达到一致性检验的标准，说明各指标的一致性较好，该结果能够作为指标的权重。

通过一致性检验，确定各级指标权重，并对 3 位专家打分计算出的权重进行平均，计算得出休闲农业成熟度的各级指标权重和综合权重，如表 5-10～表 5-12 所列。

表 5-10　一级指标权重计算的结果及综合值

一级指标	专家 1	专家 2	专家 3	平均权重
基础保障(U_1)	0.036	0.176	0.045	0.086
经济效益和景观资源(U_2)	0.518	0.439	0.499	0.485
景观质量(U_3)	0.132	0.256	0.129	0.172
经营管理及政府支持(U_4)	0.065	0.087	0.245	0.132
社会价值(U_5)	0.250	0.042	0.083	0.125

表 5-11　二级指标权重计算结果及综合值

二级指标	专家 1	专家 2	专家 3	平均权重
基础设施(U_{11})	0.532	0.364	0.339	0.412
交通设施(U_{12})	0.213	0.364	0.339	0.305
接待服务(U_{13})	0.035	0.075	0.054	0.055
安全措施(U_{14})	0.110	0.159	0.176	0.148
卫生保障(U_{15})	0.110	0.038	0.092	0.080
休闲农业企业数量(U_{21})	0.041	0.143	0.055	0.080
休闲农业节庆数量(U_{22})	0.028	0.091	0.035	0.051
休闲农业营业收入(U_{23})	0.139	0.063	0.429	0.210
休闲农业园区规模(U_{24})	0.453	0.035	0.091	0.193
休闲农业种类丰富度(U_{25})	0.265	0.443	0.203	0.304
相对资源丰富度(U_{26})	0.074	0.225	0.187	0.162
星级休闲农业企业及示范区数量(U_{31})	0.033	0.058	0.040	0.044
休闲农业知名度(U_{32})	0.510	0.058	0.073	0.214
休闲农业独特性(U_{33})	0.264	0.233	0.139	0.212
体验价值性(U_{34})	0.130	0.361	0.485	0.325
周围生态质量(U_{35})	0.064	0.290	0.264	0.206
休闲农业人力资源质量(U_{41})	0.511	0.353	0.538	0.467
社区参与性(U_{42})	0.264	0.318	0.235	0.273
科技含量(U_{43})	0.130	0.165	0.049	0.114
地区标准制度(U_{44})	0.035	0.096	0.099	0.077
政府政策(U_{45})	0.060	0.068	0.080	0.069
环境协调度(U_{51})	0.669	0.649	0.637	0.652
就业贡献率(U_{52})	0.088	0.072	0.105	0.088
文化传承性(U_{53})	0.243	0.279	0.258	0.260

表 5-12　各级指标权重计算结果及综合值

	一级指标	二级指标	一级权重	二级权重	综合权重
休闲农业成熟度评价指标体系	基础保障（U_1）	基础设施（U_{11}）	0.086	0.412	0.035
		交通设施（U_{12}）		0.305	0.026
		接待服务（U_{13}）		0.055	0.005
		安全措施（U_{14}）		0.148	0.013
		卫生保障（U_{15}）		0.080	0.007
	经济效益和景观资源（U_2）	休闲农业企业数量（U_{21}）	0.485	0.080	0.039
		休闲农业节庆数量（U_{22}）		0.051	0.025
		休闲农业营业收入（U_{23}）		0.210	0.102
		休闲农业园区规模（U_{24}）		0.193	0.094
		休闲农业种类丰富度（U_{25}）		0.304	0.147
		相对资源丰富度（U_{26}）		0.162	0.079
	景观质量（U_3）	星级休闲农业企业及示范区数量（U_{31}）	0.172	0.044	0.007
		休闲农业知名度（U_{32}）		0.214	0.037
		休闲农业独特性（U_{33}）		0.212	0.036
		体验价值性（U_{34}）		0.325	0.056
		周围生态质量（U_{35}）		0.206	0.035
	经营管理及政府支持（U_4）	休闲农业人力资源质量（U_{41}）	0.132	0.467	0.062
		社区参与性（U_{42}）		0.273	0.015
		科技含量（U_{43}）		0.114	0.015
		地区标准制度（U_{44}）		0.077	0.010
		政府政策（U_{45}）		0.069	0.009
	社会价值（U_5）	环境协调度（U_{51}）	0.125	0.652	0.082
		就业贡献率（U_{52}）		0.088	0.011
		文化传承性（U_{53}）		0.260	0.033

第四节　休闲农业成熟度评价步骤

根据研究内容，本书拟用模糊综合评价法对休闲农业成熟度进行评价。模糊综合评价是以模糊数学为基础，应用模糊关系合成的原理，将一些边界不清、不易定量的因素定量化，从多个因素对被评价事物隶属等级状况进行综合评价的一种方法[47]。模糊综合评价的方法广泛应用于各个领域，并且取得了很好的成效。因此，本书将在休闲农业成熟度评价指标权重确定的情况下，运用模糊综合评价的方法进行成熟度等级评价。

一、确定评价对象因素集

设 $U=\{U_1,U_2,U_3,U_4,U_5\}$，表示休闲农业成熟度评价指标的一级评价因素集，则 $U=$ {基础保障，经济效益和景观资源，景观质量，经营管理及政府支持，社会价值}。

其中，$U_i=\{U_{i1},U_{i2},\cdots,U_{im}\}$，$i=1,2,3,4,5$，表示 U_i 下属的二级指标评价因素集。

二、确定评价对象的评语集

针对休闲农业成熟度等级，制定成熟度等级评语集，则：

$$\begin{aligned}V&=\{V_1,V_2,V_3,V_4,V_5\}\\&=\{\text{混乱期,重复期,成长期,成熟期,优化期}\}\end{aligned}$$

本研究将成熟度评语分为5个等级，由于后期数据分析的需要，本书根据比例尺法将成熟度评语集定量化：

$$V=\{V_1,V_2,V_3,V_4,V_5\}=\{10,30,50,70,90\}$$

三、确定评价因子的权重向量

前文已根据层次分析法确定了休闲农业成熟度评价指标的权重。因此，设评价因素的权重向量为 $\boldsymbol{\omega}$，则：

$$\boldsymbol{\omega}=(\omega_1,\omega_2,\cdots,\omega_n)\quad \omega_j\gg 0\ \text{且}\sum\omega_j=1$$

其中，ω_j 为第 j 个因素的权重系数。

四、建立模糊关系矩阵

本书从单因素出发评价每一个因素，量化评价对象，确定评价对象对评价等级的隶属程度，从而得到模糊关系矩阵：

$$\boldsymbol{R}=\begin{bmatrix}r_{11}&r_{12}&\cdots&r_{1m}\\r_{21}&r_{22}&\cdots&r_{2m}\\\vdots&\vdots&&\vdots\\r_{n1}&r_{n2}&\cdots&r_{nm}\end{bmatrix}$$

其中，r_{ij} 表示第 U_i 个因素对评价模糊子集 V_j 的隶属度。隶属度的算法是将评价指标的数据结果与评价等级 $V=\{10,30,50,70,90\}$ 作差，然后取其倒数进行标准化，得到每个指标在不同评价集中的隶属度，最后合成模糊关系矩阵。

五、合成模糊综合评价的结果矢量

在得到模糊关系矩阵和权重向量之后，将二者合成便可以得到评价对象的综合评价结果矢量。模糊综合评价模型为：

$$\boldsymbol{D}=\boldsymbol{\omega}\cdot\boldsymbol{R}=(\omega_1,\omega_2,\cdots,\omega_n)\begin{bmatrix}r_{11}&r_{12}&\cdots&r_{1m}\\r_{21}&r_{22}&\cdots&r_{2m}\\\vdots&\vdots&&\vdots\\r_{n1}&r_{n2}&\cdots&r_{nm}\end{bmatrix}=(d_1,d_2,\cdots,d_m)$$

六、对模糊综合评价结果进行分析

首先，通过计算休闲农业成熟度总的综合评价结果，获得综合结果的得分，确定现阶段的休闲农业的等级范围。其次，计算指标隶属度；第三，计算指标综合隶属度。

七、对结果进行综合评价

通过对前文数据的计算和分析，评价其休闲农业的成熟度等级以及该地区休闲农业存在的失调现状，探索哪些因素导致地区的休闲农业的成熟度较低，并提出发展建议。

第六章 江苏省休闲农业成熟度评价实证研究

第一节 江苏省休闲农业发展概况及历程

一、发展概况

江苏省是我国经济发达的省份之一，也是一个农业大省，具有丰富的自然资源，其深厚的文化底蕴和优越的生态旅游资源为江苏省休闲农业的发展奠定了坚实基础。近年来，江苏省高度重视休闲农业的发展，大力支持休闲农业企业和园区的创建，全省乡村旅游已基本形成了依托现代化科技，围绕名胜古迹、乡土风情等，展示江南文化底蕴，经营农事，特色农耕文明与现代文明融合发展的格局[48]。

截至2019年，江苏省休闲农业景点超过9 200个，每年接待游客数量超过2亿人次，年收入超过535亿元。每年省内各地举办的“桃花节”“菜花节”“葡萄节”“茶叶文化节”等农事节庆活动达到1 000余次，农业产业化经营成绩喜人。江苏省依托8个千亿级优势特色产业，重点打造了一批农业产业集群、农业产业强镇和“一村一品”示范村镇。全省销售额超过10亿元的县域优势特色产业有162个。“一村一品”示范村镇达到125家，在全国排名第三位。很多区域公用品牌的影响力持续增强，如“连天下”“淮味千年”“无想田园”等，同时又有一些具有特色的乡村小镇受到人们的广泛关注，如“草莓小镇”“多肉小镇”“味稻小镇”等。县级以上农业龙头企业超过7 700家，其中国家级农业龙头企业有61家，还有775家省级农业龙头企业。2018年，年销售(交易)额超过7 800亿元的县级以上龙头企业超过836家。

近年来，全省新增55家省级农业龙头企业，企业之间的结构通过不断优化和整合，已经组建了超过300家农业产业化联合体，其中超过2 500多家的龙头企业与其他农业企业相互促进发展，实现了信息和资源的互通互享。

2019年初，江苏省人民政府办公厅印发了《关于引导社会资本更多更快更好参与乡村振兴的意见》，引导社会资本重点投向美丽宜居乡村、乡村加工业、乡村旅游业、乡村生活服务业、农业生产服务业、优质高效农业、绿色循环产业、科技装备业等8大产业，重点打造一批具有特色的产品品牌和地理标识。

从数据能够看出，休闲农业不仅带动餐饮、住宿、旅游等产业的发展，还将单一的生产型农业转换为集旅游、购物、生产为一体的休闲农业，优化并调整农业的产业结构，为农民增收带来更多的渠道。江苏省休闲农业的发展促进了农村的建设，也加快了城乡一体化进程，为城乡统筹及缩小城乡差距都做出了巨大贡献。

二、发展历程

江苏省休闲农业发展，先后经历了起步、快速、高潮和稳步4个阶段。

(1) 起步阶段：1997年以前。休闲农业数量较少，约占休闲农业建设总量4.5%。

(2) 快速发展阶段：1998—2005年。休闲农业建设数量是起步阶段的6倍，约占休闲农业建设总量的22.3%，其间休闲农业建设数量年平均增长25.1%。

(3) 高潮发展阶段：2006—2010年。休闲农业步入发展的高潮，其间休闲农业建设数量约占休闲农业建设总量的46.5%，休闲农业建设数量年平均增长22.3%。

(4) 稳步发展阶段：2011年之后。休闲农业呈现稳步发展态势，4年建设的数量约占休闲农业建设总量的26.7%，休闲农业建设数量年平均增长8.1%。

苏南、苏中和苏北三大地区休闲农业发展高峰期各有不同。苏南主要集中在1998—2005年；苏中主要集中在1997年以前；苏北则主要集中在2011年以后。

1997年以前是江苏省休闲农业的起步阶段，其休闲农业建设的数量较少；1998—2005年，江苏省休闲农业迅速发展；2006—2010年，江苏省休闲农业的建设达到高潮，大约有1/2的休闲农业是在这期间建立的；2011年之后，江苏省休闲农业的建设处于平稳发展的状态[48]。

从发展阶段来看，江苏省休闲农业已经迈过数量剧增的时代，整体呈现稳定发展的态势。因此，目前江苏省休闲农业的发展不再是依靠数量的多少取得优势，而是要从品质和内容上提升来获得进一步的发展。

第二节　数据获取与分析

本书在建立指标评价的过程中，分别选取了主观感知指标和客观量化指标对江苏省休闲农业进行成熟度评价。主观感知指标主要是通过游客问卷调查的方法获取数据，进行整理和分析，客观量化指标则是收集分析现有数据。另外，在数据获取时，依照江苏人民政府划分方法，将江苏省划分为苏南(南京、苏州、无锡、常州、镇江)、苏中(扬州、泰州、南通)、苏北(徐州、连云港、盐城、淮安、宿迁)3个区域。

一、主观感知指标数据的收集及分析

本书的主观感知指标主要有：基础设施、交通设施、接待服务、安全设施、卫生保障、知名度、独特性、体验价值、周围生态质量、人力资源质量、社区参与性、科技含量、环境协调度、文化传承性等14项指标。通过实地的问卷调查方法，让游客对这些指标进行评分，确定这些指标的实际观测值。

(一) 问卷设计

为了将主观感知指标转化为量化数据分析，本书遵循问卷设计原则，设计了一份关于江苏省休闲农业的评价问卷，并采用匿名的方式，针对游客进行调查。游客通过对江苏省各地区的休闲农业的亲身体验和感受，对以上14个主观指标按照10～100的分值等级进行评分。

为了提高调查问卷的可信度和有效性，对已经做好的调查问卷进行预调查，然后针对预调查出现的问题进行更正，最终确定调查问卷的终稿。

本次调研对南京、常熟和徐州3个城市的游客进行了问卷调查，确保游客的差异性，同时也进行网络调研，扩大问卷量，增加统计的数量。本次调研共发放200份问卷，其中回收的有效问卷有166份,问卷有效率为83%。问卷收集完成后,为确保问卷的可靠性和有效性,笔者将运用SPSS 17.0软件对收集的问卷进行信度和效度的数据分析。

(1) 信度检验。本书采用α系数法对休闲农业成熟度评价问卷的内部信度进行检验,如果内部信度大于0.75,则说明问卷各指标之间具有较高的一致性,则问卷的结果是可靠的,那么评价的结果也是可信的。

经过计算,信度为0.929,说明本次问卷调查的可靠度较高,能够作为研究结果分析,如表6-1所列。

表6-1 游客调查问卷信度分析

可靠性统计量		项数
α	基于标准化项的α	
0.929	0.908	14

(2) 效度检验。笔者运用因子分析的方法对休闲农业成熟度评价量表进行效度检验,主要是采用KMO(Kaiser-Meyer-Olkin)和巴特利特(Bartlett)球形方法检验样本效度。KMO是测量变量适不适合做因子分析(表6-2),其值越大,说明指标的贡献率越高。巴特利特球形方法则是检验变量之间的相关性,当显著性低于0.05时,拒绝原假设,说明各变量之间是相关的,适合做因子分析[49]。

表6-2 KMO的测度值的取值范围

KMO	>0.9	0.8～0.9(含)	0.7～0.8(含)	0.6～0.7(含)	0.5～0.6(含)	≤0.5
适合做因子分析的程度	非常适合	很适合	适合	尚可	很差	应该放弃

本研究的KMO值为0.932,在0.9以上,且显著性水平小于0.05,说明观测指标可以进行因子分析,且问卷结构效度较高,如表6-3所列。

表6-3 游客调查问卷效度分析

KMO检验		0.932
巴特利特球形方法检验	近似卡方	1 363.199
	df	91
	Sig.	0

(二) 问卷描述性分析

问卷收集完毕后,本书针对游客对江苏省各地区休闲农业成熟度指标评价进行初步分析。为了解各地区休闲农业主观指标的平均水平,计算出评价的均值,如表6-4所列。

表 6-4　江苏省各地区休闲农业主观指标评价均值

地区	苏南		苏中		苏北		全省	
	均值	N	均值	N	均值	N	均值	N
基础设施	75.283 0	53	72.830 2	53	65.166 7	60	70.843 4	166
交通设施	77.924 5	53	73.584 9	53	64.500 0	60	71.686 7	166
接待服务	74.528 3	53	68.490 6	53	61.833 3	60	68.012 0	166
安全设施	74.528 3	53	67.547 2	53	58.166 7	60	66.385 5	166
卫生保障	75.283 0	53	68.471 7	53	56.833 3	60	66.439 8	166
知名度	78.301 9	53	68.867 9	53	60.000 0	60	68.674 7	166
独特性	68.301 9	53	67.358 5	53	62.500 0	60	65.903 6	166
体验价值	73.773 6	53	71.509 4	53	64.166 7	60	69.578 3	166
周围生态质量	79.245 3	53	71.886 8	53	65.666 7	60	71.988 0	166
人力资源质量	71.509 4	53	65.415 1	53	58.666 7	60	64.921 7	166
社区参与性	68.867 9	53	66.415 1	53	65.666 7	60	66.927 7	166
科技含量	70.000 0	53	68.490 6	53	56.833 3	60	64.759 0	166
环境协调度	72.075 5	53	72.264 2	53	69.500 0	60	71.204 8	166
文化传承性	67.924 5	53	63.396 2	53	59.166 7	60	63.313 3	166

通过表中数据分析可知，江苏人民对省内休闲农业的评价在 63～71 分。从不同的区域分析来看，苏南、苏北地区差异较大，苏南 14 项指标均值均大于苏北地区的均值，说明苏南地区的休闲农业完善度要好于苏北地区，苏中地区居中。从各项指标差异分析，江苏省休闲农业的文化传承性、科技含量、人力资源质量、独特性等指标得分较低。

二、客观量化指标数据的收集及分析

（一）客观量化指标数据收集

休闲农业成熟度的客观量化指标主要包括：休闲农业企业数量、休闲农业节庆数量、休闲农业营业收入、休闲农业园区规模、休闲农业种类丰富度、相对资源丰富度、星级休闲农业企业及示范区数量、地区标准制度、政府政策、就业贡献率等 10 项指标。

研究通过查询《江苏休闲农业发展报告 2014》及相关地区官网数据，收集了 2014 年各项指标的数值，其观测指标共有 21 项，如表 6-5 所列。

表 6-5　江苏省休闲农业客观指标数据采集

指标	指标名称	苏南	苏中	苏北
C_1	休闲观光景点总数量/个	2 392	938	1 770
C_2	农业科技园/个	514	215	340
C_3	休闲农业园/个	1 000	482	1 172
C_4	休闲农庄/个	541	188	150
C_5	农家乐专业村/个	337	53	110
C_6	500 亩及以下休闲农业数量/个	593	409	600

表 6-5(续)

指标	指标名称	苏南	苏中	苏北
C_7	501～3 000 亩之间休闲农业数量/个	1 088	278	669
C_8	3 000 亩及以上休闲农业数量/个	710	251	501
C_9	国家级休闲农业节庆占总节庆数量比例/%	73.80	56.00	81.00
C_{10}	省级休闲农业节庆占总节庆数量比例/%	16.70	36.00	14.30
C_{11}	市级及一下节庆占总节庆数量比例/%	9.50	8.00	4.80
C_{12}	江苏最具魅力休闲乡村/个	40	22	27
C_{13}	全国休闲农业与乡村旅游示范县/个	25	10	10
C_{14}	四星级示范企业(园区)数量/个	76	19	49
C_{15}	三星级示范企业(园区)数量/个	76	30	37
C_{16}	休闲农业营业收入/万元	1 880.8	1 290.5	2 480.1
C_{17}	政策	13	2	6
C_{18}	标准	7	1	1
C_{19}	人口数量/千万人	2 908.7	1 736.5	3 388.7
C_{20}	地区面积/万 km^2	2.792 1	2.073 9	5.444 2
C_{21}	从业务人数/万人	129.3	97.2	445.9

基于表 6-5 的数据，通过指标的界定，笔者对 10 项客观指标进行了初步计算，得到表 6-6 的相关数据。

表 6-6　江苏省休闲农业成熟度指标采集计算

指标	指标	计算方法	苏南	苏中	苏北
U_{21}	休闲农业企业数量	C_1	2 392	938	1 770
U_{22}	休闲农业节庆数量	$5C_9+3C_{10}+C_{11}$	428.60	396.00	452.70
U_{23}	休闲农业营业收入	C_{16}	1 881	1 291	2 480
U_{24}	休闲农业园区规模	$C_6+3C_7+5C_8$	7 410	2 500	5 111
U_{25}	休闲农业种类丰富度	—	286	139	259
U_{26}	相对资源丰富度	$C_1/(C_{16}\times C_{17})^{0.5}$	27	16	13
U_{31}	星级休闲农业企业及示范区数量	$3C_{12}+5C_{13}+1.5C_{14}+C_{15}$	345	132.5	194.5
U_{44}	地区标准制度	C_{18}	7	1	1
U_{45}	政府政策	C_{17}	13	2	6
U_{52}	就业贡献率	C_{21}	129.3	97.2	445.9

其中，休闲农业种类丰富度的计算方法为：

$$\left[\sum_{i=2}^{5}\left[C_i-\frac{\sum_{i=2}^{5}C_i}{4}\right]\right]/(4-1)$$

在表 6-6 的基础上，本研究对以上客观量化指标数据进行了无量纲化和归一化处理。

例如：针对第 i 个指标 $x_i(1<i<n)$，令 $y_i=60+\frac{40(x_i-x_{\min})}{x_{\max}-x_{\min}}$，使 $60\leqslant y_i\leqslant 100$。消除指标存在的量级的差异，得到指标分值。

经过无量纲化的处理和修正，可得到江苏省休闲农业成熟度 10 个客观量化指标的具体得分，如表 6-7 所列。

表 6-7　江苏省休闲农业成熟度客观指标得分

序号	指标	苏南	苏中	苏北	全省
U_{21}	休闲农业企业数量	100.00	60.00	69.94	76.65
U_{22}	休闲农业节庆数量	60.00	100.00	64.65	74.88
U_{23}	休闲农业营业收入	60.00	78.02	100.00	79.34
U_{24}	休闲农业园区规模	100.00	60.00	71.65	77.22
U_{25}	休闲农业种类丰富度	100.00	60.00	80.27	80.09
U_{26}	相对资源丰富度	100.00	98.58	60.00	86.19
U_{31}	星级休闲农业企业及示范区数量	100.00	67.00	60.00	75.67
U_{44}	地区标准制度	100.00	75.56	60.00	78.52
U_{45}	政府政策	100.00	60.00	71.03	77.01
U_{52}	就业贡献率	60.00	64.13	100.00	74.71

（二）客观量化指标数据描述性分析

（1）建设规模。从图 6-1 来看，江苏省休闲农业的建设规模中，大约有 29%的企业属于 3 000亩及以上级别，71%的休闲农业处于 3 000 亩以下级别。由此可见，江苏省大多数休闲农业企业属于中小规模经营，大规模的休闲农业企业较少。

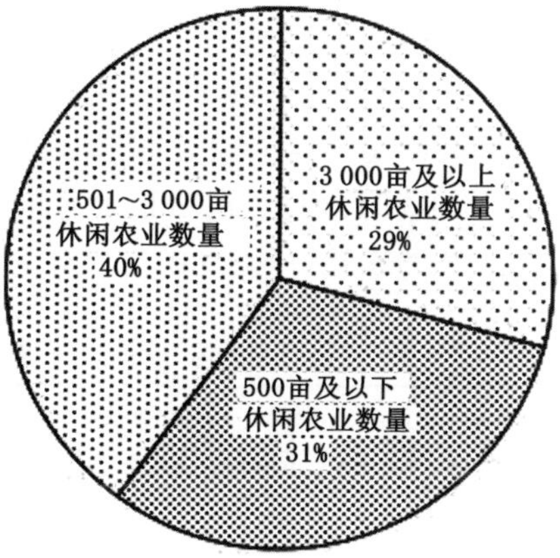

图 6-1　江苏省休闲农业建设规模

从区域来看，总体的差异较为明显：苏南地区的休闲农业整体数量最多，大规模的休闲农业企业数量较多；苏中地区主要是以 500 亩及以下为主；苏北则是以 3 000 亩以下的休闲农业为主。因此，苏南地区的休闲农业可以将一部分发展较为出色的休闲农业扩展为大规模的高级农庄，苏北、苏中地区则需要大规模的休闲农业建设（表 6-8）。

表 6-8 江苏省各地区休闲农业建设规模

规模	苏南	苏中	苏北
500 亩及以下休闲农业数量	593	409	600
501～3 000 亩休闲农业数量	1 088	278	669
3 000 亩及以上休闲农业数量	710	251	501
总计	2 391	938	1 770

(2) 休闲农业企业所获荣誉。从数据可以看出，江苏省具有全国性的休闲农业示范点所占比例较低，说明省内具有特别影响力的企业较少。另外，苏南地区的休闲农业获得荣誉称号的企业最多，全国的休闲农业示范点及示范县也明显比苏中、苏北地区要多，且其全国示范点及四星级休闲农业企业较多，说明其休闲农业在发展过程中比较注重企业质量的建设。苏北、苏中地区的休闲农业企业所获荣誉的企业比例较低，基本上都是四星级、三星级的企业，总体远不如苏南地区，如图 6-2 所示。

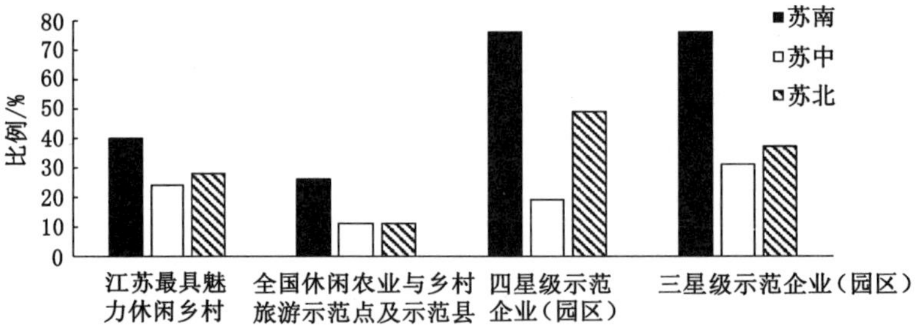

图 6-2 江苏省各地区休闲农业所获荣誉

(3) 经营效应。虽然苏南地区休闲农业的园区数量和获得的荣誉较多，且该地区休闲农业资产总额约占江苏省休闲农业园区资产总额的 99%，但是其年营业收入却比苏北地区的少，营业利润也较少。然而，苏中地区则是还处于初级阶段，经营效益最低，亟待提高。苏北地区的休闲农业发展规模较小，却年营业利润最多，说明该地区的休闲农业园区发展较好，但仍然存在企业借休闲农业园区的名义脱离农业，以其他的产品盈利的现象，如表 6-9 所列。

表 6-9 苏南、苏中、苏北休闲农业园区经营情况

园区所在地区	资产总额/万元	年营业收入/万元	年利润/万元
苏南	613 522.6	1 880.8	474.1
苏中	3 164.1	1 290.5	263.2
苏北	4 396.9	2 480.1	1 566.6

(4) 业态分析。据南京农业大学的研究，他们将休闲农业的业态分为休闲农业园、农业科技园、休闲农庄及农家乐专业村 4 类。从江苏省总体来看，休闲农业各种业态的占比分别是 17.1%、20.87%、52.29%、9.74%。从业态的分布来看，休闲农业园所占比例最多，占所有业态的 1/2，其次是农业科技园，农家乐专业村所占比例最小，如图 6-3 所示。

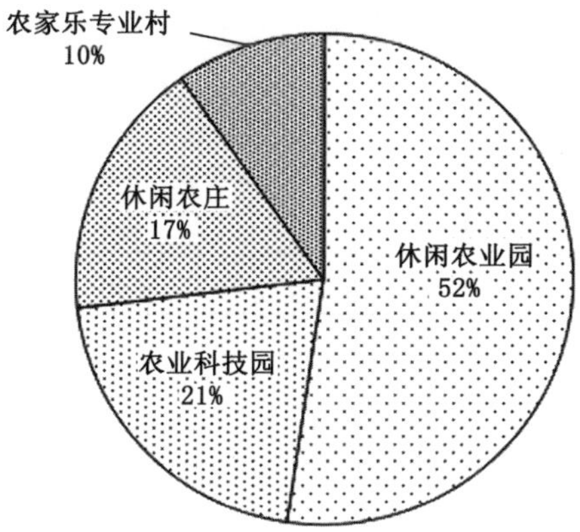

图 6-3　江苏省休闲农业业态分布图

从不同的区域来看，省内各区域的业态分布大体相似，都是休闲农业园所占比例较大，农家乐专业村所占比例较低，业态之间的比例差异较为明显。其中，苏北地区的休闲农业园的比例最大，已达到 66.2%，而农家乐专业村的所占比例才是 6.2%。可以看出，苏北地区的休闲农业同种类的业态较多，很有可能存在较多雷同的企业，如图 6-4 所示。

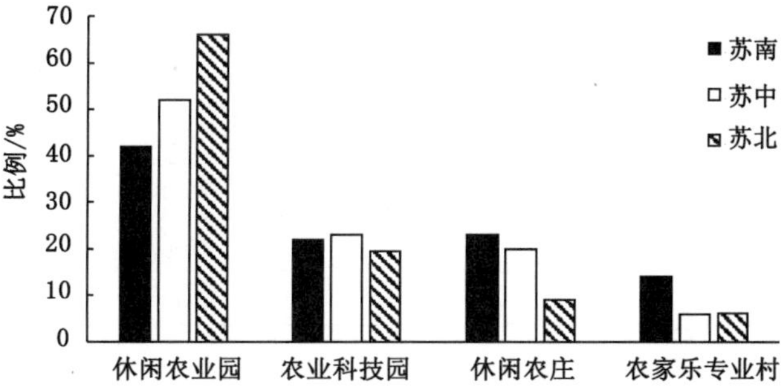

图 6-4　苏南、苏中、苏北地区休闲农业业态分布

第三节　江苏休闲农业成熟度评价指标计算过程

通过之前对各项指标的评价值的收集与计算，最终得到一个整体评价指标体系的观测值，如表 6-10 所列。

表 6-10　江苏省休闲农业成熟度指标观测值

代码	二级指标	苏南	苏中	苏北	全省
U_{11}	基础设施	75.28	72.83	65.17	70.84
U_{12}	交通设施	77.93	73.59	64.5	71.69
U_{13}	接待服务	74.53	68.49	61.83	68.01

表 6-10(续)

代码	二级指标	苏南	苏中	苏北	全省
U_{14}	安全措施	74.53	67.55	58.17	66.39
U_{15}	卫生保障	75.28	68.47	56.83	66.44
U_{21}	休闲农业企业数量	100	60	69.94	76.65
U_{22}	休闲农业节庆数量	60	100	64.65	74.88
U_{23}	休闲农业营业收入	60	78.02	100	79.34
U_{24}	休闲农业园区规模	100	60	71.65	77.22
U_{25}	休闲农业种类丰富度	100	60	80.27	80.09
U_{26}	相对资源丰富度	100	98.58	60	86.19
U_{31}	星级休闲农业企业及示范区数量	100	67	60	75.67
U_{32}	休闲农业知名度	78.3	68.87	60	68.67
U_{33}	休闲农业独特性	68.3	67.36	62.5	65.9
U_{34}	体验价值性	73.77	71.51	64.17	69.58
U_{35}	周围生态质量	79.25	71.89	65.67	71.99
U_{41}	休闲农业人力资源质量	71.51	65.42	58.67	64.92
U_{42}	社区参与性	68.87	66.42	65.67	66.93
U_{43}	科技含量	70	68.49	56.83	64.76
U_{44}	地区标准制度	100	75.56	60	78.52
U_{45}	政府政策	100	60	71.03	77.01
U_{51}	环境协调度	72.08	72.26	69.5	71.2
U_{52}	就业贡献率	60	64.13	100	74.71
U_{53}	文化传承性	67.93	63.4	59.17	63.31

根据休闲农业成熟度模糊评价方法的步骤,笔者对江苏省休闲农业的成熟度进行了如下实证评价分析。

(1) 假定:评价集=江苏省休闲农业成熟度。

(2) 确定评价对象的评语集,即:

$$V=\{V_1,V_2,V_3,V_4,V_5\}$$
$$=\{混乱期,重复期,成长期,成熟期,优化期\}$$
$$=\{10,30,50,70,90\}$$

(3) 建立模糊关系矩阵。首先将评价指标的数据结果与评价等级 $V=\{10,30,50,70,90\}$ 作差,然后对得到的差距作倒数处理,如表 6-11 和表 6-12 所列。

表 6-11　样本评价级的调查值与差值表

代码	二级指标	调查值	10	30	50	70	90
U_{11}	基础设施	70.84	60.84	40.84	20.84	0.84	19.16
U_{12}	交通设施	71.69	61.69	41.69	21.69	1.69	18.31

表(续)

代码	二级指标	调查值	10	30	50	70	90
U_{13}	接待服务	68.01	58.01	38.01	18.01	1.99	21.99
U_{14}	安全措施	66.39	56.39	36.39	16.39	3.61	23.61
U_{15}	卫生保障	66.44	56.44	36.44	16.44	3.56	23.56
U_{21}	休闲农业企业数量	76.65	66.65	46.65	26.65	6.65	13.35
U_{22}	休闲农业节庆数量	74.88	64.88	44.88	24.88	4.88	15.12
U_{23}	休闲农业营业收入	79.34	69.34	49.34	29.34	9.34	10.66
U_{24}	休闲农业园区规模	77.22	67.22	47.22	27.22	7.22	12.78
U_{25}	休闲农业种类丰富度	80.09	70.09	50.09	30.09	10.09	9.91
U_{26}	相对资源丰富度	86.19	76.19	56.19	36.19	16.19	3.81
U_{31}	星级休闲农业企业及示范区数量	75.67	65.67	45.67	25.67	5.67	14.33
U_{32}	休闲农业知名度	68.67	58.67	38.67	18.67	1.33	21.33
U_{33}	休闲农业独特性	65.9	55.9	35.9	15.9	4.1	24.1
U_{34}	体验价值性	69.58	59.58	39.58	19.58	0.42	20.42
U_{35}	周围生态质量	71.99	61.99	41.99	21.99	1.99	18.01
U_{41}	休闲农业人力资源质量	64.92	54.92	34.92	14.92	5.08	25.08
U_{42}	社区参与性	66.93	56.93	36.93	16.93	3.07	23.07
U_{43}	科技含量	64.76	54.76	34.76	14.76	5.24	25.24
U_{44}	地区标准制度	78.52	68.52	48.52	28.52	8.52	11.48
U_{45}	政府政策	77.01	67.01	47.01	27.01	7.01	12.99
U_{51}	环境协调度	71.2	61.2	41.2	21.2	1.2	18.8
U_{52}	就业贡献率	74.71	64.71	44.71	24.71	4.71	15.29
U_{53}	文化传承性	63.31	53.31	33.31	13.31	6.69	26.69

表 6-12　样本评价级的调查值差距倒数表

代码	二级指标	差距倒数					
		10	30	50	70	90	总和
U_{11}	基础设施	0.016	0.024	0.048	1.190	0.052	1.33
U_{12}	交通设施	0.016	0.024	0.046	0.592	0.055	0.73
U_{13}	接待服务	0.017	0.026	0.056	0.503	0.045	0.65
U_{14}	安全措施	0.018	0.027	0.061	0.277	0.042	0.43
U_{15}	卫生保障	0.018	0.027	0.061	0.281	0.042	0.43
U_{21}	休闲农业企业数量	0.015	0.021	0.038	0.150	0.075	0.30
U_{22}	休闲农业节庆数量	0.015	0.022	0.040	0.205	0.066	0.35
U_{23}	休闲农业营业收入	0.014	0.020	0.034	0.107	0.094	0.27
U_{24}	休闲农业园区规模	0.015	0.021	0.037	0.139	0.078	0.29

6-12(续)

代码	二级指标	差距倒数					
		10	30	50	70	90	总和
U_{25}	休闲农业种类丰富度	0.014	0.020	0.033	0.099	0.101	0.27
U_{26}	相对资源丰富度	0.013	0.018	0.028	0.062	0.262	0.38
U_{31}	星级休闲农业企业及示范区数量	0.015	0.022	0.039	0.176	0.070	0.32
U_{32}	休闲农业知名度	0.017	0.026	0.054	0.752	0.047	0.90
U_{33}	休闲农业独特性	0.018	0.028	0.063	0.244	0.041	0.39
U_{34}	体验价值性	0.017	0.025	0.051	2.381	0.049	2.52
U_{35}	周围生态质量	0.016	0.024	0.045	0.503	0.056	0.64
U_{41}	休闲农业人力资源质量	0.018	0.029	0.067	0.197	0.040	0.35
U_{42}	社区参与性	0.018	0.027	0.059	0.326	0.043	0.47
U_{43}	科技含量	0.018	0.029	0.068	0.191	0.040	0.35
U_{44}	地区标准制度	0.015	0.021	0.035	0.117	0.087	0.27
U_{45}	政府政策	0.015	0.021	0.037	0.143	0.077	0.29
U_{51}	环境协调度	0.016	0.024	0.047	0.833	0.053	0.97
U_{52}	就业贡献率	0.015	0.022	0.040	0.212	0.065	0.36
U_{53}	文化传承性	0.019	0.030	0.075	0.149	0.037	0.31

(4) 在表 6-12 的基础之上,对取值进行标准化,得到每个指标在不同评价集中的隶属度,最终合成模糊关系矩阵,如表 6-13 所列。

表 6-13 标准化矩阵

二级指标	二级权重值	模糊隶属度					
		10	30	50	70	90	总和(取近似值)
基础设施	0.412	0.012	0.018	0.036	0.894	0.039	1.000
交通设施	0.305	0.022	0.033	0.063	0.808	0.075	1.000
接待服务	0.055	0.027	0.041	0.086	0.777	0.070	1.000
安全措施	0.148	0.042	0.065	0.143	0.651	0.100	1.000
卫生保障	0.08	0.041	0.064	0.142	0.654	0.099	1.000
休闲农业企业数量	0.08	0.050	0.072	0.125	0.503	0.250	1.000
休闲农业节庆数量	0.051	0.044	0.064	0.115	0.587	0.190	1.000
休闲农业营业收入	0.21	0.053	0.075	0.126	0.397	0.348	1.000
休闲农业园区规模	0.193	0.051	0.073	0.127	0.478	0.270	1.000
休闲农业种类丰富度	0.304	0.053	0.075	0.124	0.371	0.377	1.000
相对资源丰富度	0.162	0.034	0.046	0.072	0.161	0.686	1.000
星级休闲农业企业及示范区数量	0.044	0.047	0.068	0.121	0.547	0.217	1.000

表 6-13(续)

二级	二级权重值	模糊隶属度					
		10	30	50	70	90	总和(取近似值)
休闲农业知名度	0.214	0.019	0.029	0.060	0.840	0.052	1.000
休闲农业独特性	0.212	0.045	0.071	0.160	0.619	0.105	1.000
体验价值性	0.325	0.007	0.010	0.020	0.944	0.019	1.000
周围生态质量	0.206	0.025	0.037	0.071	0.781	0.086	1.000
休闲农业人力资源质量	0.467	0.052	0.082	0.191	0.561	0.114	1.000
社区参与性	0.273	0.037	0.057	0.125	0.689	0.092	1.000
科技含量	0.114	0.053	0.083	0.196	0.553	0.115	1.000
地区标准制度	0.077	0.053	0.075	0.128	0.427	0.317	1.000
政府政策	0.069	0.051	0.073	0.126	0.487	0.263	1.000
环境协调度	0.652	0.017	0.025	0.048	0.855	0.055	1.000
就业贡献率	0.088	0.043	0.063	0.114	0.596	0.184	1.000
文化传承性	0.26	0.060	0.097	0.242	0.481	0.121	1.000

(5) 合成模糊综合评价的结果矢量。在得到模糊关系矩阵和权重向量之后，将二者合成便可以得到评价对象的综合评价结果矢量。

以第一个一级指标——基础保障为例，该指标包含 5 个二级指标，$U_1=\{$基础设施，交通设施，接待服务，安全措施，卫生保障$\}$。将二级指标的权重与每个评价级别的模糊关系矩阵中的列向量相乘，即可得到一级指标在各评价等级上的隶属度：

$$U_1=\{0.023,0.034,0.071,0.806,0.065\}$$

依此类推，可以得到整个一级指标在评语等级上的隶属度，如表 6-14 所列。

表 6-14　一级指标在评价等级上的隶属度

一级指标	一级权重	模糊隶属度				
		10	30	50	70	90
基础保障(U_1)	0.086	0.023	0.034	0.071	0.806	0.065
经济效益和景观资源(U_2)	0.485	0.049	0.069	0.116	0.385	0.381
景观质量(U_3)	0.172	0.023	0.035	0.073	0.803	0.067
经营管理及政府支持(U_4)	0.132	0.048	0.074	0.164	0.58	0.134
社会价值(U_5)	0.125	0.03	0.047	0.104	0.735	0.083

(6)计算休闲农业成熟度评价指标一级指标的模糊综合评分。将计算得到的一级指标在各评价集上的隶属度与相对应的评价因子相乘，得到一级指标的模糊评分，见表 6-15 。

表 6-15　休闲农业成熟度一级指标模糊评分

一级指标	一级权重	一级指标得分
基础保障(U_1)	0.086	67.137
经济效益和景观资源(U_2)	0.485	69.57
景观质量(U_3)	0.172	67.163
经营管理及政府支持(U_4)	0.132	63.545
社会价值(U_5)	0.125	65.872

(7) 计算江苏省休闲农业的成熟度得分。根据以上计算出的一级指标的模糊评分，可计算出江苏省休闲农业成熟度综合得分。计算公式为：

$$T = \boldsymbol{\omega} \cdot \boldsymbol{D} = \omega_1 \cdot D_1 + \omega_2 \cdot D_2 + \omega_3 \cdot D_3 + \omega_4 \cdot D_4 + \omega_5 \cdot D_5$$

江苏省休闲农业成熟度＝0.086×67.137＋0.485×69.57＋0.172×67.163＋0.132×63.545＋0.125×65.872

≈67.689

根据前文建立的休闲农业的成熟度模型可知，江苏省休闲农业已经步入成长期，这一阶段的发展主要是以标准化、规范化发展为主，更加注重企业的质量建设，且现阶段的主要关键过程域是休闲农业的标准化管理、发展的质量保障、景区的规模和资源以及政府的政策支持。

第四节　江苏省休闲农业成熟度评价结果分析

一、江苏省休闲农业成熟度评价分析

据计算，江苏省休闲农业成熟度的综合得分为 67.689，其中，基础保障得分为 67.137，经济效益和景观资源分值为 69.570，景观质量的分值是 67.163，经营管理及政府支持的分值为 63.545，社会价值得分为 65.872。根据得出的数据结果绘制雷达图(图 6-5)，主要从江苏省休闲农业成熟度评价指标体系的 5 个维度出发，评价 5 个因素的偏差。

基础保障是奠定休闲农业发展的基础，完善的基础保障能够满足游客的基本需求，同时也是后续发展的重要条件。江苏省休闲农业整体的基础设施建设还不够完善，卫生条件、交通设施、安全设施等都需要进一步加强，为游客带来更贴心的服务，为以后的可持续发展做充足的准备。

经济效益是休闲农业企业的目标，体现休闲农业现阶段的盈利水平和盈利能力，从侧面反映出休闲农业的发展潜力。景观资源更是休闲农业发展的基础，能保障休闲农业在发展过程中的持续不断，反映出该地区休闲农业利用的有效性。从图中可以看出，江苏省休闲农业的经营效益和景观资源的分值最高，说明该地区休闲农业的发展潜力较大，能为企业带来利润。这并不是说明江苏省休闲农业的潜力已经发展得足够好，只是说明企业在该指标中表现较好，仍然需要进一步的加强和完善。

江苏省休闲农业的景观资源很丰富，而且有很深厚的农业文化，为休闲农业的发展提供

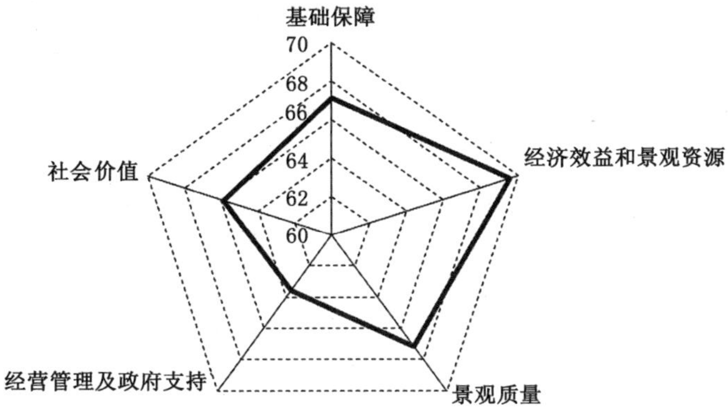

图 6-5　江苏省休闲农业成熟度评价雷达图

了良好的基础。但江苏省休闲农业的企业开发不足，很多优质的景观资源并没有很好地发掘出来，没有建立良好的企业形象，品牌知名度较低，档次高和规模大的休闲农业企业较少；同时，没有建立休闲农业文化内涵，只是做表面的展示和体验，无法展示出令人流连忘返的魅力，削弱了休闲农业的竞争力。

首先，江苏省休闲农业以小规模、私营为主，农庄通常都是当地农民在已有的农业基础上建立的，农庄业主教育水平较低，掌握的管理知识少，经营能力较差，一般经济效益较低。其次，休闲农业的人力资源质量较差，服务人员的态度、素质等各方面都需要不断加强，还需要引进高端管理人才，这样休闲农业企业才能发展得更好。最后，很多休闲农业企业的经营还不规范，如企业经营项目与农业联系不足、社区参与不足、科学设备较为落后的现象时有发生。

政府政策与标准在规范休闲农业企业发展过程中起着十分重要的作用。近几年，江苏省对休闲农业十分重视，相应的文件也逐渐在完善，也制定了一些标准和制度。就制度而言，政府虽然鼓励休闲农业建设，但缺乏一些具体标准，对休闲农业企业的监管制度也不够完善，缺乏专门针对休闲农业管理的机制，这些都会造成休闲农业企业经营活动不规范，影响政府对休闲农业的统一规划。另外，政府在制定休闲农业的政策和规划方案时，要注重农业与旅游经营方面的协调度，不能对任何一方太过偏重，要维持二者之间的平衡关系，积极健康地发展休闲农业。

关于社会价值方面，江苏省休闲农业对农民的就业率贡献较高，带动了农民的发展，促进了农民收入水平的提高，改善了农民的生活环境，同时也缩小了城乡差距，为城乡统一规划做出了很大的贡献。但在休闲农业的文化传承方面还做得不够，没能将休闲农业的文化发展起来。只有大力发展休闲农业的独特文化，才能铸造江苏省休闲农业的独特魅力。

二、苏南、苏中、苏北地区休闲农业发展差异分析

参照以上计算过程，笔者计算了江苏省苏南、苏北、苏中地区休闲农业的一级指标的最终分值，如表 6-16 所列；同时，计算出各地区的休闲农业成熟度的得分，如表 6-17 所列。

表 6-16　江苏省内各地区休闲农业成熟度一级评价指标的分值

一级指标	苏南	苏中	苏北
基础保障(U_1)	76.676	76.583	50.082
经济效益和景观资源(U_2)	77.186	64.889	66.062
景观质量(U_3)	73.670	73.177	52.977
经营管理及政府支持(U_4)	73.073	70.458	50.185
社会价值(U_5)	71.708	70.788	69.831

表 6-17　江苏省内各地区休闲农业成熟度得分

地区	苏南	苏中	苏北
成熟度得分	75.310	68.792	60.812

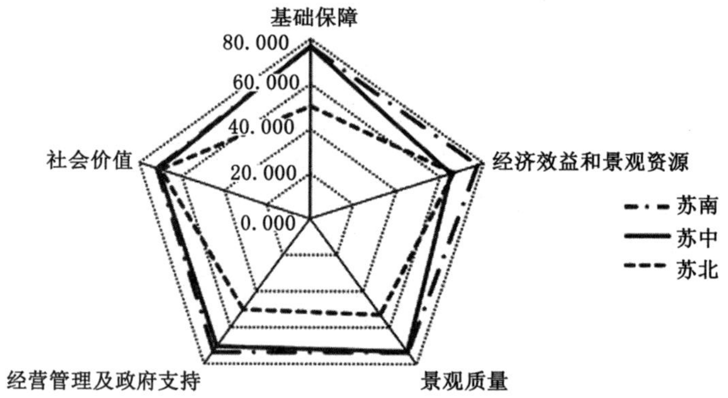

图 6-6　苏南、苏中、苏北地区休闲农业一级指标雷达图

计算结果表明，江苏省内各地区的休闲农业存在很大的差异，苏南地区的休闲农业成熟度得分为 75.310，苏中、苏北地区的休闲农业的成熟度得分分别是 68.792 和60.812。从计算结果来看，苏南地区的休闲农业明显比苏北、苏中地区的休闲农业发展要成熟一些。3 个地区的休闲农业发展差异具体情况，如图 6-6 所示。

从图中可以看出，苏南地区休闲农业各项指标的得分均大于苏中、苏北地区，且各指标得分较为均匀，说明其发展还是比较好的，苏南地区的整体规划还算比较合理，能够考虑整体的发展进度。但苏南地区的基础保障及社会价值的得分较低，说明苏南地区在这两方面还存在很多不足的地方，需要从基础设施、安全卫生等方面进行强化。除此之外，苏南地区在发展休闲农业的同时，标准制度制定不够完善，对休闲农业企业的规范和监督不足。另外，苏南地区休闲农业的文化独特性和对特色文化的内涵的挖掘还不足，需要进一步的加强。

苏中地区休闲农业的经济效益和景观资源的评分最低，说明该地区在休闲农业的规模、数量的建设及资源的丰富度上的发展较为缓慢，并且还存在管理不完善、经济效益低下的情况。在景观资源上，苏中地区有较好的休闲农业资源，但该地区的休闲农业企业对基础资源的利用和挖掘比较浅，没有充分地利用现有资源，不能形成独特的休闲农业文化，导致竞争力下降。其次,苏中地区在休闲农业经营管理方面略比苏南地区差一些,还需要不断完善对休闲农业的管理,提高管理水平。

对比苏南、苏中地区,苏北地区的休闲农业在基础保障、景观质量和经营管理及政府支持方面指标的得分最低,总体发展较其他两个地区缓慢,还有很多方面需要不断强化和提升。政府在地区规划方面还需要不断加强,缩短地区之间的差异,努力提升苏北地区休闲农业企业的竞争力。

第五节　江苏省休闲农业发展中存在的问题

一、基础设施不完善,经营规模过小

江苏省内休闲农业的基础保障评分为 67.689,说明江苏省休闲农业的整体基础保障并不是很完善,还需要进一步的提升。省内各地区的卫生合格程度也较低,餐饮方面存在一定的食品安全隐患,整体缺乏严格的卫生标准和监管体系。另外,从省内的地区差异来看,苏南、苏中、苏北地区基础保障的完善度存在明显的差异,苏南地区的基础保障的总体分值要大于苏北、苏中地区,说明苏南地区休闲农业基础设施的建设比苏北、苏中地区更加完善。由于我国休闲农业整体起步较晚,休闲农业还处于初级发展阶段,大部分经营个体都是当地的农民,受教育水平限制,大部分经营个体都缺乏现代管理和长期发展的意识,不注重管理和服务方面的问题,造成管理松散,服务水平差,卫生、住宿等条件差的现状。

除此之外,大多数休闲农业是在当地的自然基础上建设的,而且行业本身具有投资少、成型快、门槛限制低的特点,在一段时间内休闲农业成为投资热点,很多具有一定农业资源优势的农民或企业都开办休闲农庄(农家乐)。休闲农业的数量迅速增加,但休闲农业园的质量良莠不齐。另外,小规模经营是目前休闲农业的发展特点,大多数休闲农庄(农家乐)都以个体、私营等经营形式为主,且相互之间分散经营,这样的发展不能形成规模效应,也限制了相关产业链的发展空间,不能满足游客一日游的需求,从而降低了游客的重游率,减少了休闲农业的收益,也阻碍了地区的整体规划。

二、品牌建设不足,地区独特性不够

江苏省休闲农业的数量在 2006—2010 年期间快速上升,截至 2018 年底,具有一定规模的休闲农业和乡村旅游园区景点增至 9 200 个以上。从数量上来说,江苏省休闲农业发展迅速,且发展势头较好,能为江苏省带来很好的经济效益。但从品牌建设方面,由于初期发展以小规模经营为主的休闲农业园区较多,且经营人员的教育水平较低,经营者只是看到眼前的利益,没有进行长期的发展规划,缺乏休闲农业品牌建设意识。除此之外,各地区高档次、较规范的休闲农业园区较少,能带动整个地区休闲农业发展的龙头企业更少,没有建立较为出色的品牌影响力,不能为小规模企业树立良好的示范作用。因此,江苏省在今后发展休闲农业时,要更加注重品牌的建设,以彰显地区的农业魅力。

另外,各地区休闲农业重复建设情况较为严重。首先,大多数休闲农业园的发展模式和活动内容都大同小异,个体的特色不突出,基本上都是进行瓜果采摘、住农家院、吃农家饭或种些花卉供游人欣赏和售卖等活动,缺乏特色活动的创新,无法为游客带来独特的体验感受;同时,企业项目相似度较大,缺乏核心竞争力,导致地区休闲农业企业的无序竞争,形成较为混乱的局面,从而阻碍地区休闲农业的整体发展。其次,江苏省休闲农业园区对当地的

农业文化内涵的挖掘和建设不足，没有充分挖掘当地特色农业文化，只进行表面的农业展示，没有建立独特、深厚的文化内涵，所以休闲农业园区只是有了身躯，却没有独特的灵魂，无法展示其别样的魅力。

三、专业人才较少，社区参与保障缺乏

首先，我国休闲农业发展起步较晚，针对这种农业与旅游业相结合的新产业形式，并没有现成的经验借鉴，也没有相应的专业管理人才培养机制，无法培养出具有专业知识的高端人才，只能进行自主探索发展。其次，由于休闲农业目前多属于农业的一种，高文化的人才会因为休闲农业显示的身份问题而不愿服务于类似的企业，因此企业的人才来源较为缺乏。同时，休闲农业的讲解人员较少，服务人员的整体素质水平较低，不能满足休闲农业的发展需求。第三，在休闲农业发展过程中，许多休闲农业园区都是农户经营，他们对一般的管理知识都不懂，只是模仿其他园区的发展而经营，因而只能占用有利的资源却不懂如何管理，从而降低了经营效益。

除了专业人才的支撑之外，当地社区居民的参与是休闲农业有效发展的重要保障，他们对农业的了解远胜过外来人员，因此，休闲农业需要当地居民的大力支持才能更好地发展。在江苏省休闲农业发展过程中，对于当地社区农民的保障体系不够完善，甚至有企业侵犯农民利益的现象。例如：企业在规划时期，只注重企业自身利益，而忽略农民建议和发展。另外，有些企业在初期的建设较好，但是在发展的过程中脱离农业，成为以经营销售花卉、农产品为主的企业，忽略了农业的发展，降低了社区参与的力度，没有为农民带来增产增收的效益，反而占用了农业用地，阻碍了农业的发展。

四、缺乏规范标准，监管力度太弱

休闲农业的发展需要政府政策的规划和行业标准的制约，这样才能高效发展。如前文所述，江苏省整体休闲农业的政策不够完善，缺乏相应的制度，没有严格的标准制约不规范的休闲农业的发展；同时，也没有相应的机构对休闲农业企业进行监管，致使一些休闲农业企业的发展在管理上存在严重的不足。

对于江苏省不同的区域，其政策和制度差异也十分明显。例如，苏南地区有相应的休闲农业协会，专门制定关于休闲农业的标准制度，引导休闲农业的发展。但是，苏北地区制定的休闲农业政策制度较少，也没有相关的规范标准，对休闲农业企业的监管力度不强，不能严格地规范区域休闲农业企业，可能为以后休闲农业的整体规划带来很多问题和阻碍。

五、区域发展失衡，地区差异太明显

根据苏南、苏中、苏北地区休闲农业成熟度分析可知，江苏省休闲农业整体发展不协调，地区差异较为明显。例如，苏南地区的休闲农业发展较好，基础保障设施和标准制度的建设等都有一定的基础，且星级企业和全国示范点较多，具有一些影响力；同时，苏南地区休闲农业各方面的管理经验和人才也比较多，发展较为成熟。苏中地区的休闲农业的经营状况和景观的管理有欠缺，各市（区）的监管制度及其他方面的建设也不是很完善，还需要不断改进。而苏北地区相对苏南、苏中地区就显得相对薄弱，餐饮、住宿等基础设施都还在建设当中，没有统一的规划和标准，略显混乱；同时，苏北休闲农业企业的相关产业链发展不完善，整体缺乏规划，与苏南地区相差较大。

六、缺乏科学规划，协调机制不完善

江苏省休闲农业整体的发展势头较好，不仅发展了休闲农业，带动了旅游业、农业等相关产业的发展，也促使农民增产增收，为缩小城乡差距做出了贡献。但在省内，苏南、苏中、苏北地区差异太过明显，且各地区的休闲农业发展特色不明显，地区的整体规划较为缺乏，未能统一对省内不同区域休闲农业的发展做出科学规划，致使休闲农业不能形成规范发展的模式，从而影响整体休闲农业的效益。其次，各地区休闲农业的企业差距较大，不规范经营及设施不完善的小规模经营企业较多，难以进行统一的规划和协调。此外，由于江苏省没有设立专门对休闲农业统一协调的部门，所以缺乏统一协调机制。

第六节　江苏省休闲农业协调发展的对策建议

一、加强基础设施建设，强化企业经营规范

基础设施是发展休闲农业的基本要素，关系到江苏省整体休闲农业的持续发展。加强休闲农业基础设施建设及产业配套设施建设是提高休闲农业建设水平的重要因素。

（1）完善休闲农业公共基础设施。江苏省休闲农业的发展需要基础设施的支撑，在完善基础设施的建设时，要从住宿、餐饮、供电、供水、通信、安全保障、卫生等方面加强。在交通方面，应改善休闲农业发展区域的道路建设，在保证交通道路通畅的同时，也要保证到达休闲农业园区交通工具的多样性。也就是说不仅能够为游客自驾游提供基础交通，还要联系公交、专线旅游巴士，积极提高休闲农业园区的可到达性和可进入性。在通信方面，休闲农业企业应该积极搭建通信设施，如移动网络的加强，保证游客通信顺畅，能够满足游客随时上网的需求。邮政服务网点的建设也要加强，提供游客邮寄信件和明信片的渠道。另外，休闲农业是以农业为基础的，因此，休闲农业生产条件的改善是十分必要的，要从休闲农业的生产设备、技术设备等方面入手，提高农业的生产设备的建设。

（2）完善休闲农业相关产业设施建设。在发展休闲农业时，首先要注意周围相关产业配套设施的建设，如休闲农业地区的购物、休息区等设施；要注重改善当地村庄的发展环境，促进村庄的外部环境的整治；还要发展配套设施的建设，包括停车场、指示牌、厕所、游客中心等相关设施；建立相关的购物平台，保证游客能够及时购买相关的物品，增强园区的服务能力。

（3）完善休闲农业相关政策。首先，制定相应的发展规划和标准制度，规范企业的经营，从安全、卫生等方面监督企业的经营。其次，鼓励大规模的休闲农业和示范点的建立，为其他的休闲农业企业树立发展榜样，促进休闲农业的规范发展。

二、挖掘地区文化内涵，建立特色品牌效应

（1）应该突出休闲农业特色，创新参与活动。各地区可以根据不同地域农业结构的特点和地区资源优势，确定不同的发展重点，充分挖掘地区的特色资源，借鉴国内外的发展经验，发展多模式的休闲农业，避免重复建设。企业可以发展不同种类的休闲农业，增加休闲农业的种类丰富度，形成多样化的休闲农业发展。另外，企业应该创新休闲农业的各项活动，创建不同的活动项目，丰富休闲农业的活动内容，突出企业的特色，给游客耳目一新的感觉，提升游客的参与性和体验性，提高游客的重游率，保持老顾客，通过游客对活动的宣传而获得更多的新游客。

（2）要保护当地的特色资源，就要深入挖掘地区文化内涵。休闲农业虽然是一种新的农业形式，但是也应该有其独特的文化内涵，这样才能吸引顾客，加深顾客对这次体验的印

象,让他们有津津乐道的内容去分享。如果只是对农业进行表面建设,而没有文化内涵,这样只能让游客走马观花一番,不能留下深刻的印象,反而会降低游客的体验感受。因此,休闲农业企业要深入挖掘当地的人文历史、民俗风情,建立自己特有的项目,突出和其他企业的差异,运用独特的乡土风情去展现休闲农业的魅力,为休闲农业注入新的活力,从而增强企业的竞争力。另外,休闲农业企业可以制造一系列突出地区特色的农产品,让游客能够享受到地区独特的产品,也可以带回家与亲朋分享。

(3) 结合当地的特色,建立独特品牌,扩大品牌影响力。品牌是一个地区休闲农业吸引游客的有利因素,在发展休闲农业的过程中,品牌的建设是十分重要的。① 休闲农业企业要加强营销能力,大力宣传休闲农业的特色,建立知名品牌。企业可以利用电视、报纸、网络等媒体平台,宣传企业特色,提升人们对企业的了解程度。② 企业可以举办更多较大规模且独特的节庆活动,为游客提供一些优惠,让他们更加了解休闲农业,借此扩大企业的影响力,也能通过游客的宣传使更多的人了解企业。③ 企业可以建设质量较高的休闲农业服务网站,通过网络的传播,向游客推广休闲农业的知识和信息,并且完善路线指引及咨询服务,引导游客前来体验。④ 提高服务品质,增加企业的竞争优势。企业在建设休闲农业时,应该注重休闲农业的品质和文化,在建设初期就应该有长期发展的意识,积极树立休闲农业品牌,提高休闲农业各项服务品质,建立特色品牌。

三、加强人力资源质量,不断提升服务水平

休闲农业的从业人员大多都是当地的农民,教育水平较低,服务意识较差,整体的人力资源质量偏低,这些制约了休闲农业的发展。因此,要从加强休闲农业的人才培养,强化服务意识,积极引进高端人才方面入手,提高人力资源质量,培养一批高素质、高水平的人才,为休闲农业的后续发展提供人力保障。

(1) 大力培养专业人才。休闲农业是农业与旅游业交叉的行业,所需要的专业知识十分复杂,不仅涉及农业、生态、环境等知识,还有旅游、经营、管理、科技等方面的知识。因此,为培养专业人才,应该鼓励地区建立专门的人才培养机构或在各大院校设立相关的专业,讲授专业的知识,提高人才的整体素质,培育良好的服务意识。

(2) 加强经营者的经营意识,提高经营管理水平。首先,可以建立专门针对休闲农业户主的经营管理培养机构,让他们随时"充电",学习经营知识,提高自己的经营能力。其次,可以组织关于休闲农业的集体会议,让经营者们能有相互交流的平台,讨论有关经营管理的问题,学习和借鉴其他人的经验,提升自己的经营管理能力。

(3) 积极引进专业人才。可以利用各种招聘渠道,发布招聘信息,以不同的方式引进高端人才,如人才市场、大型招聘会等。在引进人才方面不仅要增加招聘手段,还需要完善人才培养机制,从福利待遇、薪资水平、培养方案等方面入手,强化人才培养意识。另外,可以邀请国内外知名的学者对休闲农业经营者进行知识讲座,或者组织休闲农业企业经营者到外地考察,学习其他休闲农业园区的经验。

通过以上方法不断地提升整体人力资源质量,强化企业的服务意识,为休闲农业的发展提供持续不断的动力。

四、完善休闲农业政策,制定行业规范标准

政府层面是支持还是约束,这是休闲农业规范发展的重要因素,所以政府通过制定策略来指导休闲农业的发展,这不仅是休闲农业发展的有力支撑,也是休闲农业发展的动力来

源。在休闲农业规范发展的过程中，政府要不断完善已有的政策，强化对休闲农业的规范标准，促使休闲农业健康发展。

（1）健全法律体系，保证休闲农业健康发展。制定具体成文的法律法规，以书面的形式规范休闲农业的发展，明确制定休闲农业发展的相关政策，通过税收优惠、政府补贴及财税政策方面支持和规范休闲农业的发展。通过从休闲农业项目的设立、审批、价格、经营等方面制定严格的监管机制，促使休闲农业企业规范的发展。

（2）建立专门的监管机构，对地区的休闲农业的各项活动进行监管，促进休闲农业有序发展，防止不规范经营企业的出现。另外，地区应该积极建立行业协会，制定相关的标准，如卫生、安全等方面的标准，监督休闲农业企业按照相应的标准进行建设，保障休闲农业产业持续发展。

（3）制定市场准入政策。休闲农业的进入门槛较低，只要有相应的资源和少量的资金就能够建立，也因此形成了很多规模小、经营效益低的休闲农业。为解决这个问题，规范休闲农业发展，政府应该设立休闲农业准入政策，提高休闲农业进入门槛，在资金投入、项目规模、员工数量及卫生设施等方面制定相应的标准；同时，政府要对相应的项目严格评估，从各方面研究休闲农业的发展可能性，促使休闲农业更加规范地发展。

五、加强基础设施建设，强化企业经营规范

休闲农业是在农业的基础上诞生的一种新形式，对于农业的影响是巨大的。在发展休闲农业时，要进行合理的规划，保障农业环境，实现农业的可持续发展。在休闲农业发展的过程中，要时刻注重对周围农业环境的保护，节约利用现有的农业资源，保护生态环境，特别是要充分利用现有的荒地，尽量不占用农民的耕地，实现休闲农业的可持续发展。

在休闲农业发展过程中，要带动当地的农民就业，并且为当地的失业人员或农民提供就业机会，增加他们的经济收入。政府在制定标准时，可以将带动当地农民就业人数纳入标准体系，促进农村人口就业，提高当地农村的经济水平。除此之外，鼓励当地农户积极参与休闲农业的建设，并建立有效的行业机制保障农户的利益，使农户和企业和谐发展；同时，通过村委会和行业协会，将松散的农户经营统一起来，形成有序的经营市场，保证公平的竞争环境，促进休闲农业有序发展。

六、科学合理规划发展，建立协调发展机制

面对省内苏南、苏中、苏北地区休闲农业发展不协调的情况，政府应该积极采取措施缩小差距。

首先，聘请专业团队或专家对各地区的休闲农业进行实地考察，发现地区休闲农业的发展特点和该地区的优势资源，因地制宜地制定相应的规划策略，以促使休闲农业规划的科学合理；同时立足全局，制定相关的规划政策，保障休闲农业的科学发展。

其次，树立龙头企业，为各地区的休闲农业企业做好带头作用。在现有的资源基础上，结合当地的特色，重点开发几个大型的休闲农业园区，从而带动其他小型休闲农业的发展。对于不同地区的差异，政府应该制定不同的政策带动休闲农业的发展。对于苏南地区来说，其休闲农业已经较为成熟，在基础设施、景观质量和经济效益方面都有了丰富的经验，对农民收入的提升和生活的改善都有很重要的作用，但还是存在不足之处，还需要进一步的提升。对于苏中地区来说，应该借鉴苏南地区的发展经验和方式，以区域特色为基础，构建完整的发展规划，提高经营效率；同时，要制定合适的标准政策，规范休闲农业发展。相对来说，苏北地区的休闲农业发展较为落后，在基础设施建设上还需要不断加强，对发展不规范的企业要制定严格的监管制度和标准，及时监督企业规范发展。另外，地区要积极与当地的农民合作，形成互惠互利的局面，为提升农民的生活质量做出贡献。

第三，要建立休闲农业协调发展机制，统一规划江苏省休闲农业的发展。根据不同地区的情况，合理规划休闲农业与经济社会的关系，优化休闲农业整体的规划，确保整体的规划措施能顺利实施。

第三篇

徐州市休闲农业
发展战略路径选择

第七章　徐州市休闲农业的消费行为研究

第一节　徐州市休闲农业发展概况

一、概述

徐州古称彭城，有着5 000多年的悠久历史，位于京沪、陇海铁路交汇处，自古是兵家必争之地，素有“五省通衢”之称。

近年来，徐州市农业结构调整有了明显成效，围绕农业增效、农民增收，坚持以市场为导向，以科技为依托，大力推进农业产业化、标准化建设。旅游业更是蓬勃发展，成为新的经济增长点。除此之外，徐州市休闲农业稳步发展，市场建设逐步完善。截至2018年年底，徐州市发展状况如下：

（一）创造徐州经验、徐州典型

徐州市粮食总产量位居江苏省第二，2018年粮食面积达1 106万亩，立足抗旱夺丰收，总产量达49亿kg，平均产量444 kg/亩，高品质小麦种植面积占全市总小麦种植品种的81.5%。设施蔬菜面积居全省首位，占比超过20%，徐州（上海）蔬菜外延基地一共有20家，平均每年进入上海的蔬菜交易量大约为100万t，林木果树等收益产值也居全省首位，全市果蔬面积151万亩，水果产量120万t。2018年11月初，正式通过国家森林城市复检，森林覆盖率一直稳定在30.1%以上，位居全省第一。到2018年年底，自然湿地保护率超过48%，受污染土地安全利用率全部达到江苏省制定的标准。畜禽产品总量也位居前列，徐州市肉类总产高达85万t。创建4个部级畜禽标准化示范场、34个省级畜牧生态健康养殖示范基地、20个市级畜牧重点规模示范场。通过治理认定规模的养殖场达到1 740家，治理率超过80%。

（二）做优特色产业，打造一批单打冠军

徐州市农产品出口第一的是大蒜，出口交易额长期保持在3亿美元以上。2018年6月，在邳州市成功举行了“中国大蒜年会暨首届国际大蒜产业峰会”。食用菌生产稳步增长，全市食用菌总产量达60万t。花卉和苗木总面积38万亩，年销售收入达49亿元，对农民收入的增加带动成效明显。“银杏旅游＋”亮点频繁出现，产业综合收入65亿元，邳州银杏获我国第一批“中国特色农产品优势区”称号。徐州杨树特色发展从板材加工产业中开辟出了一条产业发展生态化、生态建设产业化之路，在邳州市建立了“国家木制品产业示范园区”。在园区内，奶牛存栏量3.8万头，牛奶总产量15.8万t，奶牛规模养殖比重达到95%，四大奶业加工企业年加工能力超过50万t。

徐州市共有国家级农业产业化龙头企业6家、省级农业产业化龙头企业76家，数量居全省第二。2018年，全市建成农业产业化联合体52个，位居全省首位。全市拥有国家级现代农业示范区2家、国家级农业产业化示范基地2家、省级现代农业产业园区9家、省级农产品加工集中区7家。全市创建省级农产品出口示范基地22个、省级以上农产品出口示范区7个。另外，徐州市还成功举办首届“中国农民丰收节”活动。

徐州市共有824个各类休闲观光农业景点，初步形成50条具有浓郁乡土风情和季节特色的精品线路，8条省级休闲农业与乡村旅游精品线路；同时，成功创建2个“全国休闲农业与乡村旅游示范县”、2个“中国最美休闲乡村”、21个“全国休闲农业与乡村旅游星级园区”。

徐州市每年通过网络售出的农产品总收入达到60亿元左右。充分应用物联网技术，帮助农业在互联网时代的稳步发展，其中基础规模设施农业物联网技术推广应用面积占比达到30%。科技信息的服务水平逐渐提高，建成了2 175个益农信息社，农业信息化覆盖率达到65%。

二、徐州市旅游资源现状

作为中国历史文化名城和中国优秀旅游城市，悠久的历史文化、秀丽的自然风光、多彩的民俗风情、独特的人文景观等构成了徐州市内容丰富、独具特色的旅游资源。

（一）历史文化旅游资源

徐州市有着5 000多年的文明史和2 600多年的建城史，留存的各类文物古迹400余处，集东坡文化、两汉文化、民俗文化、彭祖文化、宗教文化、军事文化等诸多历史文化资源之大成，这些铸就了徐州市独特的旅游文化资源。历史文化类景点是徐州市开发较早、相对比较成熟、在国内外具有一定知名度的产品。目前徐州市已开发的两汉文化景点共10处，其中以龟山汉墓、楚王陵、兵马俑、徐州博物馆、汉画像石馆等最具代表性。军事文化和红色资源是徐州市另一个较具特色和优势的旅游资源品牌，主要有淮海战役烈士纪念塔、九里山古战场、碾庄战斗纪念馆、王杰烈士陵园、新沂马陵山宿北大战纪念地等一批景点。彭祖园、民俗博物馆等承载民俗文化的著名景点是徐州独特的休闲农业亮点，吸引了游客眼球。此外，还有云龙山上的兴化寺和大士岩以及九里山的白云寺3处宗教文化景点。

（二）山水园林旅游资源

由于区位因素和客观地理原因，徐州的自然景观不是以奇异险峻著称，但山、水、城相互辉映，别具特色。从资源分布来看，已开发的较具规模的自然资源主要有：① 以云龙山、泉山、凤凰山、云龙湖为中心的云龙风景区，包含云龙山、云龙湖、泉山森林公园、滨湖公园、水上世界、索滑道、燕子楼公园、彭园等主要景点。该景区旅游资源相对集中，历史文化内涵丰富，云龙山上有北魏时期的大石佛，唐宋摹崖石刻，宋代的放鹤亭、招鹤亭、饮鹤泉、张山人旧居、东坡石床，明代的兴化禅寺，清代的大士岩、山西会馆、船厅、御碑亭、碑廊等名胜古迹，以及有着近300年历史的云龙山庙会，加上云龙湖湖东路的拆迁美化、小南湖景区改建、珠山风景区建设等，使这一区域无论是文化内涵还是自然山水方面，都具有较高的整合开发价值。② 以丹霞地貌之美著称的新沂马陵山、骆马湖风景区，该景区是徐州少有的风景旅游区，其中马陵山、骆马湖、窑湾古镇等资源都具有一定的开发价值。③ 徐州作为中原要冲，自古就是京杭运河中段重要的中转枢纽，享有“第一要津，两水汇通，三沟连通，四方都会，五省通衢”的美誉。运河沿途旅游资源丰富，历史文化古迹众多，有各类省、市级文物保护单位37处，以及邳州大运河风光带、邳州运河湿地公园、窑湾古镇等一批规划建设的项目。

④ 徐州与山东交界的微山湖是我国北方最大的淡水湖，微山湖风景区是国家级风景名胜区、国家级生态示范区、国家级湿地公园、国家重点红色旅游区。2007 年被国家旅游局评为“中国最佳旅游目的地”“中国重点红色旅游区”。2009 年 12 月被国家旅游局评为 4A 级国家旅游景区。微山湖文化古迹众多，境内有殷周微子墓、汉初张良墓、春秋目夷墓、伏羲陵（庙）、仲子路庙、六合泉、圣母泉、郗公墓、古木兰寺、泰山庙以及大量的庙宇亭台、古碑刻石、汉画像石、宋氏宗祠、石碾等古迹，还有铁道游击队纪念碑供人缅怀，具有较高的考古与观赏价值。微山湖是著名的现代革命斗争纪念地。抗日战争时期，以微山湖为根据地的“微湖大队”“运河支队”“铁道游击队”等革命武装，出没在千顷芦苇荡里，活跃于津浦铁路线上，创造了许多可歌可泣的英雄业绩，其中刘知侠的长篇小说《铁道游击队》就取材于此，一曲《弹起我心爱的土琵琶》让微山湖名扬中外。

（三）农业生态及工业观光旅游资源

近年来，在文化和旅游部的大力倡导下，以展示工农业生产过程和风貌的工农业旅游日益成为我国旅游产品中的一个重要分支。徐州市工农业旅游资源丰富，苹果、梨、银杏、玫瑰等特色农业优势显著，特别是丰县梨花、新沂槐花、铜山玫瑰、邳州银杏、贾汪石榴等具备较高的观赏价值和休闲度假游功能，在发展观光农业、休闲农业、农家乐、高科技农业等方面潜力巨大。其中，较为具有代表性的是邳州市锦绣大地生态农业观光园，该观光园是江苏省四星级乡村旅游点，占地面积 660 000 m^2，总投资 1.2 亿元，是集农业科技、科普教育、果蔬采摘、婚纱摄影、文化影视、生态餐饮、旅游观光为一体的大型生态庄园。设有休闲会所、垂钓中心、影视基地、生态餐厅、现代农庄、青少年拓展中心、现实版 QQ 农场等配套设施。徐州作为淮海经济区内重要的工业基地，在发展工业旅游方面也具有得天独厚的优势，徐州工业园区、徐工集团、徐州矿务集团、维维集团、窑湾绿豆烧酒厂、徐州卷烟厂等都具有较强的参观价值，具备建设在全国具有影响的工业旅游区的条件。

（四）都市功能旅游资源

徐州市地处四省交界、五通汇流的特殊区位，也是区域内最大城市，这些为发展都市购物游、商贸旅游、会展旅游提供了基础。近年来，尤其是创建中国优秀旅游城市以来，城市的基础设施和各项功能得到了完善，徐州国际会展中心是区域内规模最大的会展中心，能够适应国内各类会展的要求。古彭广场、淮海路、人民广场、金龙湖景区、高铁商圈等都具备了一定的规模和档次。新落成的万达、三胞、苏宁等购物广场，以及剪子股、滨湖新天地、老东门步行街的建成开发、法拉利公园和兰博基尼酒店的规划建设等使得徐州的商贸以其崭新的业态和不同凡响的品位在整个淮海经济区标新立异，因此徐州在发展都市旅游方面具有很大的潜力和市场。

三、徐州市至“十三五”期间旅游业发展概况

“十三五”期间，徐州市将旅游业作为全市国民经济新的增长点重点培植，徐州市旅游业进入持续、快速、健康发展的轨道，旅游业在促进徐州市经济发展、提升城市形象和知名度等方面发挥了重要的作用。具体来说，“十三五”期间徐州市旅游业的发展取得了以下成绩：

（一）将旅游产业作为徐州市经济的支柱产业

随着煤炭资源的开采殆尽，煤炭已经不再是徐州市的优势产业。2017 年中国旅游城市排行榜最新发布，在全国 286 个地级城市中，徐州市排名第 42 位。

（二）高质量完成“十二五”旅游发展计划

“十二五”期间，截至2015年，徐州市旅游总收入达500亿元，2010年为230亿元；全市旅游行业直接、间接就业人数为59.05万人，2010年为11.5万人；国内外游客总人数达4 008.69万人次，2010年为2 065万人次；全市A级旅游景区数量为76家，2010年为26家；全市4A级旅游景区数量19家，2010年为8家；全市星级饭店数量为94家，2010年为49家；全市旅行社数量为197家，2010年为158家；全市乡村旅游点数量为105家，2010年为5家；全市导游人数为3 871人，2010年为2 349人。

（三）制定了徐州市旅游发展规划

对未来徐州市旅游发展提出明确目标。打响徐州市独具特色的四类旅游城市品牌，包括中国汉文化旅游名城、军事文化旅游名城、山水生态旅游名城、商务休闲旅游。牢固确立在淮海经济区的旅游休闲度假中心、历史文化体验中心、商旅购物娱乐中心、旅游交通集散中心、旅游人才培养中心等地位，将徐州市建设成为区域旅游中心城市和国内一流、国际知名的旅游目的地城市。旅游业成为徐州市的支柱产业之一，主要发展目标在全省位次靠前，进入全国著名旅游城市之列，徐州市旅游竞争力和影响力有较大提升。

（四）颁布了诸多扶持旅游业发展的政策条例

2018年3月1日起，开始实施的《徐州市旅游条例》进一步明确了各地、各部门在旅游管理方面的职责权限，具体规范了旅游业综合协调、旅游发展规划编制实施、旅游业促进与支持、旅游市场运营监管等方面的内容。

（五）加大了旅游宣传促销力度

在旅游市场促销上，坚持海内外两个市场齐头并进，与海外旅行商的对接合作不断深化，入境旅游地接市场渐入佳境；国内市场瞄准高铁沿线和淮海经济区周边城市，大力推介徐州市旅游的产品线路和奖励政策，分别在高铁沿线天津、石家庄、济南、南京、镇江、常州6座城市，以及淮海经济区核心区的其他7座城市举办旅游推介会。“金秋旅游展销会”“惠民旅游周”“淮海经济区核心城市旅游联盟合作”“海外及高铁沿线城市旅行商看徐州”等各项活动，使徐州市旅游的知名度和美誉度不断提升。

（六）加快了旅游景区标准化进程

2016年2月，贾汪区被正式列入国家全域旅游示范区首批创建名单；2016年8月，云龙湖景区成功创建国家5A级景区，实现了徐州5A级景区的零突破；户部山景区被批准为国家4A级旅游景区，大龙湖景区创建为省级旅游度假区，郡岭庄园获评“江苏省首批五星级乡村旅游区”。目前，徐州共有A级景区78家，省级旅游度假区3家，乡村旅游示范点61家，旅游星级饭店66家，旅行社203家；省级特色景观旅游名镇4个、省级特色景观旅游名村3个。

（七）加强了旅游教育和人才培养

依托徐州市教育资源优势，与在徐高校合作，建立教育培训基地；加快旅游人才培养的步伐，采用在岗培训、脱产培训、证书培训相结合的方式，缓解人才供需矛盾。

（八）规范和完善了旅游管理体系

近年来，徐州市坚持整顿与规范并举、治标与治本相结合的原则，结合旅游行业评议、旅游市场整顿、行业精神文明建设等工作，大力整顿旅游市场，打击违法经营，维持良好的旅游发展环境。2018年，徐州市获“联合国人居奖”。在旅游管理方面，建立和完善了旅游行政管理、质量监控与行业自律一体化的管理系统，强化利用现代化技术，实现了对导游员的IC卡网络化管理。联合团市委、市消费者协会等单位，完成了“江苏省诚信旅行社”“旅游企业‘青年文明号’”“徐州十佳旅行社”“饭店和景区最佳服务明星”“徐州旅游特色餐馆”等一系列评选活动，促进了徐州市旅游行业的运行质量和服务水平。

四、徐州市休闲农业发展现状

徐州市自1983年起实行市管县的行政新体制，现下辖丰县、沛县和睢宁县，邳州市、新沂市（2个县级市），以及鼓楼区、云龙区、贾汪区、泉山区和铜山区。截至2020年年底，共有镇、办事处166个。本研究选取了泉山区、云龙区、鼓楼区、贾汪区和丰县作为代表，从而来探讨徐州市休闲农业的发展现状，并且以丰县为代表进行阐述。

（一）贾汪区

贾汪区位是徐州市辖五区之一，是一座因开采煤炭而逐步发展起来的新兴城镇。贾汪远在汉代就是一块人口密集、经济繁荣、文化发达的热土。贾汪区境内名胜古迹众多，文化遗产丰富，有朱古山钓台子、商周时期的小洪山、泉旺头古土墩等古文化遗址，以及建圮桥等古建筑，与大洞山、青年林、马头山等风景名胜。贾汪区已经发现的大型古墓有10多处，普通汉墓群多处，有汉唐时期的白集汉墓、皇姑墓、韭山寺遗址、大洞山上的穆柯寨遗迹等。这些遗址现已成为开发价值很高的旅游景点，其中保存完整的白集汉墓中的汉画像石造型生动，气势宏大，雕刻技术也非常成熟。

贾汪拥有丰富的文化资源，兼并两汉文化、红色文化、宗教文化、民俗文化等。在全域旅游创建过程中由于高度重视旅游文化的挖掘，先后打造了一批旅游精品品牌。例如，为了更好地彰显潘安文化，建成了全市首个以弘扬传统忠孝文化和社会主义核心价值观为主题的公园——潘安忠孝文化园；投资200万元建设的贾汪转型之路展示馆；建成了以茱萸寺为龙头的寺庙，以展示宗教文化和宗教旅游品牌；在大洞山景区建成的王维文化园充分展示了王维的生平；贾汪兴建了两汉文化主题公园，通过汉墓、汉画像石以及出土的相关文物，展现两汉时期贾汪的文化及特色；全力打造卧龙泉红色文化基地，建立了运河支队抗日纪念馆、运河支队抗日烈士纪念碑、徐州会战纪念馆、红色记忆馆、淮海民俗馆等主题场馆。

目前，全区已有全国四星级休闲农业园区2个、三星级1个，并在2017年度被评为“全国休闲农业与乡村旅游示范县（区）”。在区委、区政府高度重视下，环境再造和生态修复工作稳步推进，贾汪区旅游业发展很快，基础设施逐步完善，服务功能进一步提升，争取打造更多知名休闲农业品牌。

（二）泉山区

泉山区突出发展科技农业、观光农业、休闲农业、设施农业、创汇农业和绿色产业，逐步构筑都市农业的基本框架，树立城郊农业的新形象。在休闲农业发展上，重点规划建设位于南郊风景区内的徐州市花卉市场、徐州市屯里休闲垂钓中心、徐州市南湖观赏鱼良种繁育推广中心和保护地蔬菜栽培示范基地。另外，泉山区还有泉山森林公园等著名休闲农业旅游景点。

（三）云龙区

云龙区建立了长山垂钓中心、大龙口水库水上中心、屏翠科技庄园、占地60亩的徐州市休闲农业中心等6大休闲农业旅游场所。

（四）鼓楼区

由市林牧渔业局实施建设的一个市级综合性农业高科技示范园区——徐州市农业高科技示范园区位于徐州市鼓楼区北环办事处。

此园区建设面积2 000亩，投资2 000余万元。规划建成集花卉、蔬菜、苗木、畜牧、观赏鱼为一体的综合性园区，充分体现社会效益、生态效益和经济效益的结合，成为徐州市农业生产、科技推广、社会化服务的示范基地，也是徐州市现代农业的样板和窗口。主要功能有：① 提供无公害的农林牧渔种苗、初级产品、加工产品；② 可为新品种、新技术、新措施的推广应用提供项目支撑，形成种植、养殖的技术示范窗口；③ 建设都市观光休闲农业，发展农业旅游，成为展示徐州市现代农业的新景点。

园区规划立足徐州市农业优势资源，大力推动畜牧、林果、观赏鱼的综合开发。园区规划分区主要是"三个中心"和"一园六区"："三个中心"是指胚胎移植中心、植物组培中心、观赏鱼繁育中心；"一园六区"是指紫薇园、牧草间作区、观花植物区、蔬菜园艺区、彩叶植物区、果树苗木区、绿化苗木区。

（五）丰县

丰县经济发展在江苏省相对落后，由于历史、资源和环境等原因，丰县农业形成了"南果北菜，东鱼西特"的布局。进入21世纪，丰县县委、县政府加快推进农业生产规模化、经营产业化、服务社会化，采取得力措施，狠抓落实，重点建成了一批面积相对集中、生产水平较高的果品标准化生产基地、优质稻麦规模生产基地和设施农业规模生产基地，真正做到了"产业兴旺、人民安居"。其中，农村居民人均可支配收入14 020元，年均增长10.2%，农业经济稳中向优；"丰县牛蒡""丰县山药""丰县白酥梨"被认定为国家地理商标，大沙河商标获"全国驰名商标"，认证无公害农产品535个，绿色食品20个；县级以上龙头企业达215家，佳合鸭业创成国家级龙头企业；休闲农业初具规模，建成国家级示范园区2个、省魅力乡村2个、省级"农家乐"示范村1个；荣获"全国水果生产十强县""全国无公害农产品生产示范县""全国粮食生产大县"等称号；大沙河电商物流园创建成市级服务业集聚区，荣获"国家级电子商务进农村综合示范县"，入选阿里巴巴"千县万村试点县"；大沙河镇获"江苏省农村电子商务十强镇"称号；果都大观园为国家3A级景区，果都生态园、渊子湖等获批省四星级乡村休闲农业区，汉皇祖陵景区建设完成，大沙河国家湿地公园创建稳步推进。

虽然丰县经济发展总体水平相对落后，但是以果品生产和蔬菜种植为代表的农林产业，不仅成为丰县的经济支柱产业，更是成为其区域产业的特色、亮点。从产业联动角度看，基础雄厚的农林产业和新型生态化工业，为丰县构建休闲农业产业平台提供了重要支撑。丰县休闲农业发展路径构建思路以城镇化为依托、以生态为保障、以文化为吸引、以养生为导入，"四轮驱动"县域休闲农业产业发展，通过休闲农业与新型城镇化相结合，生态、文化、养生三大要素联动，共同构建丰县休闲产业平台，积极推动县域经济的转型和突破。紧密结合生态县建设，借势保护良好的自然生态资源本底，奠定未来产业可持续发展保障；同时，深化、强化丰县生态特色，将生态廊道与徐州对接，将生态产业与休闲农业契合，使生态建设真正成为丰县休闲农业发展的天然屏障。

第三节　徐州市休闲农业发展的SWOT[①]分析

一、徐州市休闲农业发展的优势分析

（一）文化资源优势

徐州是国家历史文化名城，又是中国优秀旅游城市，旅游资源优势较为突出，主要以两汉文化和彭祖文化等著称。

徐州是汉高祖刘邦的故乡，是两汉文化的起源地，也是两汉文化荟萃之地，在国内外享有特殊地位，尤其以“汉代三绝”著称，即汉墓、汉兵马俑、汉画像石。

彭祖文化是徐州的初始文化，是徐州垄断性的旅游资源。彭祖是传说中徐州人的始祖、国内公认的烹饪界的鼻祖和“治气养生”（气功）的创始人。徐州的彭祖文化丰富而富有内涵，旅游景点包括彭祖祠、彭祖庙、彭祖井和彭祖园，在国际上特别是东南亚地区有着巨大的影响力，这些对于休闲农业的发展是不可多得的资源。

（二）农业资源优势

徐州的自然景观别具特色，山、水、城交相辉映。另外，徐州市农业旅游资源丰富，特别是丰县梨花、新沂槐花、铜山玫瑰、邳州银杏、贾汪石榴等具备较高的观赏价值和休闲度假游功能，在发展观光农业、休闲农业、农家乐、高科技农业等方面潜力巨大。

（三）区位交通优势

徐州市地处苏、鲁、豫、皖四省交界地带，是淮海经济区20个地市的中心，又是陇兰经济带的五大中心城市之一，还是亚欧大陆桥东部桥头的重要组成部分。徐州市区位条件十分优越，已成为联南接北、承东启西的重要十字路口。

徐州市对外交通十分便利。在铁路方面，京沪、陇海两大铁路干线交汇并形成全国重要的枢纽之一。在公路方面，徐州市境内有5条国道、14条省道组成的公路干线网，近年来又先后开通京沪、徐连、京福高速公路，交通更为方便、快捷。在航空方面，徐州市航空港已通至京、宁、沪、穗等大城市航班。因此，徐州市铺设的立体交通“网”为发展休闲农业旅游业提供了优越的条件。

（四）客源优势

徐州市国内旅游客源地分布基本上符合距离衰减规律，周边的华东、华北地区是目前徐州市最重要的外省（市）客源地。华东、华北地区是我国东部重要的沿海经济地带，经济发达，交通便捷，居民出游率高，购买力强。因此，徐州市具有潜在的客源优势。

二、徐州市休闲农业发展的劣势分析

（一）旅游公共投入规模不足

从国际经验来看，政府对旅游规划、旅游形象推广、旅游公共信息服务、旅游环境保护等公共领域的投入是影响旅游目的地建设的重要举措，也是宣传政府形象，营造区域发展和谐氛围，增强投资吸引力的重要途径。“十三五”期间是江苏省建设旅游强省、徐州市建设旅游强市的重要阶段，政府对旅游公共投入力度不断加大。徐州市旅游公共投入规模滞后于旅游业的发展需要，特别是城郊和各县对旅游基础设施的投入明显不足，而城郊和县区又是休

① 本书指优势、劣势、机遇和挑战。

闲农业旅游资源相对丰富和集中的地区。旅游公共投入不足已成为徐州旅游业发展的“短板”。

（二）休闲农业旅游产品局限

徐州市休闲农业旅游产品以观光型的传统旅游产品为主，结构相对单一。休闲农业旅游产品对以历史人文旅游资源为依托的非观光旅游资源开发不足，缺乏参与性和文化内涵，有待进一步挖掘。新兴的休闲农业旅游产品与采摘游等起步晚、开发深度不够，缺乏特色产品和拳头产品，吸引力不强。

（三）旅游企业改革滞后

旅游企业规模不经济，发展活力不足，资本结构不合理，企业增值服务能力不强，应对国际国内竞争的灵活性不够，企业网络化程度较低，仍有部分旅游企业存在体制不顺、管理理念落后的问题，不少旅游企业尚处在由粗放经营向集约经营转变的阶段。建设旅游强市需要推进旅游企业改革，建立现代旅游企业制度。

（四）旅游经济发展不平衡

徐州市旅游经济呈现不均衡发展态势，主要体现在以下几个方面：一是市（县）级旅游业严重滞后于市区旅游业的发展，目前除沛县、邳州市、新沂市等县（市）具备一定的旅游业基础和规模外，丰县、铜山县、睢宁市等尚处于起步阶段；二是“食、住、行、游、购、娱”旅游产业链发展不均衡，尤其是对拉动旅游消费有较大作用的“购、娱”两个环节比较薄弱；三是旅游产业结构发展不合理，缺少高档次星级酒店，旅行社规模普遍偏小，旅游景区影响力不大。另外，旅游区域、城市之间深层次的合作不够，整体发展活力不足。

（五）徐州市生态基础有待改善

历代诗人曾留下很多描绘徐州的诗句：

河从百步响，山到九里回。山水自相激，夜声转风雷。

地势萦回环翠岭，关城峭拔枕黄流。

云龙峰挺拔，九里山势雄，故黄河穿城扬波，大运河奔流如带，微山湖烟波浩渺，拔剑泉碧水清澈，凤凰山展翅欲飞，子房山萧韵悠扬……相传，彭祖寿命长达800岁，虽然这只是传说，但却反映出山水秀美、环境舒适的徐州自古就是适宜居住的地方。

改革开放以来，尤其是20世纪90年代以后，徐州市的社会经济发展和城市建设步入了快车道。但环境污染、城市容量不足等问题也随之而来：城市现有的规模以无法满足社会各层面发展的需求，城市的发展空间极其有限；矿产资源开发利用造成的环境污染和植被破坏有加重趋势，矿山生态恢复难度较大；主要供水系统不合理，排水系统仍然是雨污合流；主要地表水体不同程度受到污染，城区的大气、水体、噪声、固体污染日益突出，生态环境质量亟须改善，城市建设各项指标与生态型城市的标准有很大差距。

三、徐州市休闲农业发展的机遇分析

（一）宏观旅游趋势为徐州市休闲农业旅游创造了有利的发展环境

随着我国社会经济的持续发展，我国旅游人数增加，旅游市场高速增长，入境旅游也保持持续较快的增长势头，逐步实现从亚洲旅游大国向世界旅游强国的历史性跨越。目前，中国公民可以成行的旅游目的地国家和地区达到76个，中国入境旅游人数和旅游外汇收入已跻身世界前列，中国正以其“健康安全”的旅游目的地形象和渊源博大的历史文化吸引着越来越多的海外游客前来观光旅游。

我国政治社会环境稳定，经济持续快速增长，人民生活水平迅速提高，必然会带来更加旺盛的旅游需求。旅游业在“十四五”期间面临着新的更大发展，旅游业新的亮点——休闲农业旅游势必也会有广阔的发展空间。

（二）建设旅游强省战略为徐州市休闲农业的发展注入了新的动力

进入新时期，江苏省旅游业进入更快发展的新阶段。经济的持续快速发展和人民生活水平的不断提高，为旅游业发展创造了良好的条件，也提供了强大的动力；同时，江苏省加快旅游业发展工作会议确立的旅游强省战略为徐州市休闲农业旅游的加快发展提供了新的机遇，注入了新的动力。

（三）徐州市加速实现“两个率先”为休闲农业发展打下了坚实的基础

《江苏省城镇体系规划》（1998—2020）中将徐州列入“三大都市圈”（南京都市圈、徐州都市圈、苏锡常都市圈），省委、省政府加快苏北振兴与沿东陇海开发的战略，将进一步推动徐州市社会经济的快速发展。特别是近年来城市化的发展，开发度的扩大，“大商贸、大流通”的繁荣，服务业地位的提升，为徐州市休闲农业旅游今后的大发展打下坚实的基础。

（四）区域发展战略为徐州市休闲农业的发展提供了难得的机遇

徐州市地处的淮海经济区、亚欧大陆桥东端、东陇海产业带，具有优厚的区位交通优势，区域经济中心地位的确立同时也支撑着区域旅游中心的形成，区域经济发展的战略必将促进区域旅游发展的进一步联合。近年来，区域内旅游市场、旅游产品、旅游信息、旅游交通、旅游教育等方面的交流与合作日益频繁，区域内各城市间的旅游合作日益密切，这都为徐州包括休闲农业旅游在内的整体旅游业跨区域发展提供了难得的机遇。

（五）徐州市旅游产业已有的规模带给了休闲农业发展的基础

“十三五”期间是徐州市旅游业跨越式发展的阶段，也是徐州市打造旅游强市的关键时期。“十三五”期间徐州市旅游业一直保持着持续、快速、健康发展的好势头。“吃、住、行、游、娱、购”等配套状况较以前大为改善，旅游产品更为丰富，管理水平不断提高，为未来旅游业更大发展奠定了坚实的基础。旅游业被徐州确定为支柱产业和国民经济新的增长点，确立了区域性旅游中心城市和旅游强市的发展目标，这为徐州市休闲农业旅游业的发展创造了优越的条件。

（六）旅游强市目标为徐州市休闲农业的发展创造了条件

徐州市提出从“景点旅游”模式走向“全域旅游”模式。所谓全域旅游，是指将整个行政区域当作一个景点进行打造。对游客来说，徐州市的每一地、每一个时间段都有可看、可欣赏、可玩乐的地方，老百姓就是生活在一个大的景区里，整个城市是按照景区的标准来打造的，所以环境也是最宜居的。这些目标的提出确定了徐州市旅游的总体发展方向，为徐州市休闲农业旅游业掌握先发优势、实现升级转型、做大做强提供了目标引导。建立徐州市全域旅游示范区不仅对徐州旅游业的发展起到推动作用，同时能够带动整个淮海经济区的旅游发展，为徐州市休闲农业的发展提供机遇。

四、徐州市休闲农业发展的挑战分析

临近旅游目的地市场的竞争是徐州市休闲农业旅游所面临的最大挑战。徐州的“两汉文化”和“彭祖文化”虽有特色，但仍然存在吸引力不足、景点知名度较低等问题。

徐州市虽具有地理位置适中的优势，但正好处于周边知名旅游地的阴影区。从淮海经济区来看，徐州相对于临近的开封、曲阜、洛阳等旅游城市，其人文景点的知名度较低；而与连云港的海岛、海岛带与山岳森林景观相比，自然景观又不突出。

为了徐州市休闲农业旅游的进一步发展，只有通过优化旅游产品结构、突出产品特色、打造旅游“拳头”产品，来获得徐州市休闲农业旅游的长足发展。

第三节　徐州市休闲农业十五年发展对比分析

一、徐州市休闲农业消费行为研究框架

克兰德尔(Crandall)认为，不同的休闲活动能够满足不同游客的不同动机；同时，相同的活动也有可能满足不同游客的不同动机需求，因而对于如何由满足消费内心的需求来提供游憩活动就显得十分重要。那么，不同旅游动机的游客在其信息搜集行为、选择旅游目的地的评估准则及其旅游行为上会有什么样的差异呢？这也是本书研究的重点所在。

本书利用消费者购买决策模式——EKB Model 作为分析的模型与流程，在 EKB Model 中将消费者的决策过程分为：需求确认、信息搜寻、选择评估、购买及购后行为等 5 个步骤，同时决策过程也会受到环境、个人两方面因素的影响。本书针对徐州居民休闲农业旅游的需求确认（旅游动机）、信息搜寻行为、选择评估准则、购买（旅游行为）及个人因素进行研究，如图 7-1 所示。

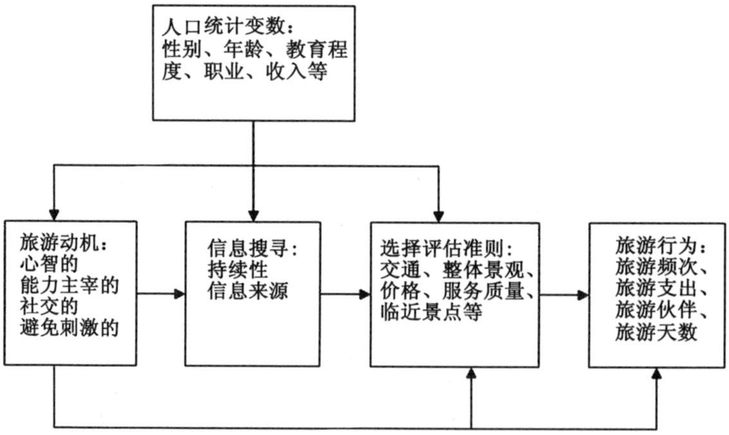

图 7-1　徐州市休闲农业居民行为研究架构图

二、旅游信息搜集行为变迁分析

（一）搜集旅游信息花费时间变迁分析

2004 年的调查数据显示，徐州市休闲农业游客平均用于搜集旅游信息的时间介于“较少”和“一般”之间。2019 年的调查数据表明，游客在搜集休闲农业旅游信息方面所花费的时间“较少”的人数比例最大，其次是“一般”和“很少”，且比例基本相同。因此，游客在搜集休闲农业旅游信息所花费的时间相对较少，这与历史数据基本一致。具体对比分析见表 7-1和图 7-2。

表 7-1 游客搜集旅游信息花费时间占比

选项	很多	较多	一般	较少	很少	没有
2004 年	3.21%	9.63%	39.45%	20.64%	20.18%	6.88%
2019 年	4.81%	8.02%	26.74%	29.95%	24.06%	6.42%

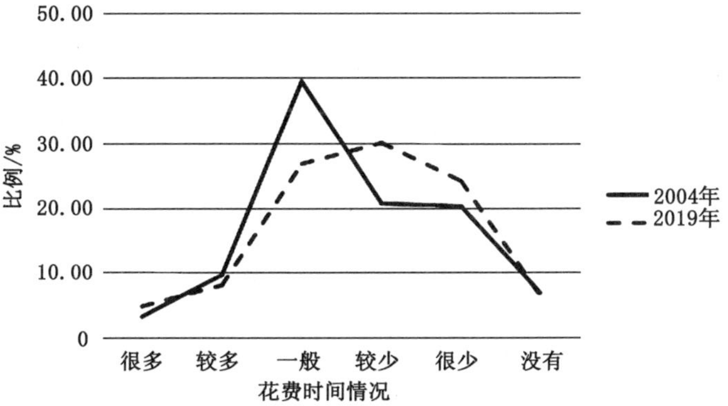

图 7-2 游客搜集旅游信息花费时间折线图

（二）关注旅游信息状态变迁分析

2004 年的调查数据显示，休闲农业游客大多数选择“旅游前才开始关注”或“几乎不关注，随意决定”。由此看出，过去居民对旅游信息的关注程度并不高。2019 年的调查结果表明，游客对于休闲农业旅游信息搜集状态为“旅游前才开始关注”的人数最多，其次是“几乎不关注，随意决定”和“平时就关注”。平时游客对于休闲农业旅游信息的关注程度并不高，这与他们日常生活工作安排息息相关，大多数游客只有在旅游之前才开始关注旅游信息。对于游客来说，对休闲农业旅游信息的关注程度就更低了，“旅游前才开始关注”和“几乎不关注，随意决定”两项的占比基本持平，均为 40%左右，无明显的差异。具体对比分析见表 7-2 和图 7-3。

表 7-2 游客关注旅游信息状态占比

选项	平时就关注	旅游前才开始关注	几乎不关注，随意决定	其他
2004 年	26.15%	34.86%	33.23%	5.96%
2019 年	15.51%	43.85%	37.97%	2.67%

(3) 搜集旅游信息途径变迁分析

2004 年的调查数据表明，徐州市休闲农业游客搜集旅游信息最大的途径为“媒体广告宣传”，其次是“亲友介绍”和“不特意搜集”。在媒体广告中，大家最常用的媒体依次为电视、报纸和互联网，占比分别为 35%、28%和 22%。根据 2019 年调查数据统计，休闲农业游客搜集旅游信息最大的途径为“亲友介绍”和“媒体广告”，占 54.01%和 50.27%，具有明显的优势，其次是“根据经验”和“不特意搜集”。在媒体广告中，大家最常用的媒体绝大多数是互联网，占总样本的 64.17%。具体对比分析见表 7-3 和图 7-4。

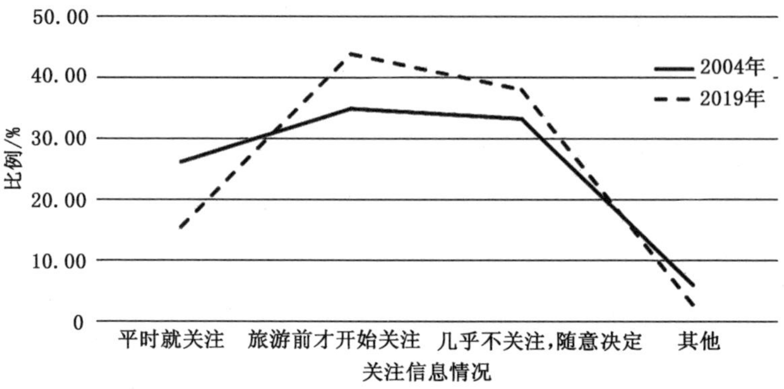

图 7-3　游客关注旅游信息状态折线图

表 7-3　游客搜集旅游信息途径占比

选项	亲友介绍	根据经验	媒体广告宣传	不特意搜集	其他
2004 年	23.01%	8.94%	45.03%	16.72%	6.29%
2019 年	54.01%	27.81%	50.27%	24.06%	8.56%

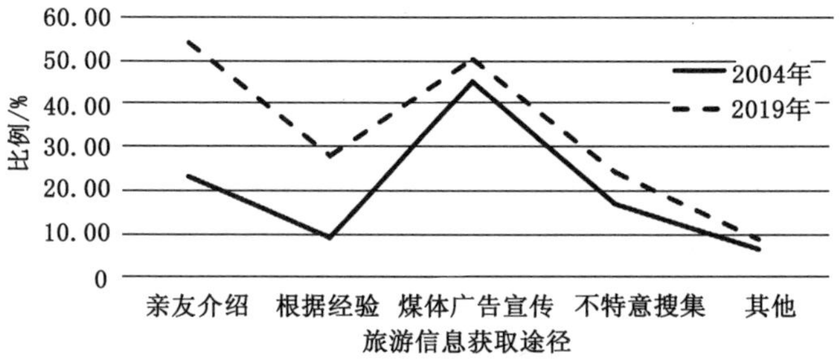

图 7-4　游客搜集旅游信息途径折线图

三、旅游目的地评估准则分析

从休闲游客旅游目的地选择准则的样本数据分析可以看出，休闲农业游客最为注重的因素如下：旅游的安全性、商家的诚信度和良好的生态环境。通过对比分析发现：首先，休闲农业游客将旅游的安全性放在第一位，这对旅游认识是全面而深刻的，但这一点同样也要求在发展休闲农业旅游的时候，一定要将众多游客的安全优先考虑；其次，休闲农业游客对“商家的诚信度”相对重视，这与休闲农业游客通过旅游来获得心理的满足有关，这时商家的诚信度就会更重要。除此之外，游客最看重的就是良好的生态环境，因为干净整洁的卫生环境更有利于游客身心的放松。另外，休闲农业游客最为关注的第四、第五位影响因素是秀丽的自然风光和合理的价格。休闲农业景区大部分都设在城乡接合部或郊县，因而便利的交通对于游客观光也是最具吸引力的因素。平日里在城市忙碌，良好的生态环境对休闲游客具有非常大的吸引力。“合理的价格”被休闲游客放在第五位说明，价格已经不是游客旅游选择目的地的决定因素，说明国民消费水平日益提高，休闲农业旅游景区的各种旅游设施、场地规划时一定要将“物美”与“价廉”相结合，首先做到“物美”，其次标价相对合理，这样才更能吸引游客[50-51]。具体优先程度如表 7-4 所列。

表 7-4 休闲农业游客旅游选择目的地因素占比

选项	非常重要	比较重要	一般	比较不重要	很不重要
秀丽的自然风光	56.68%	28.34%	9.63%	4.28%	1.07%
良好的生态环境	59.36%	26.74%	8.02%	5.35%	0.53%
有多样的娱乐设施	28.88%	38.5%	24.06%	5.88%	2.67%
附近的旅游资源丰富	31.02%	36.36%	23.53%	6.42%	2.67%
交通的便利性	49.2%	34.76%	11.23%	2.67%	2.14%
整洁卫生的环境	55.08%	33.69%	4.81%	3.74%	2.67%
特殊风味的当地餐饮	37.43%	37.43%	19.79%	3.21%	2.14%
完善的住宿设施	40.64%	36.9%	14.97%	4.81%	2.67%
旅游的安全性	70.05%	17.11%	5.35%	2.14%	5.35%
远离城市	14.97%	24.6%	45.45%	11.76%	3.21%
服务人员的服务态度和积极性	36.36%	39.04%	18.18%	5.88%	0.53%
服务人员的言行举止和仪表	34.22%	39.04%	21.39%	3.74%	1.6%
服务人员的知识技能	22.46%	41.18%	27.81%	6.42%	2.14%
商家的诚信度	60.43%	25.67%	8.56%	2.67%	2.67%
合理的价格	56.15%	29.95%	8.02%	3.21%	2.67%
适合全家旅游	34.22%	36.36%	22.99%	5.35%	1.07%
旅游地点的人气	25.67%	28.34%	34.76%	8.02%	3.21%
未曾去过的地方	19.25%	28.34%	38.5%	10.16%	3.74%

四、旅游行为变迁分析

(一)旅游的频次与天数变迁分析

2004 年徐州市休闲农业景区游客旅游次数情况如下:有 50%的居民为 3~5 次,有 49.54%的居民为 1~2 次。通过计算,2004 年徐州市休闲农业游客平均到休闲农业景区的旅游次数为 2.77 次。通过样本分析可以看出,2019 年徐州市休闲农业景区游客情况如下:有 59.89%的游客为 1~2 次,有 29.95%的游客为 3~5 次。具体对比分析见表 7-5 和图 7-5。

表 7-5 休闲农业游客旅游次数占比

选项	1~2 次	3~5 次	6~10 次	10 次及以上
2004 年	50%	49.54%	0.46%	0
2019 年	59.89%	29.95%	4.28%	5.88%

2004 年和 2019 年游客旅游天数如表 7-6 所列,具体对比如图 7-6 所示。经过计算可知,2004 年徐州市休闲农业游客所花费的平均时间为 49.86 h,2019 年所花费的平均时间为 92.4 h。研究表明,徐州市休闲农业有所发展。

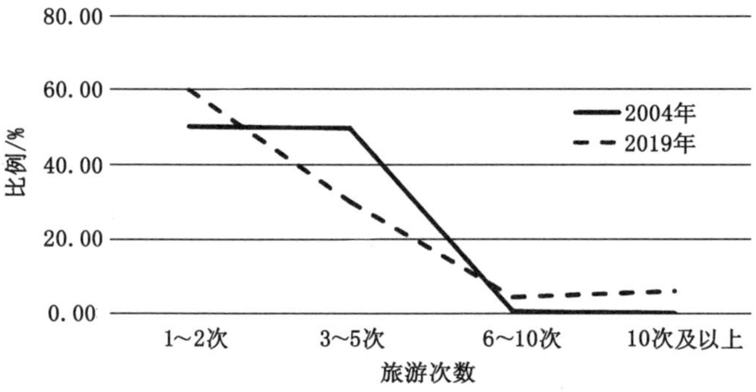

图 7-5　休闲农业游客旅游次数折线图

表 7-6　游客每次前往休闲农业景区旅游天数占比

选项	不到一天	两天一夜	三天两夜	四天以上
2004 年	86.70%	7.80%	1.38%	4.13%
2019 年	70.75%	21.39%	5.35%	3.21%

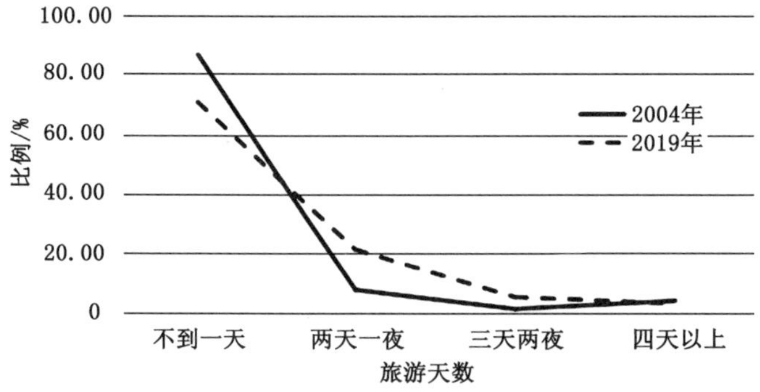

图 7-6　游客每次前往休闲农业景区旅游天数折线图

（二）旅游消费支出变迁分析

如表 7-7 和图 7-7 中所列，A 表示 200 元及以下，B 表示 200～499 元，C 表示 500～999 元，D 表示 1 000～1 999 元，E 表示 2 000～4 999 元，F 表示 5 000 元及以上。

2004 年徐州市休闲农业游客每次到休闲农业景区的旅游支出基本集中在 A、B，也就是 499 元以下。计算结果显示，徐州市休闲农业游客单次到休闲农业景区旅游的支出为 156.80元。由于 2004 年徐州市休闲农业游客平均到休闲农业旅游景区游玩 2.77 次，所以徐州市休闲农业游客 2004 年用于休闲农业旅游的平均支出总额为 434.37 元。2019 年休闲农业游客每次到休闲农业景区的旅游支出集中在 A～C，也就是 999 元以下。通过计算得出，2019 年游客单次到休闲农业景区旅游的支出平均为 479.91 元，由于 2019 年徐州市休闲农业游客平均到休闲农业旅游景区游玩 3 次，所以 2019 年休闲农业游客用于休闲农业旅游的平均支出总额为 1 439.73 元，相较于之前有很大的增长，这也说明旅游经济在国民经济中的地位稳步提升。

表 7-7 休闲农业游客每次旅游支出占比

选项	A	B	C	D	E	F
2004 年	88.99%	7.80%	1.38%	0.92%	0%	0.46%
2019 年	45.45%	29.41%	19.25%	3.74%	1.07%	1.07%

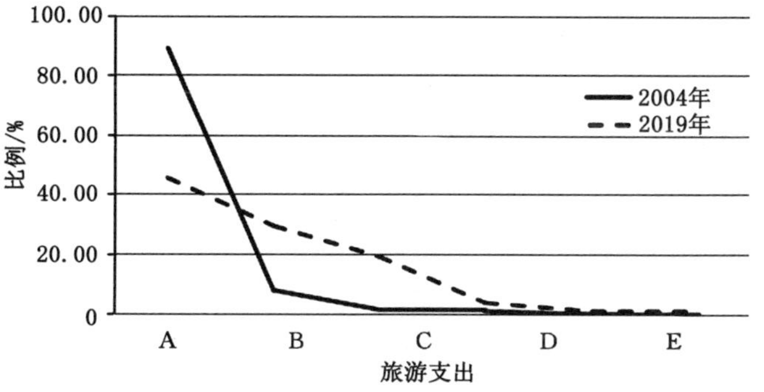

图 7-7 休闲农业游客每次旅游支出折线图

（三）旅游伙伴变迁分析

休闲农业游客的旅游伙伴主要是：朋友、配偶或朋友和父母，然后是子女和同事。这说明，休闲农业游客在闲暇时间交往的意图有和朋友、配偶、父母等增加感情。这里也建议大家在以后休闲农业旅游的发展中，必须设置适合与朋友、配偶、父母共同娱乐的旅游项目。与之前的调查数据比较来看，和配偶出游的频数明显增高是符合旅游大数据的，出游已经成为情侣沟通交流感情的一种方式，见表 7-8 和图 7-8。

表 7-8 休闲农业游客的旅游伙伴占比

选项	独往	父母	子女	兄弟姐妹	朋友	配偶	邻居	其他
2004 年	2.34%	9.6%	19.8%	10.3%	28%	15.2%	7%	7.76%
2019 年	2.3%	11.81%	17.11%	12.5%	26.5%	24.1%	4.28%	1.40%

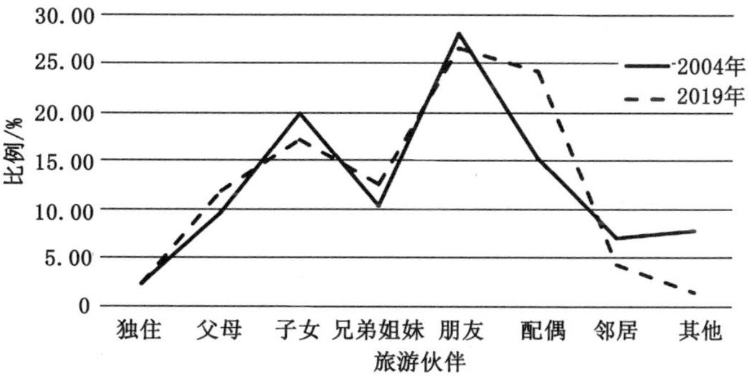

图 7-8 休闲农业游客旅游伙伴的旅游伙伴折线图

五、旅游目的变迁分析

根据休闲农业游客的消费行为，推动游客为满足社会及心理上的需求去消费。换言之，休闲旅游的目的是游客从事休闲农业活动的主要动机。根据2019年调查数据分析，休闲农业游客的旅游目的地选择因素如表7-9所列。

表7-9　2019年休闲农业游客旅游目的地选择因素占比

选项	非常同意	比较同意	一般	比较不同意	很不同意
为了体验农村生活	18.18%	33.16%	29.41%	16.58%	2.67%
为了和朋友培养感情、增进友谊	23.53%	52.41%	17.65%	5.35%	1.07%
为了和家人增进感情	32.09%	47.59%	13.9%	5.35%	1.07%
为了自我身体上的放松	44.92%	40.64%	8.56%	4.28%	1.6%
为了自我心理上的放松	44.92%	39.04%	9.63%	4.81%	1.6%
为了挑战自我能力	16.58%	32.62%	32.62%	13.9%	4.28%
为了认识朋友	16.58%	26.2%	37.97%	13.37%	5.88%
为了锻炼身体	14.97%	35.83%	33.69%	11.76%	3.74%

由表7-9可知，对于休闲农业游客来说，休闲农业游客旅游目的地选择因素依次为：为了自我身体上的放松→为了自我心理上的放松→为了和家人增进感情。这些因素能够成为休闲农业游客出游动机的首要原因，与中国休闲农业旅游产业的成长以及城市化进程的加剧、居民生活水平的提升紧密关联，巨大的生活压力和紧张的工作环境使游客对旅游的需求逐渐增加。除此之外，充分利用闲暇时光和朋友或家人增进感情已成为现代居民旅游的主要目的。

六、旅游满意度变迁分析

2004年的调查数据显示，游客认为徐州市休闲农业发展的整体情况一般，对休闲农业旅游不满意，说明2004年徐州市休闲农业旅游景区的发展并不成熟，甚至没有特色，总体实力较弱。从2019年游客对徐州市休闲农业景区满意度的分析来看，游客普遍对休闲农业旅游较为满意，相较之前有了较大的变化，但仍有很大的提升空间，见表7-10。

表7-10　休闲农业游客旅游满意度

选项	非常满意	比较满意	一般	比较不满意	非常不满意
比例	8.02%	59.36%	29.41%	2.67%	0.53%

第四节　徐州市休闲农业发展的中外游客消费行为对比分析

我国休闲农业起步较晚，但是发展比较迅速。由于中国的迅速崛起，有很多外国游客前来中国旅游，其中参与休闲农业旅游的游客越来越多，因此探究中外游客的对比分析对于我国休闲农业的发展具有指导意义。2019年的调查数据外国游客占比为7.75%。

一、旅游信息搜集行为比较分析

（一）中外游客对旅游信息的了解程度对比分析

国际游客对旅游信息的了解程度见表7-11和图7-9。“听说过但不了解”的人数最多，占55.56%，其次是“听说过也了解”的人数，约占1/3，剩下的为“没有听说过也不理解”。这与国内游客对休闲农业的了解程度大致相同，也体现了现代人对旅游信息的重视程度并不高。

表7-11　中外游客对休闲农业的了解程度

选项	听说过但不了解	听说过也了解	没有听说过也不理解	没有听说过但能理解
国际游客	55.56%	33.33%	11.11%	0
国内游客	48.31%	24.72%	8.43%	18.54%

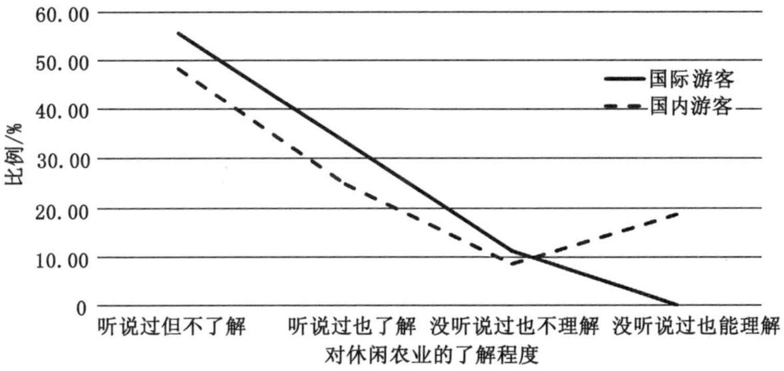

图7-9　中外游客对休闲农业的了解程度折线图

（二）中外游客平时搜集旅游信息所花费时间对比分析

中外游客搜集旅游信息所花费时间对比见表7-12和图7-10。从总体来看，国际游客平时搜集旅游信息所花费事件占比基本均匀，而国内游客所花费时间相对较少。由此可见，国际游客更愿意在搜集旅游信息方面花费时间，以达到更好的外出游玩效果。

表7-12　中外游客搜集旅游信息所花费时间占比

选项	很多	较多	一般	较少	很少	没有
国际游客	22.22%	22.22%	0	11.11%	22.22%	11.11%
国内游客	3.93%	7.30%	27.53%	30.90%	24.16%	6.18%

（三）中外游客关注旅游信息状态对比分析

中外游客关注旅游信息状态的分析结果见表7-13和图7-11。国际游客对于旅游信息搜集的状态为“旅游前才开始关注”和“几乎不关注，随意决定”的人数相同，均约占1/3，而“平时就关注”只占22.22%。通过对比分析发现，国际游客对于旅游信息的平时关注程度不是很高，这与国内游客情况一致。这与他们日常生活工作安排息息相关，大多数游客只有

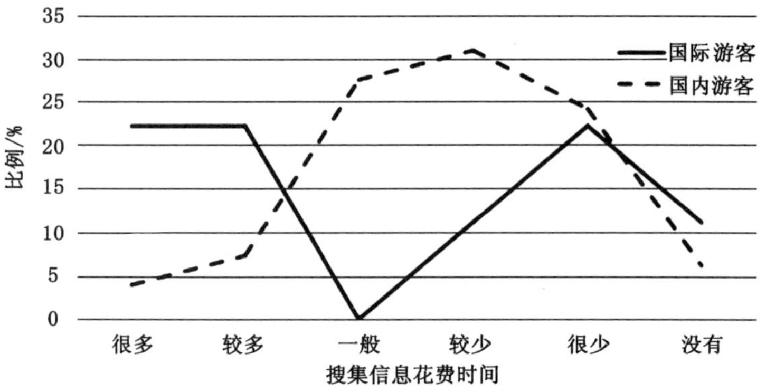

图 7-10　中外游客搜集旅游信息所花费时间对比折线图

在旅游前才开始关注相关的旅游信息，游客对休闲农业旅游信息的关注程度还有待提高。

表 7-13　中外游客关注旅游信息状态对比占比

选项	平时就关注	旅游前才开始关注	几乎不关注，随意决定	其他
国际游客	22.22%	33.33%	33.33%	11.11%
国内游客	15.17%	44.38%	38.20%	2.25%

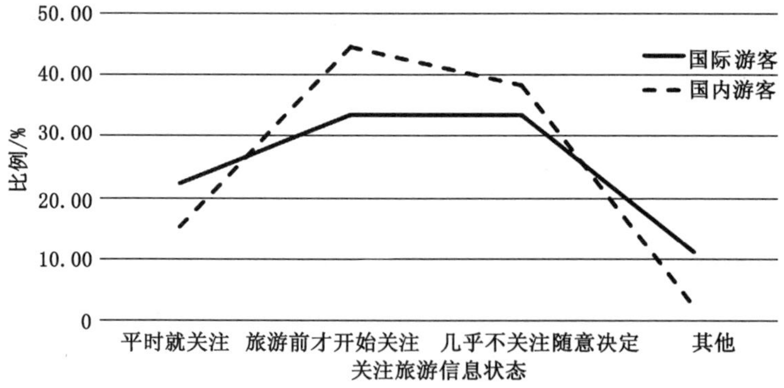

图 7-11　中外游客关注旅游信息状态对比折线图

(四) 中外游客搜集旅游信息途径比较分析

根据统计数据显示，国际游客通过“亲友介绍”“根据经验”“不特意搜集”3 种途径搜集旅游信息的占 44.44%，其次是“通过媒体广告宣传途径获取旅游信息”的人数，占 1/3，具体对比见表 7-14 和图 7-12。在媒体广告中，国际游客最常用的媒体大多数是网络，这与国内游客情况一致。研究表明，在休闲农业旅游宣传时要重点把握网络这种渠道，使广告的宣传作用达到最佳。

表 7-14 中外游客搜集旅游信息途径占比

选项	亲友介绍	根据经验	媒体广告宣传	不特意搜集	其他
国际游客	44.44%	44.44%	33.33%	44.44%	22.22%
国内游客	54.49%	26.97%	51.12%	23.03%	7.87%

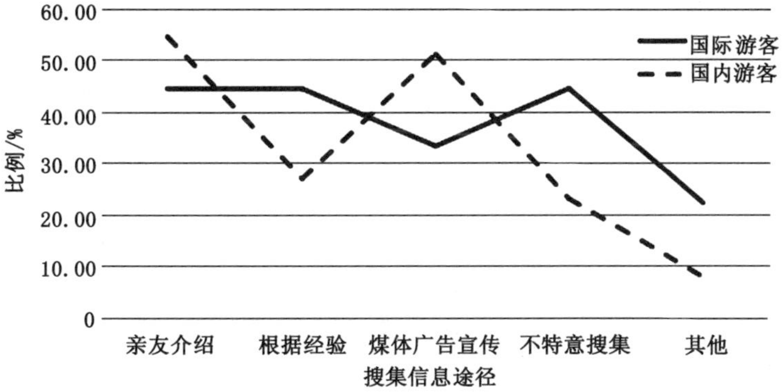

图 7-12 中外游客搜集旅游信息途径分析折线图

二、国内外游客选择目的地评估准则分析

由表 7-15 可知，国际游客最为注重的两个因素是旅游地点的人气和商家的诚信度，其次是服务人员的服务态度和积极性。通过对比分析发现，国际游客把旅游地点的人气放在第一位，这对游客对旅游景区的评估标准及满意度认知要求是全面而深刻的，其次是商家的诚信度以及服务人员的服务态度和积极性，这就要求在发展休闲农业旅游时一定要注重商家及服务人员的素质，这样国际游客通过旅游才能获得更多心理上的满足感。除此之外，国际游客最重视的就是交通的便利性、特殊风味的当地餐饮和完善的住宿设施，这些因素有利于国际游客享受旅游过程和当地的风土人情。

表 7-15 国际游客旅游选择目的地因素占比

选项	非常重要	比较重要	一般	比较不重要	很不重要
秀丽的自然风光	44.44%	33.33%	22.22%	0	0
良好的生态环境	33.33%	55.55%	11.11%	0	0
有多样的娱乐设施	22.22%	55.55%	11.11%	0	11.11%
附近的旅游资源丰富	22.22%	55.55%	11.11%	11.11%	0
交通的便利性	44.44%	44.44%	11.11%	0	0
整洁卫生的环境	33.33%	66.66%	0	0	0
特殊风味的当地餐饮	44.44%	44.44%	11.11%	0	0
完善的住宿设施	44.44%	44.44%	11.11%	0	0
旅游的安全性	44.44%	33.33%	22.22%	0	0
远离城市	22.22%	55.55%	11.11%	11.11%	0
服务人员的服务态度和积极性	55.55%	33.33%	0	11.11%	0

表 7-15(续)

选项	非常重要	比较重要	一般	比较不重要	很不重要
服务人员的言行举止和仪表	33.33%	44.44%	22.22%	0	0
服务人员的知识技能	33.33%	55.55%	0	11.11%	0
商家的诚信度	55.55%	33.33%	11.11%	0	0
合理的价格	33.33%	44.44%	11.11%	11.11%	0
适合全家旅游	33.33%	55.55%	11.11%	0	0
旅游地点的人气	55.55%	44.44%	0	0	0
未曾去过的地方	22.22%	55.55%	11.11%	0	11.11%

三、中外游客旅游行为比较分析

(一)中外游客的频次与天数比较分析

通过样本分析可以看出,2019 年国际游客平均到休闲农业景区旅游的情况如下:77.78%的游客为 1~2 次,11.11%的游客为 3~5 次,11.11%的游客为 10 次及以上。通过计算,2019 年国际游客平均到休闲农业景区的旅游次数约为 2.72 次,2019 年国内游客平均到休闲农业景区的旅游次数约为 3.02 次,具体比较分析见表 7-16 和图 7-13。

表 7-16　中外游客旅游次数占比

选项	1~2 次	3~5 次	6~10 次	10 次及以上
国际游客	77.78%	11.11%	0	11.11%
国内游客	58.99%	30.90%	4.49%	5.62%

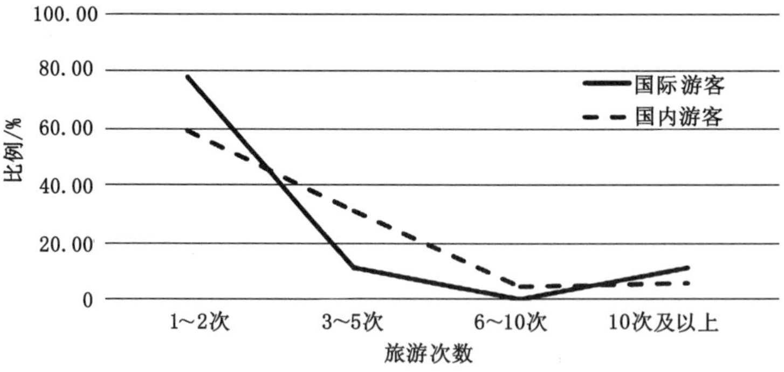

图 7-13　中外游客次数对比折线图

通过表 7-17 和图 7-14 可以发现,国际游客每次前往休闲农业景点旅游所花费的时间如下:22.22%的游客为 1 天以内,33.33%的游客为两天一夜,11.11%的游客为三天两夜,33.33%的游客为四天及以上。通过计算,国际游客每次前往休闲农业景区的旅游时间平均为 56 h,远远大于国内游客的 29.54 h。

通过分析可以得出,2019 年国际游客平均到休闲农业景点的旅游次数为 2.72 次,由于国际游客每次在休闲农业景点的旅游时间平均为 56 h,所以 2019 年国际游客在休闲农业景点所花费的旅游时间平均为 152.32 h。虽然国际游客外出旅游平均次数相对较少，但每次外出游玩时间远远大于总体样本，因此，国际游客每年在休闲农业景区所花费时间仍然大于国内游客的 89.21 h。

表 7-17　中外游客每次前往休闲农业景区旅游天数占比

选项	不到一天	两天一夜	三天两夜	四天及以上
国际游客	22.22%	33.33%	11.11%	33.33%
国内游客	72.47%	20.79%	5.06%	1.69%

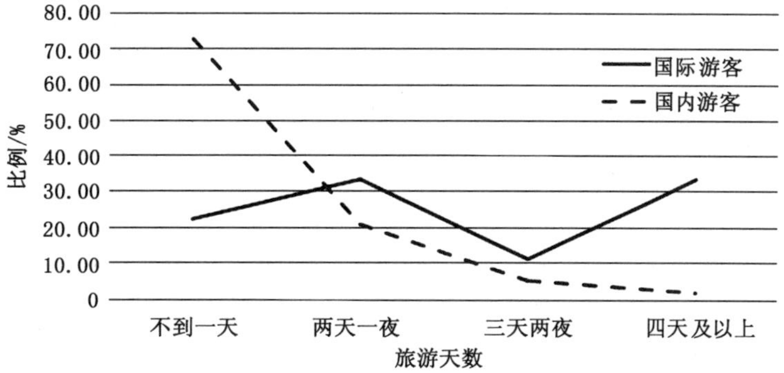

图 7-14　中外游客每次前往休闲农业景区旅游天数折线图

（二）国内外游客旅游支出分析

在表 7-18 和图 7-15 中，A 代表 200 元以下，B 代表 200～499 元，C 代表 500～999 元，D 代表 1 000～1 999 元，E 代表 2 000～4 999 元，F 代表 5 000 元及以上。通过图 7-15 分析可以得出，国际游客每次到休闲农业景区的旅游支出集中于 A～C，也就是 999 元以下，少部分单次旅游支出为 5 000 元及以上。通过计算得出，国际游客每次到休闲农业景点旅游的支出为 1 394.31 元。由于国际游客每年到休闲农业旅游景点游玩 2.72 次，所以国际游客每年用于休闲农业旅游景区的平均支出总额为 3 792.52 元。

表 7-18　中外游客每次旅游支出占比

选项	A	B	C	D	E	F
国际游客	22.22%	44.44%	11.11%	0	0	22.22%
国内游客	46.63%	28.65%	19.66%	3.93%	1.12%	0

而国内游客每年到休闲农业旅游景点游玩 3.02 次，每次平均支出 439.135 元，计算可得，国内游客每年用于休闲农业旅游景区的平均支出总额为 1 326.19 元。

（三）国际游客旅游伙伴分析

调查结果显示，国际游客多数喜欢独自旅游或者与朋友、父母一起出游，这与总体样本有些不同，说明他们更加喜欢交流的零距离感，更加注重自我方面的生活体验等。

四、国内外游客旅游目的分析

根据休闲农业游客的消费行为来看，动机是行为的驱动力，推动休闲农业游客为了满足

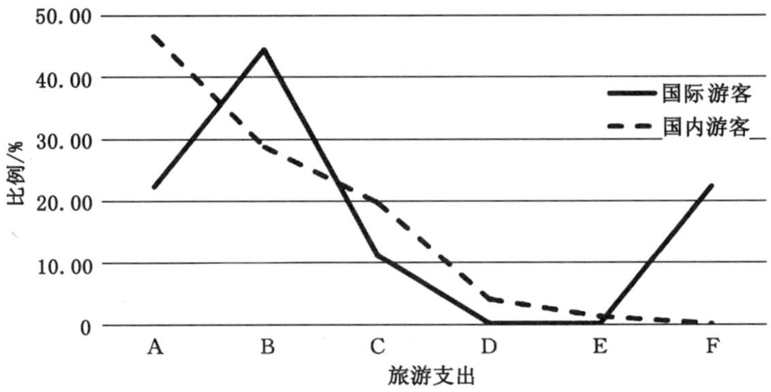

图 7-15　中外游客每次旅游支出对比折线图

社会以及心理上的需求去消费。换言之，休闲旅游目的是游客从事休闲农业活动的主要动机。根据调查数据分析，国际游客的旅游意图因素状况如表 7-19 所列。

表 7-19　国际游客旅游目的地选择因素占比

选项	非常同意	比较同意	一般	比较不同意	很不同意
为了体验农村生活	44.44%	33.33%	22.22%	0	0
为了和朋友培养感情、增进友谊	55.55%	44.44%	0	0	0
为了和家人增进感情	55.55%	44.44%	0	0	0
为了自我身体上的放松	66.66%	33.33%	0	0	0
为了自我心理上的放松	55.55%	44.44%	0	0	0
为了挑战自我能力	22.22%	66.67%	11.11%	0	0
为了认识朋友	22.22%	55.55%	11.11%	11.11%	0
为了锻炼身体	33.33%	44.44%	22.22%	0	0

从以上的各项因素分析得出，对于国际游客来说，休闲农业旅游的动机主要因素依次为：为了自我身体上的放松→为了和朋友培养感情→增进友谊→为了和家人增进感情→为了自我心理上的放松。

这些因素之所以成为休闲农业游客旅游动机的首要原因，与中国的发展以及城市化进程的加快、居民生活水平的提升密切相关，巨大的生活压力和工作压力使游客的旅游需求不断增加。此外，利用闲暇时光放松自己的身心以及和朋友、家人增进感情已成为现代人旅游的主要目的。

五、国际游客满意度分析

表 7-20 和图 7-16 为国际游客对休闲农业景区满意度的分析。可以看出，游客普遍对当前休闲农业旅游较为满意，与总体样本基本一致，说明休闲农业旅游发展迅速，大多数休闲农业旅游服务产业能够满足当代游客的消费需求，使游客身心放松达到预期效果。然而，仍有小部分人不满意，说明休闲农业旅游仍有很大的发展空间。

表 7-20　国内外游客旅游满意度占比

选项	非常满意	比较满意	一般	比较不满意	非常不满意
国际游客	11.11%	55.56%	22.22%	0	11.11%
国内游客	7.30%	59.55%	30.34%	2.81%	0

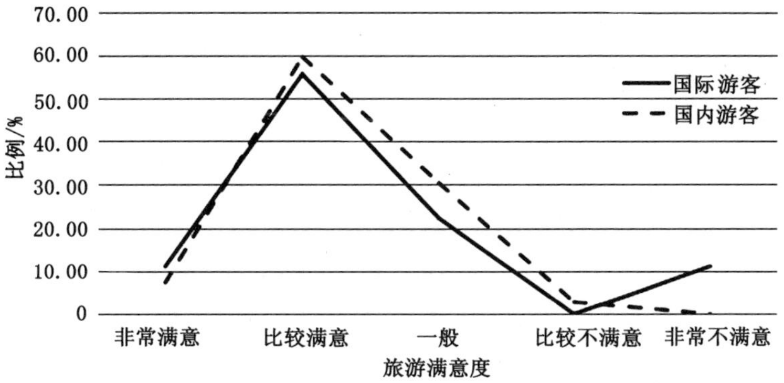

图 7-16　中外游客满意度对比分析折线图

第八章 徐州市休闲农业市场细分分析

第一节 徐州市休闲农业市场细分战略方向

徐州地区休闲农业的经营管理虽然也在采用营销的策略方法,但真正从服务营销的理念转变为运用营销理念制定战略的并不多。在休闲市场领域,经营者所提供给消费者的产品或服务应依据消费者的需求加以设计和规划。简言之,经营者应明确自身的农业旅游资源特色,从自身的角度出发,提供一些能够满足目标顾客群体需求的产品和服务。经营者不应将目光放在如何与他人不同,过分强调自身产品的优越性以及与其他相似产品和服务的差异性,而忽略了市场营销中最为重要的一个因素——游客或潜在游客的满意度,无法在游客心中留下深刻印象,因而很难获得良好的经济效益。从目前服务业的经营理念来看,应以目标营销(target marking)的概念来从事营销活动,也就是用STP——细分(segmenting)、目标(targeting)和定位(positioning)的理念来从事营销活动。对于徐州市休闲农业的经营也应如此。

目前营销的理念是将消费者市场划分为若干不同消费者群,然后从中选定一个或数个细分子市场为主要对象,针对该目标市场拟定不同的产品与营销组合战略,以迎合每一目标市场的不同需求。目标营销有助于经营者更明确地确认营销机会,并能针对每一目标市场发展适当的产品。目标营销需具备3个主要步骤,如图8-1所示。第一步是市场细分化(market segmentation),依据消费者对产品或营销组合的不同要求,将市场细分为几个明显区别的子市场。第二步是选择目标市场(market targeting),即评估及选择所要进入的细分市场(一个或多个)。第三个步骤是产品定位(product positioning),即拟订竞争性产品定位及营销组合的全部详细计划。徐州市休闲农业在进行目标营销经营中,也应按照这三个步骤,先针对徐州地区的休闲农业市场加以界定与细分,再从中选定目标市场,以作为定位战略的依据。

第二节 徐州市休闲农业市场细分方式

一、休闲农业市场的界定

界定市场是一件非常重要的事情,为了探讨徐州市休闲农业市场的内部结构,必须先界定其疆界(boundaries)。因此,在界定徐州市休闲农业市场时,应包括广义休闲农业所有产品的所属市场,而非将属于这个市场的其他产品排除在外。

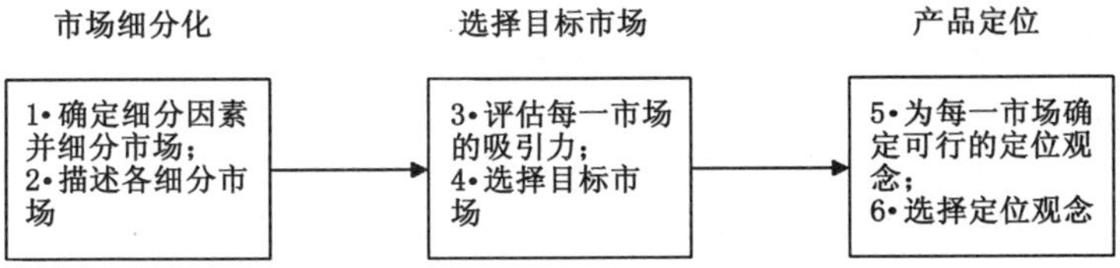

图 8-1　目标营销步骤

就休闲农业的产品市场而言，虽然休闲农业的发展兼具传统农业与观光游乐业的产品特性，但是休闲农业所推出的休闲产品和服务与观光游乐业的休闲产品同质性、替代性非常高。因此，在界定休闲农业产品市场时，不能狭义地将休闲农业市场视为一个独立市场处理，而应从广义市场的特点，将休闲农业视为整个观光游乐市场的一种产品形态，这样在进行休闲农业市场细分时才具有实质参考价值。就产品形态而言，观光游乐市场的产品形态包括森林游乐区、国家公园、生态保护区、一般游乐区、休闲度假中心、休闲俱乐部、观光大饭店、休闲农业及其他观光游乐设施等。因此，观光游乐市场可说是一个整合性市场，休闲农业只是整个观光游乐市场中的一种产品形态。在这一整合性市场中，休闲农业与其他旅游产品具有较高的相互替代性。

二、休闲农业旅游市场的细分方式

市场细分的基本理念认为，市场是由许多不同需求的个人或团体所构成，单一产品必定无法满足全体消费者，经营者也无法提供可满足所有消费者需求的产品。因此，市场细分是从同质的大市场划分出若干特性相同的小市场，并从中确认最具潜力的目标市场、了解目标顾客的特性，这样才能制定正确的营销策略。

一般地，观光游乐市场常用的细分因素有以下 7 项：

(1) 地理变项：主要利用地理区域、人口密度、都市等级或气候条件作为细分的因素。

(2) 人口统计变项：消费者的个人基本特性，如年龄、性别、职业等。

(3) 旅游项目的变项：建立在游客旅游动机上，以满足体验、发展个人特性、欣赏风景等旅游目的为依据。

(4) 心理变项：游客内在的需求、动机、认知、学习和态度等心理因素。

(5) 产品相关变项：以产品本身具有的资源特色，形成一种自然的细分变项。

(6) 行为变项：以游客行为为重心，如使用时机、忠诚度和对品牌的态度等。

(7) 营销通路变项：有些细分产生在营销通路的差异上，这也是市场细分的重要因素之一。

事实上，市场细分并没有一定的方法，通常休闲农业经营者通过细分变量，如地理变量、人口统计变量、心理统计变量和行为变量等，将一个整合性市场划分成几个较小而同质的子市场。就休闲农业而言，基于休闲农场本身的资源特色，将提供什么样的休闲产品或服务以满足特定消费者群的需求，这是研究休闲农业市场细分的重点。因此，在针对徐州市休闲农业市场进行细分时，最重要的是分析和认清自身的资源特色，创造出其他竞争者无法效仿的休闲产品，与竞争者的细分市场相区别。

第三节　徐州市休闲农业市场细分及目标市场选择

如图 8-2 所示，本书以资源利用与保护的导向作为市场细分的依据，将农业观光游乐市场这一整合性市场细分为 4 个象限。其中，第一、四象限的观光游乐景点均注重资源保护导向，具有浓厚的公益与教育特点，因此，这些景点也多属于公营的农业特色观光游乐区；第二、三象限的观光游乐景点着重于资源利用导向，因此，这些景点多以私营为主。

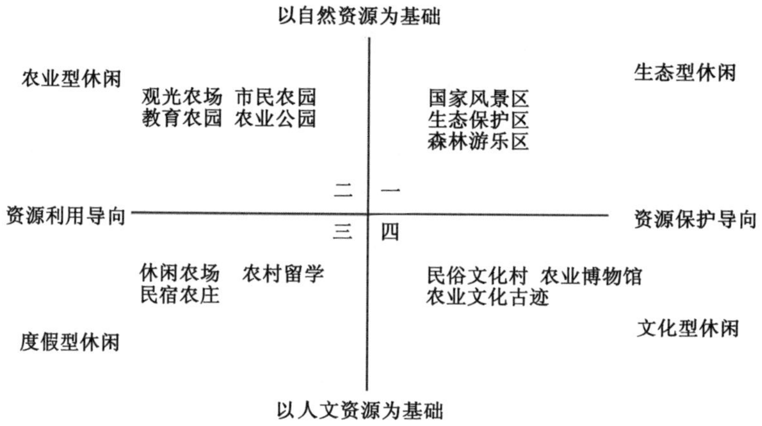

图 8-2　休闲农业市场细分

将每个象限的休闲农业的自然资源和旅游吸引物进行分析，可以得出以下结论：第一象限以生态型休闲为主，主要可以为游客提供一些优美的生态环境，供游客放松身心和满足对国家自然资源的保护欲望。第二象限以农业型休闲为主，主要可以为游客提供一些观光、劳作和教育的农业资源，增加游客的农业知识，让游客可以近距离的体验劳作的乐趣，可以吸引一些想要体验农村生活、感受农家乐趣的游客。第三象限以度假型休闲为主，主要是满足游客参加户外活动和户外生活的诉求。对于休闲农业旅游而言，可以从这一点出发，为游客提供更加符合其诉求的农业生活体验，吸引追求高品质休闲生活的游客前往。第四象限以文化型休闲为主，将文化注入休闲农业中，对农俗文化、古迹以及农业发展史比较感兴趣的游客就是休闲农业旅游经营的主要目标顾客。同时，我国特有的红色文化同样可以与休闲农业相结合起来，不仅能够向少年儿童宣传红色文化，同时也是对红色经典文化的一种传承。

休闲农业旅游市场作为一个大市场，徐州在现有资源的基础上，不可能面面俱到、全部发展，应该找到能充分发挥自身资源及最容易形成自身特色的细分市场。目前，徐州市休闲农业已经在各个象限有所发展，有遍地插秧之势，却没有遍地开花。因此，找到一个最适合自身的细分市场重点发展，对于徐州整体休闲农业的发展是十分重要的。

下面详细探讨徐州市休闲农业所选择的细分市场。首先，第一象限是以自然资源保护为主题的生态型休闲场所，而自然资源保护是休闲农业发展的基础，也是整个旅游业发展和居民生活质量的保障。因此，第一象限是其他三个象限发展的基础，也应看作徐州市休闲农业发展的基础，应重点发展。其次，由第三象限可知，度假型休闲所要求的时间和消费都相对较高，而徐州居民前往农业特色景区的旅游时间和消费水平远远达不到度假休闲的标准，因此，这一象限不是现阶段徐州市休闲农业发展的重点，而应作为远期目标。再次，第三象限是农业型的休闲方式，徐州市近期对这部分休闲农业的需求不是很旺盛，因为徐州居民对农村生活并不陌生，所以此象限也不是徐州市近期休闲农业的重点发展所在。最后，第四象限是文化型的休闲，而徐州市又是文化圣地，两汉文化源远流长，应对其合理利用和开发。

通过以上分析认为，徐州市休闲农业未来市场细分的构架如下：以生态型休闲为基础，以文化型休闲为特色，逐步向农业型和度假型休闲延伸。具体原因如下：

(1) 徐州市居民休闲农业旅游的最主要目的是远离城市喧嚣的环境。在旅游过程中，游客最为关注的因素就是旅游的安全性，其次才是对自然风光、生态环境以及交通便利性的需求。可以看出，徐州作为我国重要的交通枢纽，交通发达，休闲农业也具有一定的数量，且生态型休闲景区占比不少，能够很好地满足徐州居民以及游客的需求。

(2) 徐州市的生态资源种类丰富，具有良好的发展基础。例如，泉山森林公园、淮海战役纪念塔、云龙湖风景区等。

(3) 城市建设和发展的一个重要表现就是对生态环境的发展与保护。徐州市作为一个煤炭转型城市，在生态环境保护方面做出巨大努力。将采煤塌陷区打造成观光公园，不仅能够最大限度地展现其丰厚的历史文化，更是大力提升了徐州市居民生活环境质量。

(4) 徐州作为汉文化的发源地，与其他文化一起逐渐形成了今天具有历史文化底蕴的名城。其中，彭祖文化以及民俗文化主要是依托于彭祖园、民俗博物馆等将这些文化发扬光大，可以将其塑造为徐州市独特的休闲农业旅游的亮点，吸引一批对其感兴趣的游客过来进行观光和学习文化旅游相关知识。

(5) 徐州市居民与农村生活并不是完全脱节的，居民现阶段对市民农园、教育农园等需求并不是很大。通过对徐州市休闲农业居民行为的研究发现，居民前往休闲农业特色景区的目的中，“为了体验农村生活”的这一选项在 8 个选项中排第六名，认同度为 62.73 分，认同度非常不高。也就是说，完全“农业型”的休闲农业现阶段并不适合徐州市居民。

(6) 徐州市地处淮海经济区的中心，周边地区皆以农业为地区经济的主体，若发展“农业型”休闲农业，势必会失去对周边地区游客的吸引力。因此，“农业型”休闲和“度假型”休闲不适合作为徐州市休闲农业现阶段的发展重点，可在后期加以延伸。

因此，徐州市休闲农业应重点发展第一、四象限，也就是“生态型”和“文化型”农业特色景观；同时，要求徐州市在后期的发展中重视整体的生态资源规划、发展、保护和建设。

第四节　徐州市休闲农业旅游城市形象定位

一、徐州市休闲农业旅游城市形象定位

为充分体现徐州市两汉文化的历史文脉，突出徐州市的民俗文化和彭祖养生美食文化以及徐州市独有的城市气质，增强形象识别和广告效应，徐州市的休闲农业旅游形象应定位于“楚汉雄风，豪情徐州，彭祖美食，淳朴民俗”，并应建立城市旅游形象理念识别、形象识别、旅游行为识别 3 个子系统。

二、徐州市休闲农业旅游城市形象规划措施

(1) 抓住徐州市新一轮城市规划建设与景区开发的良机，提升汉文化、食文化、民俗文

化旅游品牌的含金量。目前,徐州市是以“两汉文化集萃之地”著称的,而在游客心目中并没有确立两汉文化的必经旅游之地的形象。对于徐州市而言,要将这种形象根深蒂固到游客的心中去,打造出一个汉文化、食文化以及民俗文化旅游的经典品牌,就要在营销和推广中不断加深游客对徐州市的印象,进而在旅游体验中加强游客感知。

(2) 将徐州市作为一个休闲农业旅游目的地的形象推广出去,将形象视觉识别推广到“食、住、行、游、购、娱”旅游六要素领域,纳入休闲农业旅游资源开发、旅游基础与配套设施建设、休闲农业旅游营销广告规划之中,营造并强化徐州市的休闲农业旅游形象。

(3) 利用各种休闲农业旅游形象的表现时机,展现与推广旅游形象,与“探寻楚汉雄风,相约豪情徐州;品味彭祖美食,体会淳朴民俗”相对应,培育徐州市特有的休闲农业旅游节庆品牌,通过节庆活动、体育盛事、娱乐演出、重大庆典等活动,将抽象的形象感知物化为可视、可听、有形、有声、有色的具体形象。

第九章　徐州市休闲农业发展战略路径选择

第一节　徐州市休闲农业发展指导原则

一、适应全球化经济发展趋势，确立大旅游发展战略

徐州市是江苏省重点发展的三大旅游都市圈之一，在江苏省经济适应经济全球化的过程中具有特别重要的地位。因此，徐州市休闲农业的发展要树立"大发展、优先发展、超前发展"的观念，大力实施"政府主导、集约经营、社会齐上、共同发展"的大旅游发展战略。

二、实施"三品"(新品、精品、极品)战略，提高区域旅游竞争力

要进一步整合资源，加大投入，开发观光、度假、休闲、商务及特色系列休闲农业旅游产品，形成一批在国内外有一定竞争力的旅游拳头产品，实现由"观光型"向"生态型""文化型"产品过渡，使徐州市成为以"两汉文化、美食文化、民俗文化"为特色，集观光、度假、娱乐、购物于一体的综合性休闲农业旅游胜地。

三、提高产业素质和结构升级，实施集约化战略

要进一步扩大徐州市休闲农业旅游规模，加快旅游企业与国际接轨，加快建立现代企业制度，积极组建旅游企业集团，提高旅游企业竞争能力和盈利能力；积极引进国际饭店管理集团，加大休闲农业旅游招商引资步伐。

四、加强旅游宣传促销力度，提升旅游城市吸引力

采用完全市场覆盖模式，创新营销手段，在广度上扩大市场面，在深度上发展新的客源群体。

五、积极培育区域休闲农业旅游市场，实施区域共同发展战略

随着徐州市被确定为淮海经济区中心城市，徐州市能够充分发挥自身在淮海经济区的核心作用和辐射带动功能，促进区域休闲农业旅游经济的蓬勃发展；依托亚欧大陆桥沿线交通、资源优势，加快陆桥沿线旅游合作与发展。

第二节　徐州市休闲农业发展总体战略

一、徐州市休闲农业发展战略

徐州市休闲农业的发展目标是根据区域总体资源的特征和要求，以生态资源为主体，建成淮海经济区高水平生态型休闲农业特色景区。徐州市提出了"一中心、一基地、一高地"的战略部署，休闲农业的发展也要紧跟徐州市的战略部署，坚持"创新、协调、绿色、开放、共

享”的五大理念，推进徐州市旅游由“景点旅游”向“全域旅游”发展模式转变。因此，休闲农业也是徐州乡村振兴战略的重要推动力量，加强示范点的创建则是徐州市休闲农业的重要力量。

徐州市委、市政府从实际情况出发，悉心筹谋规划，以“打造‘一中心、一基地、一高地’，建成名副其实的淮海经济区中心城市”为未来长时间的发展目标，确立徐州市长远的发展方向。徐州市也提出了休闲农业的发展战略：以休闲农业旅游市场为导向，以特色休闲资源为基础，以区域间的交流合作为依托，加快徐州市休闲农业的生态型发展步伐，将徐州市的休闲农业建设成为以观光休闲为主体的高品位生态景区。

以休闲农业旅游市场为导向，就是要以徐州市整体的休闲市场需求为前提，加强对休闲旅游市场的研究。根据居民休闲消费特点和需求趋势，合理规划休闲资源的开发流程，尽快形成具有竞争力的休闲产品。在满足徐州市居民休闲的基础上，不断吸引外地游客，主要依靠淮海经济区其他城市的休闲者来拓展客源市场，提高客源的市场占有率。

以特色休闲资源为基础，就是要正确认识和把握徐州市休闲农业的资源特色和比较优势，重点把握徐州市已有的生态旅游资源，突出重点，形成规模，丰富形式，建设成人无我有的优势休闲产品，更好地满足休闲旅游市场的需要。

以区域间的交流合作为依托，就是在突出徐州市休闲农业旅游特色产品和优势的同时，要有区域一体化的发展眼光，积极主动地实行跨域的休闲合作与交流。要加强与淮海经济区的其他城市的休闲合作，这既可以丰富徐州市休闲农业的活动内涵，又有利于依托淮海经济区的市场加快徐州市休闲农业的发展进程。

二、徐州市休闲农业发展战略步骤

要把徐州市休闲农业提升为淮海经济区乃至全国范围内的高水平特色休闲农业地区并不是一蹴而就的，前面所提出的总体战略思想也是从长远考虑的。因此，要实现徐州市休闲农业的总体战略目标，必须立足现实、脚踏实地、实事求是地抓好每一阶段的工作，这样才能实现总体战略目标。根据徐州市休闲农业的具体情况，此目标可以分成四个阶段来实施。

第一阶段：徐州市休闲农业的加强规划阶段。这一阶段应针对现有设施、景观整体调整规划。找出徐州市应重点建设和发展的特色景区；在此基础上将各个农业景区内不当区位与设施予以重新调整，一些现有的无消费者的小景点应废除，并朝着休闲多元化经营方向规划；尽量利用现有的资源和景观提升休闲农业景点的环境特色，加强生态建设和规划，推出“人无我有、人有我优”的优势产品。

第二阶段：徐州市休闲农业的建设改善阶段。这一阶段是依据上阶段规划方案与目标，积极将休闲农业景区改善或兴建，重新营造休闲农场创新产品，提升“硬件”设施水平，树立徐州市休闲农业旅游新形象。

第三阶段：徐州市休闲农业的扩大营业阶段。这一阶段必须完成营运管理的创新，针对以前管理的缺口和问题逐一改进，也就是从整体上提高“软件”水平。期间在服务理念、营销策略、信息应用及策略联盟等方面都应有创新和提高，应发挥高效率的经营管理，使徐州市休闲农业成为淮海经济区乃至全国范围内最有特色的生态型休闲农业景区。

第四阶段：徐州市休闲农业的打造创意园区阶段。这一阶段是以休闲创意为目标，积极将休闲农艺园区进行改造或者重新建造新的创意园区，树立创意典型，使徐州的休闲农业与乡村旅游园区成为省内甚至全国有名的最具创意示范园区。

第三节　徐州市休闲农业发展具体目标

一、总体目标

实施休闲农业旅游资源开发和项目建设精品工程，打造“彭祖文化”“民俗文化”“云龙山水”“特色农业”4 大休闲农业旅游精品，培养国内外知名的休闲农业旅游品牌。

按照市场需求优化休闲农业旅游产品结构，深度挖掘休闲农业旅游产品的文化内涵，丰富文化外延，从单一观光型转化为观光、参与、体验复合型休闲农业旅游产品。

与此同时，深化旅游协作，与周边城市联手打造“一山、一水、两汉、三孔”古文化精品游、微山湖生态游等区域休闲农业旅游精品线路。

2018 年 8 月，徐州市举行了创建国家全域旅游示范区工作动员大会。大会指明了徐州市旅游业未来发展方向，制定了发展措施，确立了发展目标，全力构建一个产品多样化、业态多元化、全域协调发展的旅游产业系统。

二、打响四大休闲农业旅游品牌

（一）彭祖文化品牌

徐州是彭祖的封国和彭祖文化的发源地。徐州市应充分利用这一独占性资源，打响彭祖文化品牌。目前，徐州市已经开发了彭祖文化旅游景区和旅游资源有关的节庆活动等，顺利举办了多次世界彭祖养生文化学术研讨会，为世人所瞩目；顺利召开中彭会，既传承了中华民族的灿烂文明，更弘扬了彭祖先贤文化。

（二）民俗文化品牌

徐州作为一座历史文化名城，长久以来积淀出别具风情的民俗文化。2017 年，习近平总书记在江苏省考察期间来到马庄村。购买了王秀英村民缝制的手工香包，使得马庄村手工艺产品中的中药香包成为畅销产品，不仅成立了专门的工作室，使传统技艺得到传承，而且被列入世界非物质文化遗产。

（三）云龙山水品牌

云龙湖风景区山水形态独特，名胜古迹众多，是难得的自然景观资源。云龙湖风景区被评为 5A 级旅游风景区，集休闲、会议、度假、疗养于一身，逐步打造成为规模大、品位高、设施全的休闲旅游度假区，建设淮海经济区内的知名休闲度假旅游品牌。

（四）特色农业品牌

以丰县苹果园、沛县鹿楼镇万亩梨园、邳州港上万亩银杏园、铜山汉王玫瑰园、新沂马陵山槐花、贾汪万亩石榴园等农业项目为重点，以创建国家农业旅游示范园为目标，完善旅游基础服务配套设施，丰富参观游览内容，构建农业观光旅游线路，形成特色农业生态系列旅游产品。截至 2021 年，徐州市已经建成 7 个省级现代农业产业示范园。

三、推出五大休闲农业专题旅游

（一）烹饪鼻祖故国游

以“寻访大彭古风，品尝彭祖美食”为主题，将参观游览彭祖园、彭祖祠、彭祖井等彭祖景观与体验养生、烹饪等彭祖文化创造相结合，组成内涵丰富、自成体系的彭祖文化特色专题旅游。设计主题节庆活动，重点吸引我国港、澳、台地区同胞和东南亚各国华侨来徐州寻根问祖、观光旅游。

（二）云龙山水胜迹游

云龙风景区把文化景观与自然景观巧妙地融合在一起，既有山水美景，也有文化内涵，完全有条件成为集观光度假、休闲娱乐、会展商务、疗养康体为一身的多样性、复合型旅游产品。

（三）“大院文化”民俗游

以探访和体验徐州户部山上明清的居民大院和本地民俗风情为主要内容，集中展现徐州的地方民俗文化，开发民俗旅游有关吃、购、娱的产品，打造更具效益的民俗旅游产品。

（四）真山真水生态游

将科普、教育融入生态旅游中，在有效保护自然生态的前提下科学开发泉山森林公园、马陵山风景区、邳州银杏博览园、艾山生态景区等生态旅游景区，形成内容丰富、形式多样的生态旅游产品系列。

（五）特色农业观光游

利用徐州稼悦园、铜山汉王玫瑰园、邳州银杏博览园和丰县苹果园等农业观光资源，加强规划指导，完善基础接待设施，包装出“采摘游”“科普游”“农家乐”等不同内容的专项旅游产品。

四、促进全域旅游发展，构建“五项工程”

“五项工程”：全域统筹工程、全业融合工程、全员营销工程、全面提升工程、全民共建共享工程。

① 全域统筹工程。一是编制全域旅游总体规划。编制《徐州市全域旅游发展规划》，每个县（市）区要根据创建国家全域旅游示范区的发展目标，编制区域旅游发展规划，塑造全域型的旅游空间格局。二是推进全域宜游化建设。促进区域分工协作融合发展、城乡一体融合发展、产城一体融合发展。三是建设全域游憩系统。整合城市休闲旅游资源，建设各类高品质游憩系统。

② 全业融合工程。一是促进旅游与文化的融合。挖掘传承书画文化、彭祖文化、红色文化、两汉文化、宗教文化、军事文化等特色文化，打造世界级大汉文化名片、样板式运河文化名片和示范性乡村文化等三大文化名片。二是促进旅游与工农业的结合。三是促进旅游与商务会展的融合。加速建设淮海国际博览中心，加大徐州大型会议和展会的承接能力范畴，将会展旅游资源融入徐州的节庆特色活动中。四是促进旅游与教育的融合。提倡并支持高校、科研所等依据自身特有资源，建设“研学旅游示范基地”，设计研学精品旅游线路。五是促进旅游与体育的融合。要逐步提升和完善徐州体育场的服务能力，充分利用“徐马”等品牌赛事及其他休闲公园，设计开发体育类旅游精品线路，设置旅游专项营销。六是促进旅游与餐饮的融合。要引导餐饮业融合旅游资源特色，设计营销方案，尤其是以“彭祖宴”为基础的“彭城菜系”研发和推广力度，不断丰富徐州餐饮品牌，培育“老字号”餐饮企业。七是促进旅游商品开发。旅游商品作为旅游消费衍生品，要重视商品的个性化、特色化、实用性，打造具备徐州特色文化的旅游系列产品，加长旅游产业链，促进徐州旅游业的进一步发展。八是促进旅游新业态的发展。发掘城乡水环境、水生态、水文化、水景观等资源，开发督公湖、悬水湖、古黄河、潘安湖、骆马湖、大沙河、银杏湖等水上旅游产品，建设一批国家级、省级水利风景区。

③ 全员营销工程。一是建立全媒体宣传推广体系。围绕“品两汉文化，赏山水美景；走

遍五洲，难忘徐州"形象品牌，综合运用各类平台，有效增加徐州旅游宣传频率，并积极开展城市形象专题宣传活动。二是建立多层次旅游营销体系。选择"专业旅游网站＋境内、外客源地著名旅行机构"的合作模式，采取线上、线下互动方式，实施"形象宣传＋产品线路落地"的网络立体化整合营销，扩大徐州主要旅游线路的落地率，积极发挥新媒体在国际营销中的作用。三是建立旅游营销合作机制。整体打包宣传徐州旅游资源，实施"区域联动、部门联合、企业联手"的大旅游营销策略，充分发挥市场主体在旅游营销中的作用。

④ 全面提升工程。一是提升旅游景区品质。整合汉文化景区和龟山景区等汉文化资源景区，将汉文化景区建成国家考古遗址公园，以龟山景区、九里山风景区为核心规划建设楚汉文化度假区；恢复修建子房寺、霸王楼等历史文化遗迹；融入现代科技元素，丰富演艺、立体影像等参与性、体验性的项目，形成一批汉文化旅游"拳头"产品，打造世界级汉文化旅游目的地。二是提升旅游企业竞争力。整合国有涉旅资源，成立徐州文化旅游集团公司。

⑤ 全民共建共享工程。一是加强全域资源环境保护。加大对自然生态和文化资源的保护力度；推进环境综合整治；大力推进旅游节能减排和发展生态旅游。二是推进全域环境整治。积极开展主要旅游线路沿线风貌集中整治；旅游景区、村镇实现雨污分流污水无害化、生态化处理全覆盖，垃圾分类回收、转运和无害化、生态化处理全覆盖，全面优化旅游环境。三是大力推进旅游富民。大力实施乡村旅游扶贫富民工程，通过资源整合积极发展旅游产业；通过民宿改造提升、安排就业、定点采购、输送客源、培训指导以及建立农副土特产品销售区、乡村旅游后备箱基地等方式，增加贫困村集体收入和建档立卡低收入人口人均收入。四是促进旅游发展成果共享。开展旅游知识宣传教育，强化居民旅游参与意识、营造良好社会环境；加强旅游惠民便民服务；优化景点门票价格调整机制；完善景观旅游配套设施。五是推进文明旅游。进一步巩固和深化文明城市创建成果，深入践行社会主义核心价值观。大力倡导文明旅游、绿色出游，落实旅游文明行为公约和行动指南。坚决遏制各类不文明旅游行为，有效提升市民和游客的文明素质，推动旅游者文明出游，旅游企业诚实守信，从业人员服务至诚，让旅游成为传播文明、促进交流、增进友谊的桥梁。

按照国家全域旅游示范区的创建标准，我市将通过实施"五全工程"，推进旅游发展全域化、旅游供给品质化、旅游治理规范化、旅游效益最大化。2020 年，铜山区、鼓楼区、沛县、邳州市通过国家全域旅游示范区验收；2021 年，丰县、睢宁县通过国家全域旅游示范区验收，全市创建成为国家全域旅游示范区。

第四节　徐州市休闲农业旅游空间布局设计

徐州市旅游业坚持目标导向和问题导向，全力实施"全域旅游"等五大战略，着力构建"一核、一环、两翼、三带、十二大集聚区"新格局，形成"全域覆盖"的徐州大旅游空间格局。2019 年，《徐州市生态修复三年行动计划实施方案》指出，针对市域空间提取重要的"源、轴、区、点"组织构架，将全市生态修复与保护空间总体布局为"两轴、两湖、多片区、多点"的"2＋2＋10＋20"的生态空间结构，城市规划区通过"节点、廊道、片区"进行整合，形成"4 片区、9 廊道、多节点"的空间布局。

一、一核

主城发展极核区：依托徐州市主城区在旅游产业发展中的战略支撑地位，交通集散功能、辐射带动作用，将徐州市主城区打造成为集历史文化体验、城市休闲、商贸旅游、商务会展、主题娱乐为一体的核心区域。

二、一环

环城乡村旅游带：依托贾汪区的潘安湖湿地公园、督公湖景区与铜山区的吕梁山景区、悬水湖景区、汉王镇等旅游景区进行重点打造，形成集乡村休闲度假、养生康体、研学旅游、运动休闲等多业态为一体的环城乡村旅游带。

三、两翼

整合徐州市东西两翼的景区、特色城镇和乡村旅游资源，形成错位发展的东西两大旅游板块：东部整合邳州、新沂、睢宁，形成生态休闲板块；西部整合沛县、丰县，形成汉文化体验板块。

四、三带

(1) 丝绸之路(东陇海)旅游经济发展带。全面贯彻国家“一带一路”倡议，依托徐连高速，有效串联徐州市主城区、邳州和新沂，整合沿线城镇，全面提升沿线旅游公共服务体系水平及景观生态水平，形成以生态观光、山水休闲等为支撑的旅游产业带；同时，充分借助区位优势，承接东西，连通连云港市和郑州市，不断提升徐州市在淮海经济区旅游业中的核心地位。

(2) 运河徐州段文化遗产廊道。以沛县段、邳州段京杭大运河为依托，挖掘运河文化底蕴，充分调动运河沿线地区旅游业发展，打造形成文化遗产廊道。

(3) 故黄河文化旅游带。挖掘故黄河对徐州历史及民俗文化形成的重要文化意义，与黄河故道二次开发相结合，打造成为集自然生态体验、历史人文感受、都市生活休闲、滨水高尚居住、郊野农庄回归多种功能为一体的旅游休闲廊道。

五、十二大聚集区

十二个重大旅游项目包括：汉韵风情体验集聚区、城市商务度假集聚区、大龙湖新城休闲集聚区、潘安湖-大洞山生态山水度假集聚区、督公湖运动休闲集聚区、汉源文化体验集聚区、九里山旅游集聚区、吕梁山悬水湖生态休闲集聚区、红色旅游集聚区、艾山生态休闲集聚区、白塘河湿地休闲集聚区以及下邳古城文化体验集聚区。

六、建立一个跨省休闲农业旅游区

淮海区域休闲农业旅游区，以苏、鲁、豫、皖 4 省 19 个地级市组成的淮海经济区为基础，以徐州市为中心，以泰安市、曲阜市、连云港市、开封市等旅游城市为依托，以京沪、陇海铁路线和京福、连霍、京沪高速公路为交通主干线，重点开发以文化和农业休闲为基础的综合性生态旅游，形成文化内涵丰富、文化品牌突出的休闲农业旅游区。

淮海经济区核心区城市包括宿迁市、连云港市、宿州市、商丘市、济宁市、枣庄市、徐州市和淮北市。2010 年 5 月 7 日，第一届淮海经济区核心区城市市长会议召开，标志着淮海经济区核心区一体化建设正式启动。率先进入该核心区的 8 个城市，其面积和人口约占淮海经济区的 37.3%和 38.5%。

《徐州城市总体规划(2007—2020)》中对徐州进行了总体定位。

徐州是国家历史文化名城，重要综合性交通枢纽，淮海经济区中心城市；要求徐州进一步增强与淮海经济区相关城市联合行动，进而帮助江苏省域整体发展。这是国家层面上第一次对徐州“淮海经济区中心城市”定位的明确认可。

2019年4月29日，淮河生态经济带城市合作第一次市长会商会在淮安市召开。徐州市市长发言表示，徐州市是国家历史文化名城、重要的综合交通枢纽、“一带一路”重要节点城市。2018年，党中央、国务院批复的《淮河生态经济带发展规划》，明确了徐州“淮海经济区中心城市”的地位。

第五节　徐州市休闲农业发展具体策略

通过本研究，我们发现徐州市居民在休闲农业旅游上，无论是旅游动机、信息搜集方式还是旅游目的地点以及选择的因素上都有自身的特点。本书旨在帮助徐州市休闲农业的经营者了解徐州市居民的真正需求，以提供更好的、更能符合游客需求的服务，不断提升游客的满意度，从而增加休闲农业的利润和发展空间，以达到共赢的局面。从研究的结论我们也发现，徐州市休闲农业的发展应从以下几个方面来入手。

一、休闲农业的发展提倡政府行为

徐州市休闲农业欲得到长足发展，则政府的政策和扶植是至关重要的，政府的长期有力支持，是休闲农业发展的催化剂和保鲜剂。政府相关部门要完善政策体系，从政策上进行支持，从资金上进行倾斜，对发展潜力大的休闲农业项目进行适当扶持，增加公共基础设施建设。统筹规划指导，协调管理，为本地休闲农业的发展创造良好的环境氛围。

二、徐州市休闲农业发展要有整体规划

徐州市休闲农业要有整体的良好发展，就要有一套详细的发展规划，同时要防止休闲农业景区偏离农业本质而走向纯粹娱乐。徐州市休闲农业的发展要在统一规划的基础上确保实施，就要关注各个部门的配合以及农业与非农业部门之间的协调，形成一整套的审核汇报、信息流通制度。

三、休闲农业的景区应规划在城郊

目前，徐州市居民在旅游时考虑的一个比较重要的因素是“交通的便利性”；休闲农业资源城市中心比较少，所以休闲农业景区应主要考虑在城郊建立、建设；同时，景区现阶段建立在城郊也便于下一步往乡村靠近。虽然城市居民离农村生活并不远，对于“体验式农业”没有很大的需求，但随着城市化进程的加快，完全脱离农村和农业的人群必然越来越多，对“体验式农业”的需求也会进一步增加。位于城乡接合部的城郊是现阶段徐州市发展休闲农业旅游的最佳地点。

四、休闲农业经营切忌盲目多元化

休闲农业的种类和内容有很多，但徐州市要根据自身的资源优势，因地制宜地发展生态休闲农业，突出区域自身的特色，切忌盲目多元化，切忌简单地模仿和重复。

五、挖掘乡村资源的文化内涵

虽然徐州市无明显的农业文化，但是历史文化悠久。因此，在发展休闲农业的过程中，也可以将相关历史文化融入景区中，努力使徐州市的休闲农业景区独具特色，真正做到“人无我有、人有我精、人精我新”。只有这样才能使徐州市的休闲农业景区更富于观念和感情的沟通与体验，更具有民间文化的独特魅力，才能吸引更多的潜在消费者。

六、完善相关辅助设施，实行规模化经营

在辅助设施的建设上，徐州市要加强休闲农业景区公共设施与食宿设施的建设，解决交

通、如厕、通信等问题；同时，应与交通部门合作，配合徐州市的休闲农业景区开辟专线，为城市居民的出游提供方便。在食宿设施上，须注意环境和接待设施的卫生。由于徐州市休闲农业景区的消费者大都是城市居民，人们已经习惯于城市生活的清洁和良好的卫生环境，因此休闲农业的经营者一定要注意厨房、餐具、厕所、水池及公共娱乐场所的卫生标准，定期进行杀菌消毒处理。

七、通过专业的渠道来传达旅游信息

通过徐州市休闲农业居民行为的分析发现，徐州市居民获得旅游信息最多的途径是媒体，而在媒体的调查中显示，徐州市居民接触最多的是电视和互联网。因此，我们要多用电视、互联网等媒体向居民宣传最新的旅游信息；同时，也应利用互联网建立与消费者互动的沟通机制，及时了解消费者的需求、意见和建议，从而促进徐州市休闲农业的发展。

八、注重消费者不同的旅游目的

通过调查分析我们发现，徐州市居民参加休闲农业旅游的主要目的是："逃避诱因"与"社会动机"，也就是为了自我心理和身体上的放松，以及为了和家人、朋友增进感情。因此，在休闲农业旅游景区就应相应地有一些让大家可以净化心灵、放松身体，并适合和朋友、家人共同参与的项目。

对于徐州市休闲农业的发展，要在明确定位、合理规划的基础之上，大力发展食、住、行、游、购、娱六大要素，使之形成规模、大力发展，延长游客的停留时间，产生规模经济效益。

第六节　徐州市休闲农业发展的支撑办法

一、促进徐州市生态格局的战略转变

伴随着城市生产结构和社会结构的巨大调整，城市化呈现加速发展的趋势。生态环境面对工业化的严重威胁已经出现逐步恶化的态势，原有的"云山龙湖"生态格局已经无力担负徐州市主城区城市生态安全保障的重任；云龙山园林绿地被城市扩张逐渐蚕食，云龙湖面对城市生产与生活污水的排放，水质日益恶化。以上分析说明，徐州市主城区的生态安全格局已经到了调整的临界点。因此，徐州市都市区的整体生态格局应该在更广的范围内进行调整，要在对现状的考察以及山川形式的分析上对未来城市发展做出合理预测；徐州市生态应该由延续数千年的"云山龙湖"逐渐过渡到"洞山微湖"的生态格局上来，从而为徐州市休闲农业的发展提供空间和资源基础。

徐州市都市区的丘陵山地是江苏省境内唯一具有典型北方土石山气候、地质、地貌的地区。大洞山绵延几十平方千米，顶峰标高为 361 m，为徐州市最高山峰，主峰周围群山环绕，沟谷纵横，海拔高度超过 200 m 的山峰多达 12 座，而老城区云龙山的海拔仅为 142 m。大洞山是徐州市重要的自然保护区，保护区面积为 38.4 km^2，其中核心区面积为6.99 km^2。大洞山已经具备成为徐州都市生态安全格局保障的良好基础。微山湖湖畔群山层峦叠嶂，是徐州市都市区的北部天然屏障，湖西湿地正在申请建立湿地自然保护区。微山湖湖西湿地对于徐州市具有调节径流、防洪减灾、保护城市安全、改善城市气候、提供城市清洁用水、创造城市居民户外游憩空间、维护生物栖息地、保护生物多样性、航运、废物处理、灌溉等多种功能，是徐州市都市区生态安全格局和休闲农业发展的重要保障。徐州市都市区生态绿地系统的远期目标要突破现有的"云山龙湖"的小山小水结构，向能够包括山、原、水、城的

"洞山微湖"生态格局实行战略转变。

二、促进徐州市城市生态绿地系统的逐步完善

城市生态绿地是维持城市生态平衡和休闲农业发展的重要保障。当前徐州市的绿地系统存在面积不足，缺乏联系性、系统性的问题。根据徐州市都市区的自然环境特点和生态控制要求，生态徐州保护有了"三色线"。对于城市绿线、蓝线和紫线的划定，国家生态园林出台了相关要求。针对这些要求，徐州市委、市政府对标这些要求，提出了具有地方特色的保护线，旨在提醒企业和居民在城市建设和生活出行方面注意这些底线，不触碰底线，共同保护好徐州的城市绿地、江河湖泊等水系以及原汁原味的历史文化风貌。

（一）绿线——保护城市绿地

绿线是指城市绿地规划。这项规划的目标是在贯彻生态文明和可持续发展战略的基础之上构建一个将城市山水、文化等融合在一起，环境优美、生态稳定的绿色宜居城市。制定出地区绿地发展指标、合理安排绿地建设以及实现城市区域内的绿色土地建设最大化是每个城市打造绿线的重要目标。这些目标对于改善生态环境，打造更为宜居的生活城市和促进城市可持续发展具有重要的现实意义。

目前，徐州市的绿线规划范围主要包括徐州市区，规划类型主要包括公园、防护、生产、附属以及其他绿地类型。该项规划以可持续发展为主要目标，以现代化的技术为实现目标的重要手段，从环境、经济和文化三个方面入手，综合协调徐州市的社会、经济和自然相结合的复合生态系统。旨在将徐州市打造成为一个城市与环境协调发展，人与自认和谐共处的生态文明城市。

（二）蓝线——保护河湖水资源

对于江河湖海以及水源工程的保护叫作城市蓝线。2015 年 3 月，徐州市颁布《徐州市中心城区河道蓝线专项规划(2013—2020)》。该项规划涉及河道水系 61 条，湖库 16 宗，骨干河道 100 处，水域面积达到 44.3 km^2；划分了 4 个排水分区，分别是不牢河排水区、房亭河排水区、故黄河排水区、奎河排水区。城市蓝线对河流水系、城市湖泊、水库、湿地、沟渠进行规划控制和保护管理，极大地保障了城市供水、防洪排涝和通航安全；另外，该项规划还改善了城市居民的居住环境，促进了城市生态的健康发展，打造了一个可持续的宜居城市。

（三）紫线——保护历史文化遗存

对于国家历史文化名城内的历史文化街区和历史建筑保护范围界线被称为城市紫线。徐州市作为历史文化名城，对于紫线保护规划已经编制完成，在保持徐州市名城风貌的基础之上，加强了对徐州市整体历史文化环境、重点历史地段和文物保护单位的保护。同时，应协调好文化保护与发展之间的关系，努力打造具有传统特色与时代气息的历史文化名城。

紫线规划对于徐州市的历史风貌文化等形成全面的保护层次，建立全面的保护内容框架，并且提出老城复兴策略；同时，紫线规划也加强了外围生态绿地的建设，主要包括：① 郊野景观基质建设。在区域范围内，继续优化现有的城郊山体绿化，完善环城森林公园系统，使徐州市主城区拥有一个良好的整体生态景观背景。② 水系廊道建设。规划对城区内外的故黄河，城东的不老河、徐洪河，城西的新闸河，城南的奎河，城北的大运河等水系进行整治优化，使这些水系尽可能地相互贯通，使以水流为主体的自然生态流畅连续，同时加强沿河绿化建设，在景观上形成以水系为主体的放射形绿色廊道网络。③ 绿色廊道建设。目前城中绿色孤岛与外围良好的生态大环境缺乏空间联系，应有意识地设计联系廊道，主要通过

十多条重要道路绿带将城区各孤立板块联为一体，通过改造使老城区的传统文化景观和自然生态都得以保持和恢复。④ 湿地建设。湿地是城市景观生态系统的重要组成部分，其功能与作用日益为人民所重视。徐州市周边分布着大面积的采煤塌陷区，这些用地不适合作为城市建设用地，却具备建立湿地的良好条件，徐州市正规划采用郊野公园的形式建设管理好这些宝贵的塌陷区生态湿地。根据徐州市周边塌陷区湿地分布现状，应规划依靠大黄山生态湿地、九里塌陷区生态湿地、故黄河上游生态湿地建设三处大型郊野森林公园，同时成立相应的郊野公园管理委员会，明确其范围界限，尽快组织编制相关详细规划，依法管理，加强对徐州市塌陷区生态湿地的利用。

三、突出徐州市生态园林历史文化名城特色

徐州市主城区地势平坦，群山环抱，融田园、湖水、秀峰、城池于一体，构成一幅典型的平原城市风光景色。然而，与得天独厚的自然景观形成鲜明对比的是城市建设风貌的特色和个性不突出，城市道路、绿地系统、建筑风格、住区环境不尽如人意。城市特色能够反映一个城市的历史、文化、自然环境条件、产业特色等诸多因素。“两面云山一面湖”是古人对徐州山川形胜的描绘，山水相依、湖光山色是城市自然特色的最佳表述。数千年的历史赋予徐州这座城市深厚的文化底蕴，这里人文鼎盛、星光璀璨，英雄豪杰之士层出不穷；同时，徐州作为“五省通衢”的重镇，历来又是南北文化交融的中心。

徐州市应尊重自然，强化自然山水环境背景，创造具有本土特色的城市景观；尊重历史，强化城市文化内涵的延续，塑造具有浓厚文化品位的城市空间环境；尊重人性，城市设计体现以人为本，尺度适宜，以强化城市的标志性与归属感为主要原则，充分利用徐州市主城区的优美自然环境，突出以两汉文化为主体的丰富的文化内涵，通过富有创意的城市设计，对划定的各种类型的特色景观区、控制景观区、城市轴线、引导高层发展区、控制高层发展区以及城市广场予以控制，创造富有现代气息的生态园林化历史文化名城形象。

四、创造优美独特的城市生态景观

徐州市应以主城区外围群山环绕的生态背景为依托，结合市区级公园、道路绿化、街头绿地的环境设计，强调本土树种的使用，通过两汉的植物配置增强徐州市城市景观的可识别性，以大片的良田、绿地、自然山体作为永久的绿色空间，加强各地区外围的田园山体绿化，以大片的良田、绿地、自然山体作为永久的绿色空间，加强各地区外围的田园山体绿化，使城市天际轮廓线，与平原风光和丘陵山色相协调，使城市在绿色环抱之中，突出绿化的地方特色。

通过建设由外围生态绿地、绿廊、城市公园、附属绿地、街头绿地等组成的绿化系统，使人工环境与自然环境相互结合，园林绿化与城市空间有机形成一体，强化徐州市山水相依的良好生态景观特征。

五、全面控制城市环境污染

徐州市地处黄泛冲积平原，降水量偏小且相对集中，空气相对干燥，加之徐州市作为能源城市、交通枢纽，分布有大批电力企业、热电厂和水泥生产企业，城市规划和建设矛盾较大，造成本地区空气污染相对严重。在水环境方面，徐州市的河流水体径流及容量小、对污染物的自净能力差，污染负荷大，水环境条件非常脆弱，目前的治污状况很难满足水环境自然容量的要求；同时，结构性污染如造纸、化工、酒精行业水污染仍然相当突出，工业点源治理手段滞后，治理设施运行不正常，污染反弹现象时有反复，且徐州市地处四省交界，易受到

外省客水污染，生活污水的污染也比较严重，造成跨行政区、跨流域污染，且长期不能得到解决。

针对上述情况，徐州市环境保护的目标是从根本上改变这种生态环境恶化的情况，促进城乡环境质量的明显改善，实现经济快速发展、环境清洁优美、生态良性循环。徐州市城市环境空气质量目标为：风景名胜区、自然保护区的环境空气质量达到国家一级标准，市区的环境空气质量达到二级指标。城市水环境质量目标应为：京杭大运河（徐州段）、丁万河、房亭河、徐洪河、云龙湖近期和远期要达到国家Ⅲ类水质标准，奎河、故黄河（市区段）、三八河等达到Ⅳ类水质标准；城市水域功能区水质达标率为100%，现状市区内无劣于Ⅴ类的水体。

徐州市环境保护要以改善环境质量为中心，防治污染和保护生态并重。工业污染控制与节约资源能源、结构调整、技术改造紧密结合，实行污染源全过程控制，建立工业清洁生产体系。要以大环境思想为指导，实行城乡环境综合整治，有效防止污染向农村转移，加大农村生态环境保护工作力度。环境保护目标的制定要与国民经济和社会发展总体目标相协调，在实现环境资源可持续利用的同时，促进环境和经济、社会的协调发展。

2018年10月1日，联合国人居署在肯尼亚首都内罗毕举办世界人居日庆祝活动，并颁发了“联合国人居环境奖”。徐州市从全球58个国家和地区官方推荐的城市或自行申报的项目中脱颖而出，摘得桂冠。

2019年，徐州市以实施“十大提升工程”为主抓手，推动全域整治、全面提升、全民参与，着力补齐农村人居环境突出短板，推动公共空间治理与村庄清洁行动有机结合，全面发起治脏治乱的“春季攻势”“夏季战役”，全市乡村公共空间治理共整治道路8 380.2 km，清理河道4 391.6 km，清理四旁地6.8万亩，拆除违建424.1万 m^2，绿化4.9亿 m^2，梳理集体资源31.7万余亩，新增房屋资产75.3万 m^2。目前，这项工作已由“典型示范”转向“面上推开”，组保洁、村收集的行政村基本实现全覆盖，村庄污水治理覆盖率达到40%；改造户厕5.4万户、修缮户厕8.6万户，建设公厕1 159座，新建农村公路1 208 km、村内道路811 km。

世界上没有绝对的垃圾，只有放错位置的资源。徐州市严格遵循“以人为本”原则，围绕“科学分类、针对性治理、资源化利用”的工作思路，积极开展智能化管控、网络化收运、循环化利用、集中化处置。在徐州市城管局垃圾智慧管理中心，巨大的电子屏上实时显示各社区垃圾收集、运输、处理情况，确保其流向全程可溯、实时可查。将垃圾收运和再生资源回收结合在一起，打造“两网协同”的运营新模式，形成低值可回收物加工利用的链条闭环。各类再生资源回收率达到85%以上，能够实现垃圾全面减量和再生资源的高效回收。

另外，徐州市煤炭开采史可追溯至1882年。据统计，至今徐州市共开采煤炭10亿t左右，在为国家源源不断提供能源的同时，自身累计形成了采煤塌陷地37万亩。近年来，徐州市扎实推进矿产固废利用，开展矿产固废回填处理，累计治理采煤塌陷地19.72万亩，将徐州市的采煤塌陷区打造成为特殊的生态亮点，徐州市也成为全国工矿废弃地复垦利用面积最大、技术最领先、成效最显著的地区。据报道，近年来徐州市利用采煤塌陷区的地理条件，打造了很多雄壮而不失典雅的新型公园。

六、打造“枢纽经济”

徐州作为国家历史文化名城、全国重要的综合性交通枢纽以及淮海经济区中心城市，符合党中央、国务院对其总体定位。淮海经济区地处“一带一路”交汇区域，区域内徐州、连云港等城市被列入新亚欧大陆桥经济走廊重要节点城市，是全国双向开放的前沿阵地。推进淮海经济区协同发展并上升为国家区域规划，通过打造双向开放先导区，辐射带动陆桥沿线加快发展，将使沿海地区和内陆腹地形成互动效应，对带动落实“一带一路”倡议，起到很好的引领和示范作用。

徐州地处我国交通要道，交通以及物流十分发达，相关物流平台的建设加快了徐州物流业的发展，国际化贸易区域集散地和中转站正在加快形成。徐州市在建设过程中要放大“一带一路”重要节点城市效应，大力发展枢纽经济、门户经济以及流量经济，要把枢纽优势转化为发展优势，促进更大范围内的要素流在徐州市的集聚、重组、辐射和扩散，利用这些优势将徐州市打造成一座让徐州人自豪、令外地人向往的城市。

第四篇

休闲农业经营管理研究

第十章　基于游客满意度的景区大型主题活动研究

第一节　概　　述

一、大型主题活动

（一）大型主题活动的概念

大型主题活动这一概念在国内外学术界已经有着较为一致的认识，对其定义与理解分为以下几类：

从外观角度来讲，以卡瑟伍德（Catherwood）[52]为代表的学者认为，大型主题活动是指在城市的某个或多个特定地点，在规定时段内按照一定的主题特色构筑大型活动场馆和设施，举行展览、表演、贸易、旅游、娱乐、体育等活动，吸引行人、商旅、专业人士参加的大型聚会，如各类艺术表演节、文化贸易博览会、综合性体育盛会等。研究表明，大型主题活动最为关键的是能够突出活动主题的大型活动场馆和设施，所有的活动内容均围绕主题场馆和设施进行，强调视觉上的冲击，进而突出活动的主题。

从内涵角度来讲，主题景区的品牌树立需要表明旅游景区的特色、突出旅游景区的民俗内涵、体现旅游景区的人文主题、塑造主题景区的品牌形象并用广告宣传塑造品牌形象。还有学者认为，大型主题活动的举办更重要的是精神层面上的交流，通过举办大型主题活动使游客获得精神上的震撼，从而留下深刻印象，对景区产生强烈的认可，进一步提升景区的形象，吸引更多的游客前来，促进当地的经济发展[53]。

从举办大型主题活动的预期目的及其影响来讲，景区通过举办大型主题活动引发的旅游活动是以各种节日、盛事的庆祝和举办为核心吸引力的一种特殊旅游形式，也有学者称其为“节事旅游”或“节庆事件”旅游[54]。有学者认为，举办大型主题活动的核心，是为了吸引游客，为了给景区带来较高的社会影响力，从而获得更高的经济效益。部分学者指出，大型主题活动是指在规模和重要性方面，能够给主办社区或目的地带来较高的旅游、媒体覆盖率、声誉或经济影响的事件[55]。

通过上述对现有国内外关于大型主题活动的文献研究，在概念辨析方面，学者们持有的意见虽然各有侧重点，但主题内容基本相似，大多涉及其设计的主题、举办方式、举办目的和社会影响。综合上述观点，本书将景区大型主题活动的概念定义为：在景区经营活动活动中，以一个主题为线索，经过精心计划和举办的特定的仪式、表演或庆典，配合特定的场所和环境，标志着景区想要达到的社会和文化目的，并形成相当量的社会影响力的活动。

（二）景区大型主题活动类型划分

对大型主题活动的分类是众说纷纭、见仁见智，在现有的学术研究成果中，比较有代表性的是贾尼斯基(Janisikee)[56]的观点。他认为，事件活动包含会展活动、体育赛事、文化庆典、政治事件、私人事件等。习惯上，可按活动的内容和活动的主题对其进行分类。

首先，按主题活动的内容分类，可以分为以下 4 类：

传统节庆类：主要是以传统民俗活动为吸引内容的旅游事件，如中秋节、春节、元宵节、各种宗教节日和庆典活动等。

演艺类：如音乐节、艺术节、舞蹈节、戏剧节及各种一般文化活动节等。

体育类：如各种体育赛事活动、足球赛、马拉松邀请赛等体育活动。

商业类：如广交会、糖酒会等。

其次，按节事的主题分类，可以分为以下 5 类：

文化类：指在各地举办的宗教节日和庆典活动，如音乐节、艺术节、舞蹈节、戏剧节及各种一般文化活动节。

体育类：包括趣味运动会、闯关形式的活动等。

生态类：指各种与植物展览、生态会展有关的节庆活动。

美食类：指在各景区举办的以美食为核心的活动，如烧烤节、啤酒节等。

政治类：以宣扬红色革命精神，发扬优秀革命传统为主，如红色革命根据地、英雄人物纪念、现代化发展优秀展示等。

（三）大型主题活动研究维度

国内外学者已经对景区大型主题活动做出很多研究，得到了许多重要的成果，尽管学者们的研究手段和方法基本类似，大多为文献研究与具体实践相结合，但是学者们的研究维度却不尽相同。按照活动主题的分类方式对学者们的研究维度进行归纳与汇总，具体内容如下。

(1) 文化类活动。成功策划文化类活动要更加注重情感方面，重视心理维度[57]。罗文斌等[58]提出游客的参与度、感知和支持度三个变量影响大型主题活动的成效。乔一博[59]从餐饮设计、内容设计、娱乐设计、环境设计、技术支持设计、项目构成设计和主题设计 7 个方面探索“双塔牡丹节”作为景区大型主题活动的举办形式及改进措施。孟祥丰等[60]认为，文化类主题活动的开展一定要明确主题，基于主题延伸出子活动，活动要能够吸引游客亲身参与，通过名人宣传等手段使游客了解活动中宣扬的文化精髓。

(2) 体育类活动。民间体育活动要能够更好地融入当代、融入民众的生活，这样才能促进其可持续发展[61]。托德(Todd)等[62]从利益相关者的角度出发研究了体育类活动对大型主题活动开展的影响，并基于此对提升主题活动的成效进行了研究。盖文亮等[63]基于共生理论以及可持续发展理论，从政治、社会、经济、文化和环境 5 个方面就举办体育赛事对旅游目的地的影响进行了研究。

(3) 生态类活动。彭平平等[64]通过研究认为，影响景区节事活动发展的因素为以下几类：外部环境（包括地理区位，交通便利情况等）、内部环境（包括景观环境、景区卫生等）、节事本身质量（节事举办成熟度、节事文化内涵特色、节事可参与性等）、景区服务质量（包括服务人员整体素质、服务设施齐备情况）、节事纪念品的开发。孙建华等[65]认为，开展成功的生态主题活动需要突出其地区性、娱乐性、参与性、民俗性，要带给游客带来与众不同的体验，使游客获得愉悦和满足。

(4) 美食类活动。雅库林(Jakulin)等[66]运用CLD模型和SD模型，研究了大型主题活动中的质量、独特性、工作人员的素质、服务质量等因素，并以美食类活动为例进行了验证。张素[67]以舟山群岛海鲜美食节等为例，经过问卷调查后研究得出，游客的体验感和感知效益与活动的主题间存在着较强的相关关系。张珊珊等[68]在对美食旅游节的研究中突出强调了活动的主题性和特殊性、内容的多样性和艺术性、文化的体验性和参与性、开发的地域性和综合性以及举办的暂时性和周期性5个关键因素。姚培君等[69]在研究淮扬菜美食文化旅游中通过调研得出，产品创意、营销手段、文化理念和品牌意识影响着美食类旅游活动的举办效果。

(5) 政治类活动

吕莉[70]认为，政府操办的大型主题活动应遵循个性化、文化性、创新性、体验性、整体性、民众性原则。余晨杰[71]提出开展景区大型主题活动除了要突出文化底蕴、提升服务的专业性以及完善基础设施建设外，还需要有政府配合，做好全局规划，加强对旅游目的地的宣传工作，同时发挥监管市场的作用。朱娜[72]认为，举办大型主题活动必须要避免同质化，突出特点，突显文化内涵，避免活动成为政府政绩成果的展示。杨吉等[73]认为，发展红色旅游需要对其进行科学定位，深入发掘其文化内涵，加强统筹规划和创新管理服务体制。

(6) 综合类活动。戴光全等[74]对西方主要国家事件及事件旅游的相关研究方法进行了整理，归纳出社会学、影响研究、决策研究、IPA方法统计、三角剖分研究及互联网运用等6大类方法。姚静娟[75]认为，影响大型主题活动的维度分别为经济影响、社会影响和环境影响。

(四) 研究维度

在大型主题活动研究维度方面，学者们的研究成果中方案类研究较多，很多研究都是以特定的研究对象为参照，所得的研究结论不具有普遍意义，但仍然具有很强的参考价值。将国内外学者对于景区大型主题活动领域的研究成果进行汇总，如表10-1所列。在汇总过程中，考虑到景区开展大型主题活动属于活动营销的一种，在这里引入4I理论作为研究维度的分类依据。

表10-1　景区大型主题活动研究维度汇总表

学者	趣味	利益	互动	个性
刘太萍等[76]	★	★		
余青等[77]	★	★		★
吕莉[70]	★	★	★	★
于海波等[78]	★		★	
彭平平等[64]	★	★	★	★
罗文斌等[58]	★	★	★	
Jakulin 等[66]		★	★	★
Todd 等[62]		★		
乔一博[59]	★	★	★	★

表 10-1(续)

学者	趣味	利益	互动	个性
孟祥丰等[60]		★	★	★
孙建华等[65]	★	★	★	★
张素[67]	★	★	★	
杨吉等[73]		★	★	★

4I 理论由 4P 理论、4C 理论、4R 理论演变而来,其内容包括:

趣味(interesting):中国互联网的本质是娱乐属性的,所以活动的广告、营销也必须是娱乐化、趣味性的,包括的情绪有恶俗、搞笑、煽情、感性等。

利益(interests):任何消费活动均是为了获得其相应的价值,利益的内涵可以包括信息、功能、服务、心理满足、实际物质等。

互动(interaction):将消费者作为主体,发起其与品牌之间的平等互动交流,可以为营销带来独特的竞争优势。

个性(individuality):让消费者感受到独特性,产生满足感。

学者们从 4I 的 4 个方面对景区大型主题活动进行研究是合理的。因此,本书在总结国内外诸多现有研究结论后,将大型主题活动的研究维度归纳设计为趣味、利益、互动、个性 4 个维度。

二、满意度研究

(一) 满意度的概念

1965 年,卡多索(Cardozo)[79]第一次将满意度引入营销学,随后伴随着市场竞争环境的激烈,满意度问题逐渐受到各方的重视,学者们从各个研究角度对其内涵进行了阐述。

科特勒[80]认为,满意是一种人的感觉状态水平,"顾客满意是指顾客将实际感受与期望进行比较后所形成的一种愉快或者失望的感觉状态,顾客实际感受与期望之间的差异函数被称之为满意水平"。也有学者将其定义为"顾客接受产品和服务的实际感受与期望值之间进行比较的程度"。该定义一方面体现了顾客满意程度,另一方面也反映出企业提供的商品及服务满足顾客需求的成效。还有学者将顾客满意度定义为"顾客对某一特殊事件满足自身需求与期望的程度的意见"。这种特殊事件是建立在需求和期望都有所确定且时间固定的特定事件。从上述定义可以看出,顾客满意度是一个变动的目标,能够使一个顾客满意的东西未必会使另外一个顾客满意,能使得顾客在一种情况下满意的东西在另一种情况下未必能使其满意。

目前,学术界认可较多的顾客满意定义是由奥利弗(Oliver)[81]提出的,该定义充分考虑了顾客满意的心理含义。Oliver[82]在 1981 年提出,顾客满意是指顾客需求得到满足之后的一种心理反应,是顾客对于产品或服务对于自身需求满足程度的一种判断,具有个人主观意识和心理判断。顾客要衡量自己需要的满足程度,就必须对商品或服务的实际情况与某一标准进行对比。由于每个消费者比较的标准各不相同,所以顾客消费后的心理认知也就不同。

类似于顾客满意度,本书将景区游客满意度定义为:景区游客的需求与实际获得的服务或商品的差异的一种心理衡量。差异程度越小,游客越满意。

（二）满意度研究维度

学者们关于满意度的研究已经有着很长时间，获得了丰硕的成果，迄今有着4种较为成熟、科学的理论模型，分别为瑞典最早建立的SCSB模型、美国的ACSI模型、欧洲的ECSI模型和我国的CCSI模型。

随着时代不断进步，社会环境不断发生改变，经典的理论模型有时不能够完全的解释现代现象，学者们也在不断地探索完善这一研究领域，提出了许多新的研究思路和研究维度。新的研究维度虽然能够较好地解释部分现今的现象，但是其科学性和普适性还有待进一步的验证。因此，本节将着重回顾4个经典的满意度指数模型，并对新近的满意度研究维度进行简单的介绍，希望能对下一步的研究有所启示。

(1) 瑞典顾客满意度指数SCSB。瑞典顾客满意度指数模型是世界上最早(1989)建立的全国性顾客满意度指数模型，该模型是在美国密西根大学福纳尔(Fornell)等的帮助下构建的，其测评范围逐渐覆盖了瑞典的31个不同行业，如图10-1所示。

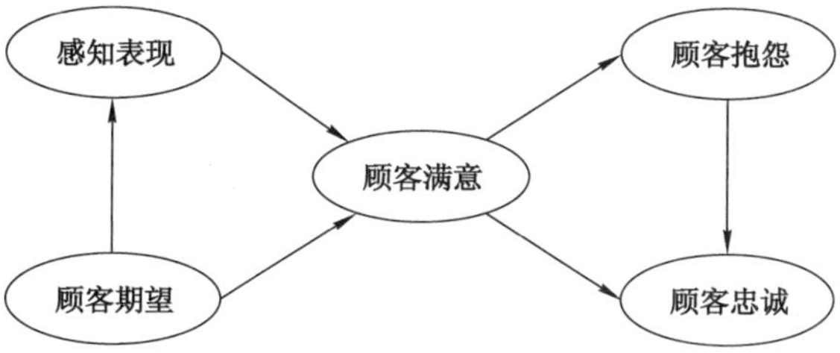

图10-1　SCSB指数模型

该模型共有5个结构变量，其中前置变量有2个：顾客期望(顾客对产品或服务的期望)和感知表现(顾客对产品或服务的价值感知)；结果变量也有2个——顾客抱怨及顾客忠诚。另外，顾客抱怨变量指向顾客忠诚变量，其影响力大小代表了企业处理顾客抱怨的成效。因此，顾客忠诚是顾客满意的最终变量。

瑞典顾客满意度指数模型推出后，在实际运作中也受到了一些质疑：模型中仅考虑了价值感知对顾客满意的影响，忽视了质量因素的影响作用。

(2) 美国顾客满意度指数ACSI。1990年，美国质量协会及美国密歇根大学等机构开始着手构建美国顾客满意度指数模型。ACSI模型在SCSB模型的基础上进行了一些修改，使之更符合实际情况，目前该模型已经成为众多顾客满意度指数测评模型中被应用或借鉴最广的一个。ACSI模型对美国的34个行业进行顾客满意度指数测评，涵盖了影响国民经济的各个主要行业，其数据具有重要的经济指导意义，逐步发展为美国国家经济的“晴雨表”。

ACSI模型对SCSB模型进行的修改主要是：增加了前置变量——感知质量，将它从价值感知中分离了出来。这样，质量感知和价值感知二者分别侧重于消费者的质量评价和价格评价，通过比较它们对顾客满意的影响大小，就可以比较清楚地找出顾客满意度的来源及企业生产的重点——是应该控制成本还是应该提升质量。另外，模型通过需求满足程度及可靠性来标示质量感知，可以进一步明确质量感知的改进方向，如图10-2所示。

(3) 欧洲顾客满意度指数ECSI。ECSI模型(图10-3)是在ACSI模型的基础上提出的。1999年，12个欧盟国家首次使用ECSI模型对顾客满意度指数进行测评。

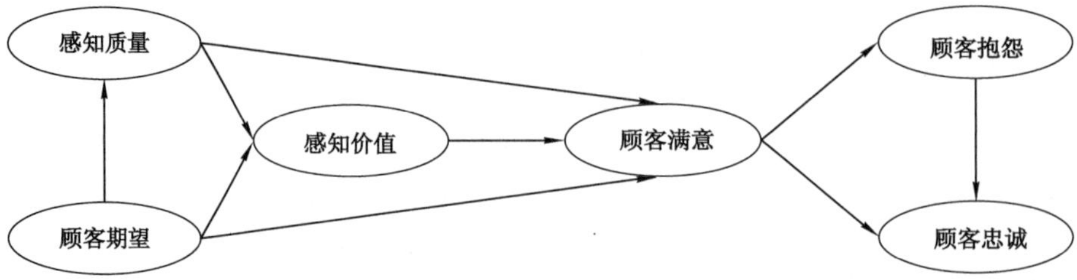

图 10-2　美国顾客满意度指数模型

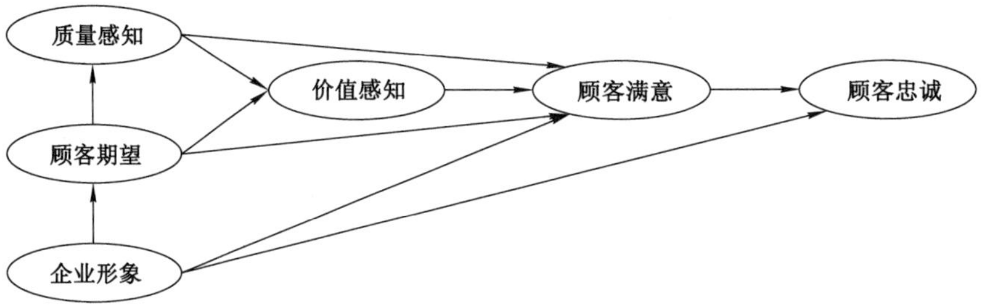

图 10-3　ECSI 模型

ECSI 模型对 ACSI 模型的主要修改如下：

① 去掉了 ACSI 模型中的结果变量——顾客抱怨。近年来，顾客抱怨的重要性被越来越多的人重视，很多欧盟国家的投诉处理系统已经十分完备，许多企业通过改善对顾客抱怨的处理的方式提高顾客满意度，这样顾客抱怨再作为顾客满意的结果变量就变得不是十分恰当了。欧洲的一些调查结果也显示，抱怨处理对提高顾客满意没有显著的作用，抱怨处理最多只能使顾客恢复到没有“不满意”的程度上，却不能使客户达到“满意”的程度。

② 增加了一个前置变量——企业形象。企业形象对顾客的行为有很大程度的影响，企业形象的高低将影响顾客对期望值及满意度的评价。顾客对形象好的企业期望值自然就高，在评价满意度时会不同程度受该企业形象的影响。当然，对顾客忠诚也会有类似情况。

(4) 中国顾客满意度指数 CCSI。1999 年，清华大学中国企业研究中心根据国务院的相关要求开始进行中国顾客满意度指数研究，提出了符合我国国情的 CCSI 模型（图 10-4）。2001 年，相关机构使用该模型进行了试点调查，在全国进行了 2 次较大规模的顾客满意度指数调研。

与 ECSI 模型不同的是，该模型提出的品牌形象这一潜变量是对预期质量、价值感知和顾客满意度产生的影响。需要指出的是，针对不同行业的特点，在应用 CCSI 模型时做了一些改动：对耐用品及服务类行业测评时，采用图 10-4 所示的模型；而对非耐用品测评时，则去掉模型中的“预期质量”；对于其他一些行业测评时，模型也进行了一些改动。

(5) 其他学者提出的满意度研究维度。

① 情感维度。Oliver[81] 提出了认知情感模型，认为情感维度应区别于认知维度单独列出，这个模型脱胎于心理学领域的著名理论认知-情感系统理论。该理论认为，人们遇到的社会事件会与复杂的认知-情感系统发生交互作用，并最终决定行为。维尔茨（Wirtz）等[83]

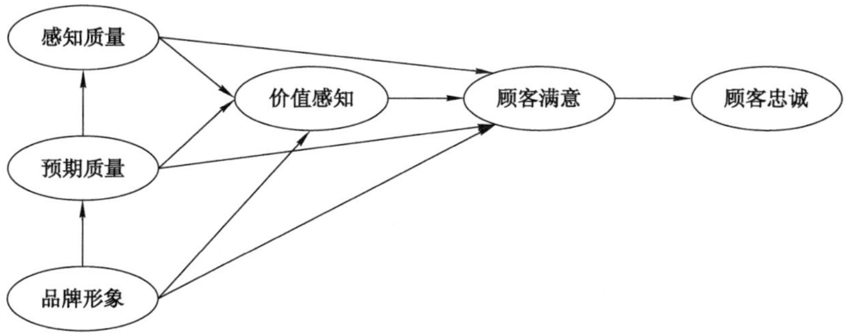

图 10-4　CCSI 模型

同样认为，游客满意度测量体系中的情感维度相当重要。Y. L. Huang 等[84]提出游客情感的表达是对满意度最好的体现。普拉亚吉(Prayag)等[85]认为，情感维度在顾客满意度测量模型中的重要性得到了广泛的认同。

② 互动维度。P. Dong 等[86]着重研究了场所环境的影响，指出场所环境不仅包括景区的安全、卫生等基本元素，更倾向于一种氛围的营造。既包括“硬件”层面上的氛围，通过周围环境的布置，让游客置身于一种特别的场景之中；也包括“软件”层次上的氛围，通过游客与游客之间、游客与员工之间的互动，以及员工的动作、表情等暗示性行为，带动游客进入特定氛围，并进行氛围的相互传递。

此外，同样有学者们对景区游客满意度的研究维度进行了研究并做出了归纳。张春晖等[87]通过对已有文献的梳理，归纳出学术界研究较多的几个研究维度，分别为景观环境、服务质量、基础设施、安全和消费价格。杨微微等[88]选取生态环境、服务态度、消费水平、旅游安全等 11 个变量因子，对西双版纳野象谷景区进行游客满意度调查。王旖旎等[89]将影响游客满意度的因子分为自然环境因子、人文环境因子、和基础设施和开发设计因子。周雪娇等[90]借助中华恐龙园的实证研究，探讨主题公园游客满意度的多维度影响因素。她在研究中将游客满意度分为情感表达维度、旅游功能维度、场所环境维度、主题价值维度、负面评价维度共 5 个维度。

（三）研究维度

在研究维度方面，现有的研究模型依然是脱胎于上文中提及的几个经典的满意度研究模型，虽然在后续的研究中，学者们陆续开发出众多行之有效的研究维度，但是其大多为针对某一特定现象，难以复制到其他现象中，无法形成科学、系统的满意度研究体系。为了能够解释更多的现象，在本书中意图沿用经典的满意度研究模型，将满意度的研究维度划分为游客感知和游客期望两个维度。

现将满意度研究维度进行归纳汇总，如表 10-2 所列。

表 10-2　游客满意度研究维度汇总表

学者/理论模型	涉及游客感知	涉及游客期望	其他研究维度
SCSB	感知质量	顾客期望	
ACSI	感知质量	顾客期望	感知价值作为中介

表 10-2(续)

学者/理论模型	涉及游客感知	涉及游客期望	其他研究维度
ECSI	感知质量	顾客期望	企业形象
CCSI	感知质量	顾客期望	品牌形象
张春晖等[87]	景观环境、服务质量	基础设施、安全和消费价格	
杨微微等[88]	人文景观、服务设施、景区容量、景区卫生、讲解服务、餐饮购物、服务态度	消费水平、旅游安全、旅游交通、生态环境	
王旖旎等[89]	自然环境因子、人文环境因子	基础设施和开发设计因子	
周雪娇等[90]	情感表达、场所环境、主题价值	旅游功能维度	负面评价维度

可以看出，学者们对满意度的研究出发点还是基于游客感知和游客期望 2 个维度，我们从游客感知和游客期望 2 个维度进行研究也是合理的。因此，本书将从游客感知和游客期望 2 个维度对游客的满意度进行研究。

三、忠诚度研究综述

（一）游客忠诚度概念

通过对文献的研究发现，国内外学者们关于忠诚度的研究已经较为成熟，且基本达成一致观点，归纳出了被广泛接受的概念。

旅游景区作为一种特殊形式的企业，游客在一般状况下可以被认定为景区企业的顾客。学者们对于顾客忠诚的研究起始于 20 世纪 20 年代，但在 90 年代才成为热点研究问题。在传统的营销学理论中，学者们认为企业获得成功的关键要素是顾客满意度，因为只有顾客产生满意感，顾客才会产生更多购买行为，企业才得以获得更多利润。然而，在后续的实践与研究中发现，尽管企业的顾客满意度处在一个较高状态，仍然有大量的顾客在不断流失[91]。这一现象引起学者们的高度重视，随之顾客忠诚度成为新的研究热点。

真正的顾客忠诚是一种行为，而顾客满意只是一种态度。据统计，当企业挽留顾客的比率增加 5%时，获利便可提升 25%～100%。许多学者表示，忠诚的顾客将是企业竞争优势的主要来源。由此可见，保有忠诚度的顾客对企业经营者来说是相当重要的任务。

顾客忠诚度指顾客忠诚的程度，是一个量化概念。在一般的营销领域中，顾客忠诚度通常是指由于质量、价格、服务等诸多因素的影响，使顾客对某一企业的产品或服务产生感情，形成偏爱并长期重复购买该企业产品或服务的程度[91]。在接待业领域，顾客忠诚的概念有不同的阐述。尹(Yoon)等[92]认为，当顾客强烈地感觉企业可以很好地满足他(她)的需求而把其他的竞争者排除考虑范围，并且顾客几乎仅从企业购买产品(服务)，将企业称为“他们的饭店”或“他们的宾馆”时，忠诚就产生了。博文(Bowen)等[93]认为，忠诚是顾客返回饭店的可能性和他成为组织伙伴的意愿(在发生问题时与管理者沟通)。

格林(Grin)[94]认为，顾客忠诚度是指顾客出于对企业或品牌的偏好而经常性重复购买的程度。他还提出，产生顾客忠诚需要 2 个关键因素：首先是与其他产品或服务相比较之下产生的较高的情感依恋；其次是重复购买。仅具备前者为潜在忠诚，仅具备后者为惯性忠诚，它们都是不稳定的。按照重复购买度和情感依恋度，可将忠诚分为 4 个类型：真正的忠诚、惯性忠诚、潜在忠诚与不忠诚。

综上所述，本书将景区游客忠诚度的概念定义为：游客在活动结束后，进行再次游玩的倾向以及向亲友推荐该活动的倾向程度。

(2)游客忠诚度测度研究

类似于前文游客忠诚度概念辨析，国内外学者们对于游客忠诚度的测度研究已有很多，也逐渐形成了被广泛接受的测度体系，但学者们在研究中的具体测度指标不尽相同。国内外学者们对于游客忠诚度测量研究成果，如表 10-3 所列。

表 10-3　游客忠诚度测量研究成果

学者	测量维度
图尔克(Turker)[95]	购买比例、购买顺序和购买可能性。
戴乔治(DayGeorgy)[96]	认知映像、情感映像和信息搜集；实际游览次数和未来五年游览意向
埃尔南德斯(Hernández)[97]	未来一年与三年的重游意向，口碑推荐；游览次数
加利亚萨(Gallarza)等[98]	到同一目的地和同一区域内其他旅游点的个人意向，各类服务的口碑推荐
C. G. Q. Chi 等[99]	重复购买意向和口碑推荐
Yoon 等[92]	重游意向、口碑推荐和总体感知
李(Lee)等[100]	地点依附和心理承诺；口碑和重游意愿；每年到旅游目的地的频次
杨雪雁等[101]	感知价值，游客信任，重游意愿
狄佩佩[102]	感知价值，顾客信任，转换成本(被动忠诚)

由表 10-3 可以看出，学者们更多地选择从重游意愿、频次和口碑传播两个方面对游客的忠诚度进行衡量。

(三)测量维度

旅游产业区别于一般的消费型行业，旅游者选择进行旅游活动的动机复杂多样，影响旅游活动进行的外部因素还有很多，如时间、经济、距离、亲朋等因素，旅游者可能不会多次到同一个景区进行旅游活动。游客产生想要再次游玩、愿意积极向他人推荐该旅游地的意愿时，可以认为游客对于该旅游地形成了偏爱，也就是产生了忠诚。

结合前文学者们的测量维度以及旅游行业的特殊情况，本书将从游客重游意愿和游客传播意愿两个维度对游客的忠诚度进行测量。

四、研究述评

第一，通过对现有国内外关于研究大型主题活动文献进行研究。在概念辨析方面，学者们持有的意见基本相似；在现有的概念中，大多涉及其设计的主题、举办方式、举办目的和社会影响。因此，本书将景区大型主题活动的概念定义为：在景区经营活动活动中，以一个主题为线索，经过精心计划和举办的特定的仪式、表演或庆典，标志着景区想要达到的社会、文化目的，并形成相当量的社会影响力的活动。在大型主题活动研究维度方面，学者们的研究成果中方案类研究较多，但其间的差异较大，现有研究中大多是以特定的研究对象为参照，所得的研究结论不具有普遍意义，但仍然具有很强的参考价值。本书在总结国内外诸多现有研究结论后，创新性地引入了 4I 理论，最终将大型主题活动的研究维度归纳设计为趣味性、利益性、互动性、个性 4 个维度。

第二，通过对现有国内外有关满意度及游客满意度的研究成果进行梳理。可以看到，在概念辨析方面，现有的游客满意度的概念大多由经典的顾客满意度演变而来。研究表明，旅游景区作为一种特殊形式的企业，将景区与游客联系起来是合理的。在满意度研究维度方面，现有研究模型依然是前文中提及的几个经典的满意度研究模型，在后续的研究中，又涌现出诸多针对满意度的研究维度。这些研究并没有形成一套新的理论研究模型，其科学性和适用性有待验证。本书在综合经典理论模型和最新研究方向基础上，结合旅游行业的特点，认为可以将景区游客满意度的研究维度分为游客感知和游客期望2个维度。

第三，通过对现有国内外有关忠诚度及游客忠诚度的研究成果进行梳理。可以看出，在概念辨析方面，学者们基本取得了一致的看法，认为忠诚度是消费者进行重复消费的程度。在对于游客忠诚度的测度方面，本书从其定义出发，将其测量维度设计为游客重游意愿与游客传播意愿2个维度。

第二节　理论模型和相关研究假设

一、相关概念内涵及研究维度

（一）景区大型主题活动

本书将景区大型主题活动的概念定义为：在景区经营活动活动中，以一个主题为线索，经过精心计划和举办的特定的仪式、表演或庆典，配合特定的场所和环境，标志着景区想要达到的社会和文化目的，并形成相当量的社会影响力的活动。

本书对景区大型主题活动的研究维度为：趣味性、利益性、互动性和个性。

（二）游客满意度

本研究将游客满意度的概念定义为：景区游客的需求与实际获得的服务或商品的差异的一种心理衡量。其差异程度越小，游客越满意。

本书对游客满意度的研究维度为：游客感知和游客期望。

（三）游客忠诚度

本书将游客忠诚度的概念定义为：游客在活动结束后，进行再次游玩的倾向以及向亲友推荐该活动的倾向程度。

本书对游客忠诚度的研究维度为：游客重游意愿和游客传播意愿。

二、理论模型构建

基于景区大型主题活动和游客忠诚度的相关理论，本书对景区大型主题活动开展与景区游客忠诚度间的作用关系进行研究。研究中引入游客满意度作为中介变量，通过对文献的研究和现状的分析提出研究假设，并建立研究模型，如图10-5所示。其中，景区大型主题活动的各研究维度分别通过游客满意度中2个维度的中介效应影响游客忠诚度。

三、相关研究假设

（一）景区大型主题活动与游客忠诚度

比涅（Bigne）等[103]通过对主题乐园的成年游客进行调查，发现主题乐园满足了游客对愉悦体验的需求，并正向影响其忠诚度。佩特里克（Petrick）[104]通过构建游客忠诚度的驱动模型，发现过去的游憩体验、感知价值都会对游客的忠诚度产生影响。罗楚等[105]通

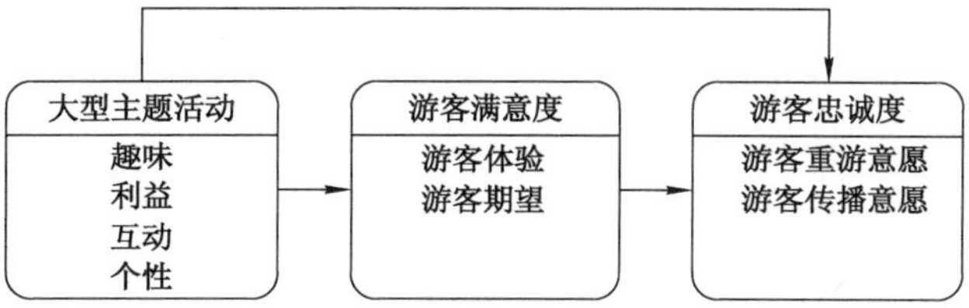

图 10-5　构建的理论模型

过构建“旅游目的地品牌体验—游客满意度—游客忠诚度”的概念模型，经过实证研究，结果显示游客体验对游客忠诚度有着显著正向的影响作用。林翠生等[106]通过研究妈祖信俗朝圣者发现景区环境和人文服务对游客忠诚度有着正向影响。李武[107]通过实证研究，得出游客体验对游客忠诚度有正向影响。更好的游客体验会使游客对景区留下更为深刻的印象，提高游客对景区的认同度，进而提高游客再次游玩和向朋友亲人推荐的概率。陈晓艳等[108]以乡愁旅游为例，研究得出好的景区主题对游客忠诚度的提升有促进作用。杨发鹏等[109]认为，旅游地形象的建设是提高旅游忠诚度最关键的因素。丘甜等[110]以大武夷旅游生态圈为研究对象，运用结构方程模型研究，认为主题活动的开展会凸显景区的特色性，能够加深游客的印象，提升游客的兴趣，使游客更愿意重复游玩，即提升了游客的忠诚度。

从以上研究成果可以看出，学者们普遍认为开展景区大型主题活动对游客忠诚度有提升作用。

上述研究成果的汇总为研究景区大型主题活动开展与游客忠诚度的关系研究提供了理论支撑。在日常生活中，并不是所有景区都能拥有其独特的优势资源，如天安门广场、黄鹤楼等景区具有不可复制性，众多景区想要吸引更多游客前来游玩的一个重要手段就是开展大型主题活动，通过活动吸引潜在游客们的目光，让更多的人认识、了解该景区，并以此为突破口提升游客的忠诚度。游客选择出游的目的很多，但大部分人是出于求新、求异和释放压力的心理。好的大型主题活动可以带动游客情绪，让游客融入到情景中，暂时忘记生活中的压力，达到缓解压力的目的。如今以朋友圈、微博等为代表的互动平台被人们广泛使用，人们希望自己的分享能够获得更多的关注与好评，不同的人群关注不同的特质，有的人希望标新立异，有的人又希望不断充实自身、学习新知识等，新颖的活动主题恰好能够满足人们的这些需求，人们会更加愿意参与到此种活动中，并向志同道合的朋友们分享这些信息。结合景区游客忠诚度的定义，认为游客在互动平台上的分享行为代表着游客忠诚度的提升。基于此，提出以下假设：

H1：景区举办大型主题活动对游客忠诚度有正向影响

(1) 在活动趣味性方面。在当前互联网经济下，活动的宣传离不开互联网的帮助，游客游玩与当前中国互联网的本质都是娱乐属性的，只有突显其趣味性才能吸引更多的眼球，景区开展大型主题活动也必须凸显其趣味性。

趣味性不仅指活动好玩有趣、令人欢乐，还包含很多方面，如煽情、感性等。欢乐的主题活动（如大龙湖风筝节等）令人们忘记烦恼，获得身心愉悦，游客会愿意再次前来参与；感性的主题活动（如普救寺的《西厢记》演出等）令人沉浸在故事美妙的爱情故事当中，提升游客的游玩情绪与效用，游客会愿意与他人分享这次旅游经历，部分游客会多次重游观看；震撼的主题活动(如华清池的《长恨歌》歌舞秀),游客在观看时往往会与朋友分享。这些景区因为具有独特趣味性的主题活动变得更为知名,游客对这些景区忠诚度的产生很大一部分来自主题活动的举办。基于此,提出以下假设:

H1a:活动趣味性对景区游客忠诚度有正向影响

(2) 在活动利益性方面。如今,随着国家经济的快速发展,人们的物质需求得到了极大满足,对精神层面的需求也在不断提升。很多人希望在日常活动中能够学到更多的文化知识,提升自身的文化修养。游客在参与景区的主题活动和游览景区的过程中,会对景区的文化、服务、设施等进行衡量,希望能够有所收益。好的景区和文化活动可以使游客提升自身、获益良多,游客可能会因此爱上某一文化形式,产生再次体验的意愿或购买周边衍生产品的意愿,让游客产生满足感,能够主动与他人分享;同理,丰富新奇的商品、良好的服务也会促进游客游玩和分享意愿。以上内容都可以归结为游客的利益诉求在参与的主题活动中得到了满足。基于此,提出以下假设:

H1b:活动利益性对景区游客忠诚度有正向影响

(3) 在活动互动性方面。如今,随着体验经济时代悄然到来,国内外诸多学者将景区大型活动中游客的体验作为研究课题,认为游客的体验是衡量活动成效的关键因素之一,在现代活动及景区的评价体系中,很多体系都将游客的反馈情况纳入其中。在现实生活中,除了朋友推荐之外,我们在选择景区时必看的就是景区过往游客的评价情况。影响游客体验的主要因素是游客与景区、活动的互动性,良好的互动可以提高活动的参与度和游客的参与感,使游客的代入感和主角意识更加强烈,游客在游玩过程中就会获得更好的体验,借此对该景区活动产生偏爱,并形成游客忠诚。基于此,提出以下假设:

H1c:活动互动性对景区游客忠诚度有正向影响

(4) 在活动个性方面。景区在筹建大型主题活动时,在设计和策划阶段,首先要确定的就是活动的主题,也就是突显其个性。如今,随着经济的发展,人民生活水平不断提高,越来越多的人们选择外出休闲游玩,这些活动也带动了旅游业的快速发展。然而,现今旅游产业同质化现象严重,竞争激烈,景区只有通过为自己加标签,才能便于游客发现该景区。

另外,在人们寻求新奇、追求新鲜事物的今天,只有新鲜事物才会吸引人们的眼球,也只有个性鲜明、容易辨识的景区游客才会更加愿意前去游玩,将自己收集到的新奇信息与朋友进行分享,使游客在其朋友圈中产生焦点效应,一定程度上满足游客自身被关注的诉求。基于此,提出以下假设:

H1d:活动个性对景区游客忠诚度有正向影响

(二) 景区大型主题活动与游客满意度

佩格(Pegg)等[111]以澳大利亚某乡村音乐节为例,调查了解游客参加节事活动的体验。该研究运用实证分析,通过对 1 500 名音乐节参与者进行问卷调查收集数据,从而分析游客参加活动的体验和感知。研究表明,开展主题活动能够提升游客的体验和提高游客的满意度。周伟伟等[112]在构建主题活动旅游游客满意度评价指标体系的基础上,运用模糊层次分析法对大型主题活动游客满意度进行评价,证明了大型主题活动对游客满意度的影响。汤国荣等[113]通过对传统少数民族节庆中的旅游者凝视行为进行探析,发现旅游目的地文化和社会建构的差异性并指出这些差异性的强度是影响游客体验的重要因素和决定力量。阮文佳等[114]应用 IPA(重要-绩效)分析法对景区大型主题活动对游客满意度的影响进行分析，证明了其正向相关关系。白雪等[115]提出通过大型主题活动的举办可以影响游客感知，从而影响游客的满意度。祝晔等[116]认为，种类繁多的大型主题活动在提升区域影响力的同时也满足了体验经济时代的游客对旅游过程的精神享受，对于游客满意度的提升具有重要的影响作用。

研究表明，景区大型活动的开展与景区游客满意度有显著的正向相关关系。

上述研究成果的汇总为研究景区开展大型主题活动与游客满意度的关系研究提供了理论支撑。分析游客满意度应当从游客的需求出发，了解游客心中所想，明确游客心中所需，切实的满足游客的需求，提升游客的体验感，这样游客才会产生满意的情绪，提升游客的满意度。大型主题活动的举办满足了改变现有旅游景区单一的游览讲解模式，通过或有趣、或新鲜、或有意义等的主题活动，游客可以自主挑选符合自身需求的活动形式，使游玩过程不再单一，满足了游客求新、求异的心理；同时使游客的精神和肉体得到放松，甚至会对游客产生教育意义，满足游客在精神文化方面的需求等。只有游客的各项需求得以满足，甚至部分超出预期，游客满意程度才会自然随之上升。基于此，提出以下假设：

H2：景区举办大型主题活动对游客满意度有正向影响

(1) 在活动趣味性方面。旅游景区需要满足游客众多的需求，但是旅游产业自身的娱乐属性决定了趣味性在旅游产业中不可替代的重要地位，游客选择出游的理由有很多，绝大部分游客出游的原因是为了寻找乐趣、缓解压力。传统的旅游景区旨在凸显历史文化、弘扬优秀精神、欣赏自然景观等，但是这些形式的活动并不能够为人们带来最大限度的新奇趣味，人们又逐渐习惯了诸多类型的景区，甚至产生厌倦情绪。景区通过举办大型主题活动恰好可以解决这一问题，景区通过调查研究和积累的经验分析，找出景区自身的优势与弱势，通过举行种类恰当的大型主题活动来弥补弱势或突显优势。游客在游玩中除了休闲、放松外，另一个重要目标是体验当地的特色文化，这一点从民俗文化表演、特色小吃和特色纪念品的蓬勃发展便可看出。活动展现的文化会带动游客的情绪，或惊叹于古人伟大的智慧结晶、或伤感与凄美的故事情节、或叹服与现代科学技术的进步等，无论以上哪种情感都会使游客在活动和游玩中全情投入，使游客感受颇深，留下深刻印象，游客对于景区整体的感知得到明显提升，游客的满意程度自然会得到提升。游客期望的形成会受到游客自身接受的信息、曾经的游玩经历和其自身生活环境等的影响，景区的趣味性越强，会吸引更多的游客参与游玩活动，游客的自发宣传行为会使被宣传的游客期望提升。基于此，提出以下假设：

H3：活动趣味性对游客满意度有正向影响

H3a：活动趣味性对游客感知有正向影响

H3b：活动趣味性对游客期望有正向影响

(2) 在活动的利益性方面。优秀的主题内容总能引起人们的共鸣，人们在外出游玩选择时，对活动和景区的内涵衡量也很重要。在自然风光景区中开展宣传地方文化的大型主题活动，可以极大地凸显旅游地的地方特色和传统文化。如果游客在旅游中能够通过对文化的体验和学习，汲取人们智慧的结晶，继承和发扬优秀的文化，使精神境界得以提升；游客自然会认为此次游玩观光活动有所收益，获得极大的精神满足。游客在景区活动时，能够不断接受地方文化的熏陶，可从中挑选自己喜欢的内容进行学习，激发探索欲望，探索、感知更多优秀的内容。研究表明，游客从游玩活动中获得的效用越多，游客感知越接近游玩预期目

标;同时,游客会对景区和活动的其他要求降低,即游客的总体期望水平会在一定程度上下降。基于此,提出以下假设:

H4:活动利益性对游客满意度有正向影响

H4a:活动利益性对游客感知有正向影响

H4b:活动利益性对游客期望有负向影响

(3) 在活动的互动性方面。景区开展大型主题活动的目的是为了吸引更多的游客,让更多的游客对景区以及活动产生满意的情绪。但是,如果游客不能参与活动,不能与活动本身和活动内容形成良好的互动,游客可能不会体会到活动深层次的内涵,无法达到开展活动的目的。另外,依照一般人类的习性,越是热闹的环境就会吸引更多的人参与其中,而缺乏良性互动的活动很难调动游客的情绪,使游客处于走马观花的状态,不利于游客对景区积极心理评价的形成。良好的互动氛围会使游客沉浸在活动中,暂时忘记烦恼和压力,使游客在精神和身体上得到放松,这正好符合游客出游寻求放松的心态,有利于游客满意度的提高。良好的互动会让游客与活动更好地结合在一起,游客可以跟随引导感知更多活动和景区展示的文化内涵和成果,而且良好的互动氛围使游客心神愉悦,对景区和活动的感知评价水平也会显著提升。在互动氛围中,游客不仅会被动地从活动中接受信息,也会向活动举办者和其他游客提供反馈信息,游客的诸多期望可以直接实现或接近实现,即游客的总体期望水平会有所下降。基于此,提出以下假设:

H5:活动互动性对游客满意度有正向影响

H5a:活动互动性对游客感知有正向影响

H5b:活动互动性对游客期望有负向影响

(4) 在活动的个性方面。如今,人们更加热衷于寻求新鲜事物,人们的求新、求异心理被无限放大。景区的特色大型主题活动正是为了迎合游客求新、求异的心理,为游客提供更加新奇的游览观光体验。若活动和景区的设计能够很大程度上满足游客的口味,游客们将会对景区产生极高的满意度。通过景区个性化的设计,引起游客的新奇感,激发游客的探索欲,强化游客的参与积极性;同时,游客在参与特色主题活动后,会产生"学会很多、了解很多,并非虚度、消磨时间,不虚此行"的感知,使游客的感知程度得到提升;游客在参加特色主题活动时,由于并未参加过类似的活动,无法将其与固有的认知进行对比,自然无法形成较高的期望值。基于此,提出以下假设:

H6:活动个性对游客满意度有正向影响

H6a:活动个性对游客感知有正向影响

H6b:活动个性对游客期望有负向影响

(三) 游客满意度与游客忠诚度

以往众多研究都将用户满意度视为影响其忠诚度的一个重要决定变量,并认为提升满意度是最终培育用户忠诚度的重要步骤[117]。Bigné 等[103]从营销学的角度出发,认为各企业树立优秀品牌形象和努力提升顾客满意度的根本目标是实现顾客忠诚。同理,在旅游业当中,游客忠诚度也是景区追寻的根本目标,忠诚的游客可以为景区带来更持久的利益,是景区保持发展的基本要求,因此,如何提升游客忠诚度是各景区在旅游业市场中能否占有竞争优势地位的关键因素。在影响游客忠诚度的众多因素中,游客满意度是一个关键因素,学者们普遍认为高水平的满意度会导致游客忠诚。李茜[118]认为,影响游客忠诚的因素由游客满意、景区服务质量、旅游者动机三个方面构成，其中游客满意是最重要的影响因素。周学军等[119]对三峡旅游景区游客满意度与旅游品牌忠诚的关系进行了调查研究，认为游客满意度确实对游客忠诚度存在着显著的正向影响。也就是说，游客的满意度越高，游客对旅游地的忠诚度也会越高。他还认为，游客忠诚度表现在两个方面：游客进行重复游览和愿意向他人推荐。黎琴[120]运用ANOVA统计分析方法分析了迪士尼乐园游客的满意度与忠诚度数据，认为游客满意度对游客忠诚度有显著的正向影响。杨奇星等[121]以大信新都汇购物中心为调研对象，通过问卷调查收集数据进行实地调研，发现满意度对忠诚度的显著正向影响。

研究表明，游客满意度对游客忠诚度有显著的正向影响。在实际生活中，游客只有在满意的情况下才会愿意再次游玩，才会愿意向他人推荐。基于此，提出以下假设：

H7：*游客满意度对游客忠诚度有正向影响*

(1) 在游客感知方面。丰富的活动内容设计能够使游客更好地找到自身融入景区和活动的切入点。游客通过对各项内容的感知，会产生不同的反应，这与个人的生活环境相关。可以肯定的是，优秀的设计能够让人更好地融入主题环境，享受活动中的乐趣，甚至产生出求知欲、发现欲、征服欲等情绪，并在活动结束后产生“我很快乐、我很轻松”的情绪；游客在游玩过程中必然会产生成本，包括金钱、时间、精力等。经过主题活动的体验和景区的游玩，游客对活动和景区的整体状况有了一定的了解和认知，在此基础上很多游客会将其在活动和游玩结束后的收获将成本进行对比，这就产生了游客对于价值的感知。在游客个体付出成本一定的情况下，游客在游玩中获得的体验越好、了解了更多的知识文化等，就会显著地提高游客的感知价值。基于以上游客感知的提升，会显著提升游客对于景区和活动的认同，而认同感的提升会影响游客的行为与活动，游客对景区和主题活动的认同感越高，游客才会更可能重复此次游玩活动，同样更可能向他人推荐该景区；反之，若游客对于景区的感知很差，甚至可能会阻止其他人前往景区游玩。因此，我们需要游客保持较高的感知程度。基于此，提出以下假设：

H7a：*游客感知对游客忠诚度有正向影响*

(2) 在游客期望方面。关于游客期望与游客忠诚度的关系，学者们已经进行了众多研究，其观点不一，众说纷纭。一部分学者认为，真正影响游客忠诚度的是游客满意度，游客期望是用来测量游客满意度的一个指标，游客满意度又是由游客感知和游客期望进行差异估量后的产物，游客期望对于游客忠诚度没有直接影响。另一部分学者认为，游客期望越高，景区越难达到游客的期望，游客的忠诚度会降低。还有部分学者认为，当游客期望处于较高水平时，若景区和活动能够达到游客的预期，游客会产生更高的忠诚度。

学者们对于二者关系的研究至今没能达成一致，各种理论观点都有其理论基础和现实依据，在不同环境中可能演变出不同的结论。本书旨在探索其一般规律，不能因为特定状况下的特殊情况而否定一般规律。因此，游客的期望值越低，代表游客越容易被满足，越有利于游客忠诚度的形成；反之，游客的期望值越高，越可能产生负面情感，越不利于游客忠诚度的形成。基于此，提出以下假设：

H7b：*游客期望对游客忠诚度有负向影响*

(四) 游客满意度的中介作用

(1) 在理论研究方面。许春晓等[122]依据自下而上的外溢理论，结合相关研究成果，引入旅游者满意中间变量，提出系列假设，构建节事旅游环境对旅游者生活满意影响的结构模型。研究表明，大型主题活动对游客满意度有着显著影响。另外，在影响大型主题活动的因素中，设施、餐饮和活动三者起到最大的影响，游客满意度显著影响游客的忠诚度。

(2) 在实证研究方面。李朝军等[123]在研究中采用 EFA、CFA 和 SEM 等方法，通过对张家界国际乡村音乐节游客的调查研究，发现游客满意和品牌资产在大型主题活动对游客忠诚度的影响中起到中介作用。罗楚等[124]通过构建"旅游目的地品牌体验—游客满意度—游客忠诚度"的概念模型，并经过实证研究，认为游客满意度对游客体验和游客忠诚度的关系有部分中介作用。万红珍[125]将节事旅游资源与体验式经济相结合，认为节事旅游活动的成功举办可以提升游客的体验和游客的满意度，从两者的聚集效应中促进节事与消费者的互动，提高游客的忠诚度，增强节事旅游产业的影响力。吴宪霞等[126]通过实证研究发现，旅游目的地的品牌个性特征，类似于本书的景区主题活动特征，对游客忠诚度有显著的正向影响，其中游客满意度起到了部分中介作用。许春晓等[127]在对君山旅游区进行调研发现，游客对主题情景的评价与忠诚度有着显著的正向相关关系，其中满意度起到了中介作用。

研究表明，游客满意度在景区大型主题活动与游客忠诚度相关关系中起到了中介作用。

上述研究成果的汇总为研究游客满意度在大型主题活动与游客忠诚度中的中介作用研究提供了理论支撑。回顾前文中各假设的建立过程及理论分析，我们可以归纳出活动趣味性、利益性、互动性和个性均会影响游客的游玩体验，引发游客感知上的改变，从而进一步影响游客对于旅游景区的认知状况和满意程度以及景区游客忠诚度等。杨雪雁等[101]认为，景区大型主题活动的举办会与游客感知价值有显著的正向相关关系；同时，游客的感知价值又成为游客忠诚度的一个重要衡量标准。刘宇飞等[128]在以井冈山旅游区为对象的研究中构建了"品牌个性—游客满意—游客忠诚"的研究模型，并通过实证分析加以验证。基于此，提出以下假设：

H8：游客满意度在景区大型主题活动和景区忠诚度之间有中介作用

H9：游客感知在景区大型主题活动和景区忠诚度之间有中介作用

H9a：游客感知在活动趣味性和景区忠诚度之间有中介作用

H9b：游客感知在活动利益性和景区忠诚度之间有中介作用

H9c：游客感知在活动互动性和景区忠诚度之间有中介作用

H9d：游客感知在活动个性和景区忠诚度之间有中介作用

H10：游客期望在景区大型主题活动和景区忠诚度之间有中介作用

H10a：游客期望在活动趣味性和景区忠诚度之间有中介作用

H10b：游客期望在活动利益性和景区忠诚度之间有中介作用

H10c：游客期望在活动互动性和景区忠诚度之间有中介作用

H10d：游客期望在活动个性和景区忠诚度之间有中介作用

四、研究假设汇总

现将前文假设进行汇总，结果如表 10-4 所列。

表 10-4 研究假设汇总

研究变量	符号	假设
大型主题活动与游客忠诚度	H1	景区举办大型主题活动对游客忠诚度有正向影响
	H1a	活动趣味性对景区游客忠诚度有正向影响
	H1b	活动利益性对景区游客忠诚度有正向影响
	H1c	活动互动性对景区游客忠诚度有正向影响
	H1d	活动个性对景区游客忠诚度有正向影响
大型主题活动与游客满意度	H2	景区举办大型主题活动对游客满意度有正向影响
	H3	活动趣味性对游客满意度有正向影响
	H3a	活动趣味性对游客感知有正向影响
	H3b	活动趣味性对游客期望有正向影响
	H4	活动利益性对游客满意度有正向影响
	H4a	活动利益性对游客感知有正向影响
	H4b	活动利益性对游客期望有负向影响
	H5	活动互动性对游客满意度有正向影响
	H5a	活动互动性对游客感知有正向影响
	H5b	活动互动性对游客期望有负向影响
	H6	活动个性对游客满意度有正向影响
	H6a	活动个性对游客感知有正向影响
	H6b	活动个性对游客期望有负向影响
游客满意度与游客忠诚度	H7	游客满意度对游客忠诚度有正向影响
	H7a	游客感知对游客忠诚度有正向影响
	H7b	游客期望对游客忠诚度有负向影响
游客满意度的中介作用	H8	游客满意度在景区大型主题活动和景区忠诚度之间有中介作用
	H9	游客感知在景区大型主题活动和景区忠诚度之间有中介作用
	H9a	游客感知在活动趣味性和景区忠诚度之间有中介作用
	H9b	游客感知在活动利益性和景区忠诚度之间有中介作用
	H9c	游客感知在活动互动性和景区忠诚度之间有中介作用
	H9d	游客感知在活动个性和景区忠诚度之间有中介作用
	H10	游客期望在景区大型主题活动和景区忠诚度之间有中介作用
	H10a	游客期望在活动趣味性和景区忠诚度之间有中介作用
	H10b	游客期望在活动利益性和景区忠诚度之间有中介作用
	H10c	游客期望在活动互动性和景区忠诚度之间有中介作用
	H10d	游客期望在活动个性和景区忠诚度之间有中介作用

本节以相关理论和研究为基础，通过对景区大型主题活动与游客忠诚度、景区大型主题活动与游客满意度、游客满意度与游客忠诚度这三种相关关系，以及游客满意度在景区大型主题活动开展与游客忠诚度之间的中介作用机制进行理论研究和内在影响机理分析，形成了本书的各项研究假设。并依照已有的研究假设建立了本书的研究模型，通过对三者之间的影响机理和三者子维度之间的影响机理分析，进一步丰富对景区大型主题活动、游客满意

度和游客忠诚度三个概念的深层次理解。

第三节 测量量表开发

本节将对各维度变量进行测度，通过理论研究并联系实际，力求得到最为科学合理的测量量表，以保证收集到的数据能够更加匹配设计的研究模型，使研究结论更为准确。

依照前文中构建的本研究的研究维度，对各研究维度进行细致科学的测量题项设计，并对其进行说明。本书筛选出 5 个不同类型、地理位置相距较远且具有典型代表意义的旅游景区作为研究对象，确保研究结论具有普适性、科学性和合理性。

一、景区大型主题活动

（一）活动趣味性

活动的趣味性迎合了旅游产业的娱乐属性，是游客在进行游玩活动时追寻的重要体验之一。一个有趣的活动能够吸引游客的眼球，而衡量一个活动趣味性的重要标准是：能否带给人们以情绪上的改变以及人们在景区和活动能否获得到不同于过往经历的体验。刘太萍等[76]、吕莉等[70]学者在实证研究中，针对各自案例的不同特点，主要从娱乐性、文化性、主题性等方面对景区活动的趣味性进行了测度。本书结合学者们的研究成果以及景区活动的普遍情况，针对活动趣味性维度设计如下测量题项，如表 10-5 所列。

表 10-5 活动趣味性测量设计

研究维度	测量题项	题项编号	理论依据
趣味性	我认为本次活动的主题非常吸引我	Qw1	吕莉等[70]，刘太萍等[76]
	我欣赏活动传达出的文化	Qw2	
	参加活动后我感到非常快乐	Qw3	

（二）活动利益性

在经典的营销学观点中，学者们认为任何消费活动均是为了获得其相应的价值，顾客购买商品是为了获得其使用价值。同样地，游客选择出行游玩也是为了从中获得期望的价值，即游客需要被满足自身的利益。近乎所有文献中都提及了景区和活动的举办应迎合游客的切身利益，但是依照具体个例的不同情况，学者们主要从信息、功能、服务、心理满足和实际物质等方面对活动的利益性进行测量，其普适性还有待进一步验证。本书结合学者们的研究成果以及景区活动的普遍情况，针对活动利益性维度设计如下测量题项，如表 10-6 所列。

表 10-6 活动利益性测量设计

研究维度	测量题项	题项编号	理论依据
利益性	经过活动我学到了很多优秀的文化或知识	Ly1	Oliver[81]、彭平平等[64]、Wirtz[83]、周雪娇等[90]
	活动满足了我的需求	Ly2	
	我认为参加本次活动非常值得	Ly3	
	通过活动，我的身心得到了放松	Ly4	

（三）活动互动性

活动的开展自然不能缺少游客的参与，缺少互动的活动宛如空中花园，会使游客产生距离感，并且不会使游客印象深刻，只有亲身参与才更能够体会活动的真正内涵与关键所在，使游客参与到活动中来对活动的开展效果至关重要。吕莉[70]、彭平平等[64]在实证研究中，通过对活动的民众性、参与度、服务性等的测量，来表现该活动的互动情况。本书结合学者们的研究成果以及景区活动的普遍情况，针对活动互动性维度设计如下测量题项，如表 10-7所列。

表 10-7　活动互动性测量设计

<table>
<tr><th>研究维度</th><th>测量题项</th><th>题项编号</th><th>理论依据</th></tr>
<tr><td rowspan="3">互动性</td><td>我乐于参与这项活动</td><td>Hd1</td><td rowspan="3">吕莉[70]、
彭平平等[64]</td></tr>
<tr><td>我能够很好地融入主题环境</td><td>Hd2</td></tr>
<tr><td>我在活动中能与工作人员进行良好的沟通</td><td>Hd3</td></tr>
</table>

（四）活动个性

现代社会经济快速发展，物质极大丰富，人们对外部世界的认知也产生了极大的改变，只有足够新奇的事物才可以吸引更多的关注，得到更高的评价。余青[77]、吕莉[70]、雅库林(Jakulin)[66]等认为，活动个性的测量涉及 4 个方面：创新性、特色性、差异性、地方性等。本书结合学者们的研究成果以及景区活动的普遍情况，针对活动个性维度设计如下测量题项，如表 10-8 所列。

表 10-8　活动个性测量设计

<table>
<tr><th>研究维度</th><th>测量题项</th><th>题项编号</th><th>理论依据</th></tr>
<tr><td rowspan="3">个性</td><td>我认为本次活动的内容和形式非常新颖</td><td>Gx1</td><td rowspan="3">余青[77]、吕莉[70]、
Jakulin 等[66]</td></tr>
<tr><td>我感受到了全新的事物</td><td>Gx2</td></tr>
<tr><td>活动环境的设计凸显特色</td><td>Gx3</td></tr>
</table>

二、游客满意度

研究表明，游客满意度是游客感知与游客期望的差异程度。因此，本书将综合考虑以上两个维度的测量设计，方便衡量其差异性。

(1) 在游客感知测量方面。一般来说，游客的感知产生于游客体验特定的事物和情景后，是针对这项具体事物的一种心理认知。在活动中，游客会先后体验到活动和景区的物理环境、文化内涵、活动主旨、人员服务等，会基于以上各项体验，综合形成对本次活动的整体感知。王晓宇[129]认为，活动设计需要关注“人—地”感知氛围设计（活动组织、场景设计与布置）和“人—人”感知氛围设计（活动的互动性与参与度）。

(2) 在游客期望测量方面。游客在进行游玩活动前会产生期待感，会预想在本次游玩活动中要做的事，细致的游客还会做好旅行攻略和旅行计划，这些就体现了游客对于本次活动的总体期望。严泽美等[130]从节事活动本身的价值以及参与者动机两个角度出发，分别设计了对有价值的信息的期待、活动内容的期待、社交期待和体验期待。

本书结合学者们的研究成果以及游客认知的一般情况，针对游客感知和游客期望维度综合设计如下测量题项，如表 10-9 所列。

表 10-9 游客感知与游客期望测量设计

研究维度	测量题项	题项编号	理论依据
游客感知	实际中活动物理环境条件水平	Gz_1	Todd 等[62]、王晓宇[129]、何琼峰等[131]
	实际中活动内容及过程	Gz_2	
	实际中工作人员的服务水平	Gz_3	
游客期望	我对活动物理环境条件的期望	Ex_1	“游客满意度指数”课题组等[132]、李思宇[133]等
	我对活动内容及过程的期望	Ex_2	
	我对工作人员的服务水平的期望	Ex_3	

为了保证游客评价的客观性，更好的体现差异性，本维度变量的测量结果分为极低、低、一般、高、极高 5 个级别。

三、游客忠诚度

关于游客忠诚度的研究有很多，学者们认为忠诚可以分为心理忠诚和行为忠诚。一部分人是心理认同接受，但不会产生忠诚行为；另一部分人则是通过重复消费和口口相传，体现了其对于某种事物的忠诚。鉴于此，本书可以从行为和意愿两个方面对游客忠诚度进行测量。因此，本书结合学者们的研究成果以及景区游客行为特征的一般情况，针对游客重游与传播意愿研究维度设计如下测量题项，如表 10-10 所列。

表 10-10 游客重游与传播意愿测量设计

研究维度	测量题项	题项编号	理论依据
游客重游意愿	我愿意再次参与本活动	Cy_1	巴克曼(Backman)等[134]、邹益民等[135]
	我未来会再次参与本活动	Cy_2	
游客传播意愿	我愿意与亲朋好友分享本次经历	Cb_1	
	我将主动推荐我的亲朋好友前来	Cb_2	

四、研究对象选取

本书将选取 5 处正在开展大型主题活动的景区为案例，此 5 处景区开展的主题活动类型不同、文化背景不同，所处地域相隔较远。希望通过对此 5 处案例进行研究，能够展现出本书各变量关系的一般性。现经过筛选选用如下 5 个景区：

(1) 文化类活动。山西省运城市风陵渡黄河文化风情体验园举办的“印象风陵黄河文化风情”活动，内容包括：山西知名蒲剧团进行传统戏剧演出以及国家非物质文化遗产木偶戏、大型歌舞演艺杂技、澄泥砚展示等。

(2) 体育类活动。山西省永济市神潭大峡谷景区举办的智勇大冲关大型水上户外主题活动。

(3) 生态类活动。辽宁省大连市劳动公园举行的围绕“春色雅韵”主题的赏花游园会，使游客以花会友。

(4) 美食类活动。河南省永城市芒砀山景区举办的大型国际美食节,包含众多世界各地的美食,吸引了大量游客前来。

(5) 政治类活动。陕西省韩城市城隍庙景区是“国际‘一带一路’灯光艺术节”的举办地,活动内容包括灯影剧展示、各类花灯展等,展示“一带一路”的优秀文化。

本节通过理论分析结合实际,部分引用现有的成熟测量题项,分别对研究中的各变量的各维度进行了分析与探讨,在此基础上对每个维度的测度题项进行了设计与汇总,保证了问卷设计的合理性与科学性。最终形成本研究的调查问卷,为后续的实证研究奠定基础。

第四节　实证研究

本节实证研究数据来自经预调研修正后的问卷发放结果。测量问卷以第四章为基础设计,然后在前文选取的5个旅游景区中随机选取了参与该景区主题活动且对景区进行了整体游玩的游客进行问卷调研。在选取研究对象过程中,同一群体的游客只选择1名游客发放问卷;在问卷填写过程中,随时向被调查者解释问卷中各问项的具体含义,以确保能准确地反映游客的真实状况。本次调研在每个景区发放60份问卷,共计300份,回收有效问卷256份,回收有效率为85.33%。

调查问卷采用李克特5级量表,要求被调查者针对各题项进行“非常不同意”至“非常同意”的感知区分,其中“非常不同意”至“非常同意”分别对应1～5分。

一、描述性统计分析

(一) 基本信息分析

本节对被调查人员的性别、年龄、交通时间以及出游频次基本情况进行了数据汇总,分析调查样本的整体情况。

(1) 性别。如图10-6所示,被调查者中男性人数为130人,占比为50.78%;女性人数为126人,占比49.22%。在调查中,男女比例较为接近,可以将由于性别差异带来的调查结果差异降到最低,使研究更为科学。

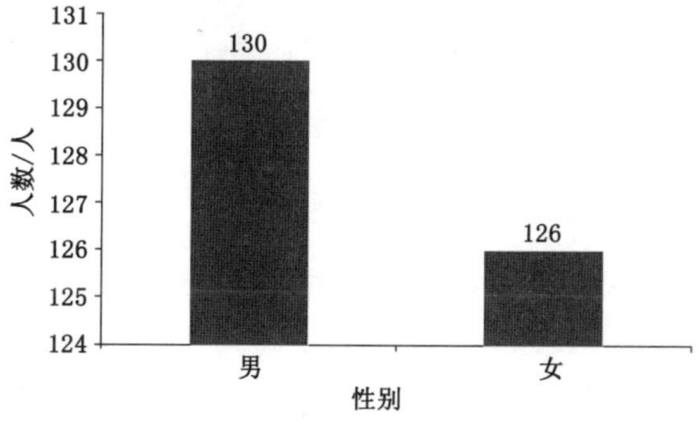

图10-6　性别分布

(2) 年龄。为保证调研结果的有效性,被调查者均为18周岁以上的成年人。如图10-7所示,被调查者中18～25岁的人数为87人,占比为33.98%;26～35岁的人数为83人,占比为32.42%;36～45岁的人数为74人,占比为28.91%;46～55岁的人数为7人,占比为

2.73%；55 岁及以上的人数为 5 人，占比为 1.95%。在调查中，愿意接受调查、填写问卷的大多为年轻人，且实际出游的游客中，大部分为集体出行，集体中存在不同年龄阶段的游客，集体中的长辈更愿意将填写问卷的机会交由年轻人去做，故此出现图 10-7 中的被调查者年龄分布状况。

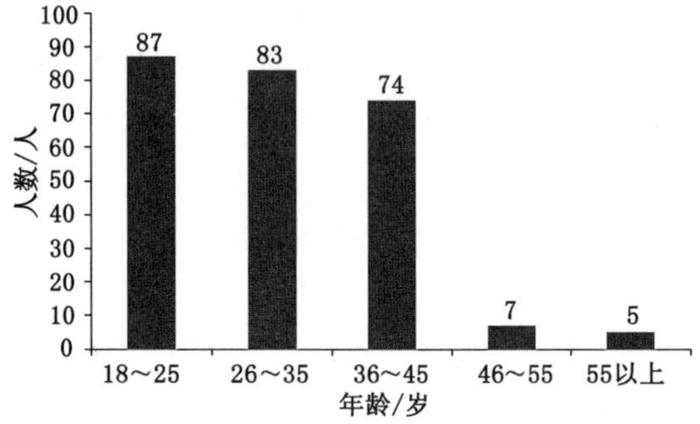

图 10-7　年龄结构分布

如图 10-8 所示，被调查者中来到景区的交通时间在 0.5 h 以内的人数为 30 人，占比为 11.72%；0.5～1.5 h 的人数为 112 人，占比为 43.75%；1.5～2.5 h 的人数为 49 人，占比为 19.14%；2.5～4 h 的人数为 35 人，占比为 13.67%；4 h 以上的人数为 30 人，占比为 11.72%。可以看出，被调查者中到达景区所费时间为 0.5～1.5 h 的最多，表明大部分游客并不愿意将过多的时间花费在旅途的交通上。

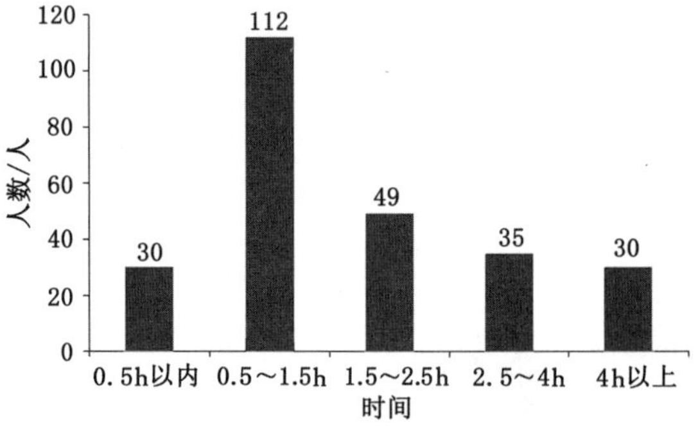

图 10-8　交通时间分布

如图 10-9 所示，被调查者的出行频次在每周一次及以上的人数为 35 人，占比为 13.67%；每月一次（两次）的人数为 76 人，占比为 29.69%；每季度一次的人数为 55 人，占比为 21.48%；每年两次的人数为 65 人，占比为 25.39%；每年一次的人数为 25 人，占比为 9.77%。可以得出，被调查游客的出行频次分布较为平均，游客愿意选择出游，旅游需求较大。

（二）控制变量分析

景区主题活动的开展受其景区类型的限制，活动的开展与主题的选择都具有较大的差异，在不同类型的景区主题活动中，游客的需求不同，活动的优势以及侧重点也不相同，这可能会对变量间关系的研究结果产生较大影响。因此，下面借助 SPSS 20.0，通过单因素方差

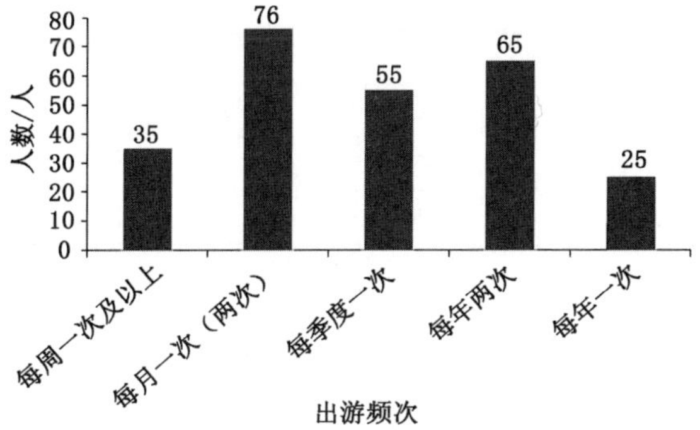

图 10-9　出游频次分布

分析，研究主题活动类型对主题活动开展成效的影响程度。

以活动类型为因子，以景区主题活动趣味性、利益性、互动性和个性为因变量，进行单因素方差分析。

（1）方差齐性检验，检验结果如表 10-11 所列。

表 10-11　活动类型与活动开展成效方差齐性检验

因变量	Levene 统计量	df1	df2	显著性
趣味性	2.058	4	251	0.087
利益性	1.342	4	251	0.255
互动性	1.109	4	251	0.353
个性	2.963	4	251	0.020

由表 10-11 数据可知，景区主题活动趣味性、利益性、互动性的显著性分别为 0.087、0.255、0.353，均大于要求的 0.05，方差齐性，适合进行方差检验。个性的显著性为 0.020，小于 0.05，方差不齐。

（2）方差分析，结果如表 10-12 所列。

表 10-12　活动类型与活动开展成效方差分析

因变量		平方和	df	均方	*F*	显著性
趣味性	组间	7.647	4	1.912	2.326	0.057
	组内	206.268	251	0.822		
	总数	213.915	255			
利益性	组间	1.017	4	0.254	0.336	0,854
	组内	189.973	251	0.757		
	总数	190.990	255			
互动性	组间	4.143	4	1.036	1.182	0.319
	组内	219.939	251	0.876		
	总数	224.082	255			

表 10-12(续)

因变量		平方和	df	均方	F	显著性
个性	组间	1.461	4	0.365	0.438	0.781
	组内	209.385	251	0.834		
	总数	210.847	255			

由表 10-12 数据可知，景区主题活动趣味性、利益性、互动性、个性的 F 值分别为2.326、0.336、1.182、0.438；显著性分别为 0.057、0.854、0.319、0.781，均大于 0.05。数据分析结果表明，主题活动类型对景区大型主题活动开展成效无显著影响。

基于此，在后续研究过程中不再将 5 个不同类型景区收集的数据进行分类研究，将其视为一个整体样本。

二、样本数据分析

(一) 数据信度分析

本部分研究借助 SPSS 20.0，借用 α 值对样本数据的信度加以衡量。对统计结果的解读主要借鉴巴戈齐(Bagozzi)等的观点，认为当量表的信度大于 0.6 时，则量表是可以接受的，具有一定的预测能力。

本书中样本数据的 α 值为 0.839。调查问卷各题项的信度分析结果如表 10-13 所列。

表 10-13 信度检验结果

编号	项已删除的刻度均值	项已删除的刻度方差 γ	校正的项总计相关性	项已删除的 α 值
Qw1	79.878 9	113.621	0.387	0.833
Qw2	79.750 0	114.290	0.426	0.832
Qw3	79.855 5	114.242	0.387	0.833
Ly1	79.839 8	114.221	0.392	0.833
Ly2	79.843 8	112.579	0.479	0.830
Ly3	79.824 2	112.585	0.443	0.831
Ly4	79.699 2	113.333	0.459	0.831
Hd1	79.855 5	112.893	0.433	0.831
Hd2	79.793 0	112.361	0.479	0.830
Hd3	79.710 9	115.595	0.340	0.835
Gx1	79.996 1	112.992	0.438	0.831
Gx2	79.918 0	111.934	0.499	0.829
Gx3	79.707 0	114.553	0.393	0.833
Gz1	79.777 3	110.746	0.569	0.826
Gz2	80.148 4	110.143	0.642	0.824
Gz3	79.855 5	109.755	0.614	0.824
Ex1	79.996 1	128.365	−0.243	0.854
Ex2	79.793 0	129.773	−0.303	0.857

表 10-13(续)

编号	项已删除的刻度均值	项已删除的刻度方差 γ	校正的项总计相关性	项已删除的 α 值
Ex3	79.957 0	129.641	−0.289	0.857
Cy1	79.832 0	110.211	0.591	0.825
Cy2	79.828 1	108.951	0.642	0.823
Cb1	79.671 9	110.410	0.623	0.824
Cb2	79.953 1	108.915	0.629	0.823

其中，项已删除的均值含义为删除该题项后分量表的平均值。项已删除的方差含义为删除该题项后分量表的方差。

校正的项总计相关性：该题项与分量表总分的相关性，即以该题项为因变量，其余为自变量，进行多元回归的决定系数。此系数越大，表示各题项对其解释力越大，其内部一致性越高。如果相关性低，可以考虑删除。

项已删除的 α 值：删除该题项后分量表的平均值，同上一行 α 值相比，若此值如果突然变大，表示删除该题项后可提高 α 值；若删除该题项后 α 值变小，说明不能删除该题项。

观察上表中的各项数据，删除各题项后的 α 值变化不大，所以不删除任何题项。问卷各题项的 α 值均大于 0.8，远超过统计学要求的 0.6，故此本书的样本数据可信。

（二）探索性因子分析

本部分研究借助 SPSS 20.0 进行因子分析，其结果如表 10-14 所列。

表 10-14　KMO 和 Bartlett 的检验

KMO 检验		0.869
巴特利特球形方法检验	近似卡方	3 131.382
	df	253
	Sig.	0.000

统计学中要求，KMO 值大于 0.5、巴特利特球形方法 Sig. 值小于 0.05 适合进行因子分析。可以看出，KMO 值为 0.869，远大于 0.5；Sig. 值为 0，样本数据适合进行因子分析。

表 10-15　解释的总方差

成分	旋转平方和载入		
	合计	方差的/%	累积/%
1	2.818	12.251	12.251
2	2.793	12.144	24.394
3	2.452	10.660	35.054
4	2.395	10.413	45.468
5	2.372	10.312	55.779
6	2.323	10.099	65.878
7	2.257	9.812	75.691

注：提取方法为主成分分析。

由表 10-15 可知，前 7 个因子累计解释了总方差的 75.691%，超过 50%，说明本书设置的 7 个维度是科学合理的。

表 10-16　旋转成分矩阵

编号	成分						
	1	2	3	4	5	6	7
Qw1	0.041	0.100	−0.069	0.065	0.857	0.042	0.107
Qw2	0.053	0.247	0.075	−0.053	0.837	0.052	0.109
Qw3	0.097	0.084	−0.043	0.069	0.834	0.030	0.092
Ly1	0.811	0.084	−0.076	0.040	0.001	0.091	0.061
Ly2	0.757	0.172	−0.122	0.010	0.064	0.093	0.186
Ly3	0.807	0.084	−0.103	0.053	0.136	0.076	0.076
Ly4	0.805	0.209	−0.036	0.076	0.020	0.025	0.090
Hd1	0.062	0.202	−0.154	0.826	0.012	0.113	0.109
Hd2	0.035	0.178	−0.102	0.853	0.214	0.067	0.111
Hd3	0.072	0.081	−0.022	0.872	−0.099	0.008	0.170
Gx1	0.146	0.139	−0.110	0.070	0.015	0.799	0.136
Gx2	0.081	0.246	−0.110	0.089	0.069	0.830	0.132
Gx3	0.043	0.095	−0.070	0.022	0.046	0.842	0.165
Gz1	0.104	0.222	−0.133	0.161	0.092	0.172	0.798
Gz2	0.173	0.245	−0.135	0.182	0.157	0.209	0.754
Gz3	0.193	0.202	−0.129	0.131	0.152	0.162	0.813
Ex1	−0.085	−0.093	0.872	−0.069	−0.005	−0.090	−0.128
Ex2	−0.123	−0.194	0.846	−0.106	−0.041	−0.039	−0.104
Ex3	−0.111	−0.129	0.849	−0.088	−0.006	−0.162	−0.094
Cy1	0.180	0.742	−0.059	0.192	0.074	0.106	0.197
Cy2	0.181	0.763	−0.157	0.149	0.157	0.173	0.187
Cb1	0.112	0.686	−0.184	0.135	0.201	0.189	0.259
Cb2	0.210	0.802	−0.176	0.111	0.166	0.168	0.108

注：提取方法为主成分分析；旋转法为具有 Kaiser 标准化的正交旋转法；旋转在 6 次迭代后收敛。

由表 10-16 可知，本书中设置的各变量的影响维度分别可以通过提取出来的 7 个因子解释，且因子载荷都大于 0.5，具有良好的收敛效度。

（三）验证性因子分析

研究中进行验证性因子分析的目的在于保证划分维度的合理性，以及验证观测变量对各潜变量的解释程度，确保各测量指标设置的科学性。本部分研究内容借助 AMOS 20.0 软件辅助进行验证性因子分析，该过程运用极大似然法计算得到标准化路径系数，代表共同变量对测量变量的影响，按照统计学一般衡量标准，标准化路径系数在 0.5～0.9，说明模型适配度较好；在得出的结果中，标准化路径系数越大，各观测变量对相应的潜变量解释程度就越大。

同时，借助组合信度（CR）、平均方差抽取量（AVE）等关键的拟合指标用来衡量验证性因子分析过程的信度和效度。其中，CR 值和 AVE 值的计算公式为：

$$CR = \frac{(\sum_{i=1}^{k}\lambda_i)^2}{(\sum_{i=1}^{k}\lambda_i)^2 + \sum_{i=1}^{k}e_i}$$

$$AVE = \frac{\sum_{i=1}^{k}(\lambda_i{}^2)}{\sum_{i=1}^{k}(\lambda_i^2) + \sum_{i=1}^{k}e_i}$$

一般认为，当 CR 值大于 0.7、AVE 值得分大于 0.5，且结果达到适配指标时，模型的内在质量理想。其他拟合指标理想值如表 10-17 所列。

表 10-17　理想拟合指标

χ^2/ df	GFI	AGFI	RMSEA	NFI	IFI	CFI
1～3	＞0.90	＞0.90	＜0.05	＞0.90	＞0.90	＞0.90

（1）景区大型主题活动开展成效验证性因子分析。对景区大型主题活动开展成效进行验证性因子分析时，其活动总体成效为二阶因子，活动趣味性、活动利益性、活动互动性和活动个性为一阶因子，在这之中，活动趣味性包含 3 个测量指标，利益性包含 4 个测量指标，互动性包含 3 个指标，个性包含 3 个指标，且每个观测指标仅受一个潜在变量的影响，其估计模型和标准化路径系数如图 10-10 所示。

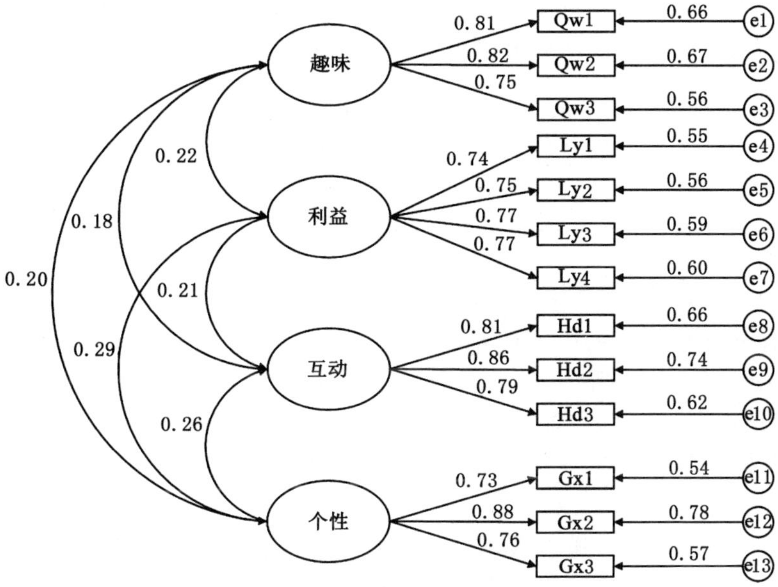

图 10-10　景区大型主题活动开展成效验证性因子分析

可以看出，自变量景区大型主题活动开展成效下的 4 个维度之间的标准化路径系数在 0.2～0.3，小于 0.5，各维度间影响程度较低；各观测变量对其各自潜变量的路径系数在 0.50～0.95，符合一般要求，说明各观测指标能有效地反映待测变量的特征。

表 10-18　景区大型主题活动开展成效验证性因子分析结果

研究维度	题项编号	标准化路径系数	临界比 C. R.	组合信度 CR	AVE
活动趣味性	Qw1	0.811		0.835	0.629
	Qw2	0.820	12.073***		
	Qw3	0.746	11.448***		
活动利益性	Ly1	0.741		0.843	0.574
	Ly2	0.747	10.996***		
	Ly3	0.768	11.134***		
	Ly4	0.773	11.13		
活动互动性	Hd1	0.810		0.861	0.674
	Hd2	0.863	13.142***		
	Hd3	0.788	13.052***		
活动个性	Gx1	0.733		0.835	0.630
	Gx2	0.882	11.362***		
	Gx3	0.758	11.193***		

由表 10-18 可以看出，各研究维度的组合信度 CR 值均在 0.8～0.9，满足大于 0.6 的一般要求；平均方差抽取 AVE 值均大于要求的 0.5，说明观测指标能被活动趣味性解释的变异量为 62.9%，被利益性解释的变异量为 57.4%，被互动性解释的变异量为67.4%，被个性解释的变异量为 63.0%，这表明研究模型的内在质量较好。

表 10-19　景区大型主题活动开展成效模型拟合结果

χ^2/df	P	GFI	AGFI	RMSEA	NFI	IFI	CFI
1.409	0.021	0.954	0.929	0.040	0.944	0.983	0.983

观察表 10-19 数据，景区大型主题活动开展成效模型拟合结果中各项指标均满足统计学要求，假设模型与建立的模型的配适度良好。

(2) 游客满意度验证性因子分析。对游客满意度的结构特征进行验证性因子分析时，游客满意度为二阶因子，游客感知和游客期望为一阶因子，游客感知和游客期望均包含三个测量指标，且每个观测指标仅受一个潜在变量的影响。基于此，建立模型如图 10-11 所示。

可以看出，中介变量景区游客满意度下设的两个维度之间的标准化路径系数为－0.4，绝对值小于 0.5，两个维度间影响程度较低；各观测变量对其各自潜变量的路径系数均在 0.50～0.95，符合一般要求，说明各观测指标能有效反映待测变量游客感知和游客期望的特征。

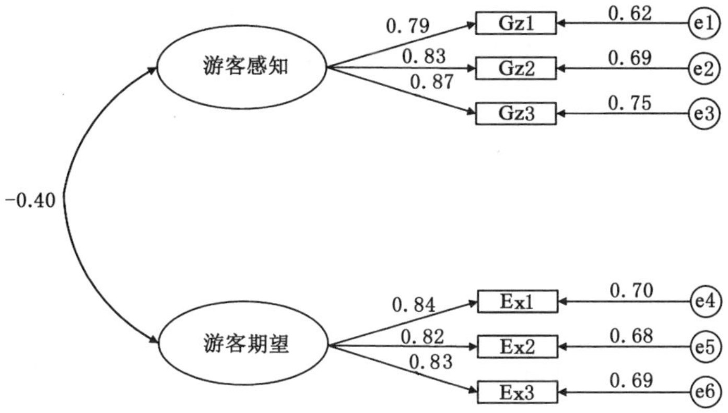

图 10-11　游客满意度验证性因子分析

表 10-20　游客满意度验证性因子分析结果

研究维度	题项编号	标准化路径系数	临界比 C. R.	组合信度 CR	AVE
游客感知	Gz1	0.791		0.870	0.691
	Gz2	0.833	13.613***		
	Gz3	0.868	14.017***		
游客期望	Ex1	0.838		0.871	0.692
	Ex2	0.825	14.190***		
	Ex3	0.832	14.320***		

由表 10-20 可以看出，各研究维度的组合信度 CR 值在 0.8～0.9，满足大于 0.6 的一般要求；各维度平均方差抽取量 AVE 值均大于要求的 0.5，说明各观测指标可以解释 69.1%的游客感知变异量，解释 69.2%的游客期望变异量，说明研究模型的内在质量较好。

表 10-21　游客满意度模型拟合结果

χ^2/df	*P*	GFI	AGFI	RMSEA	NFI	IFI	CFI
1.340	0.022	0.987	0.965	0.037	0.987	0.997	0.997

观察表 10-21 数据，景区游客满意度模型拟合结果中各项指标均满足统计学要求，假设模型与建立的模型的配适度良好。

（3）游客忠诚度验证性因子分析。对游客忠诚度进行验证性因子分析时，游客忠诚度受到 4 个指标的影响。其中，每个观测指标仅受一个潜在变量的影响，估计模型如图 10-12 所示。

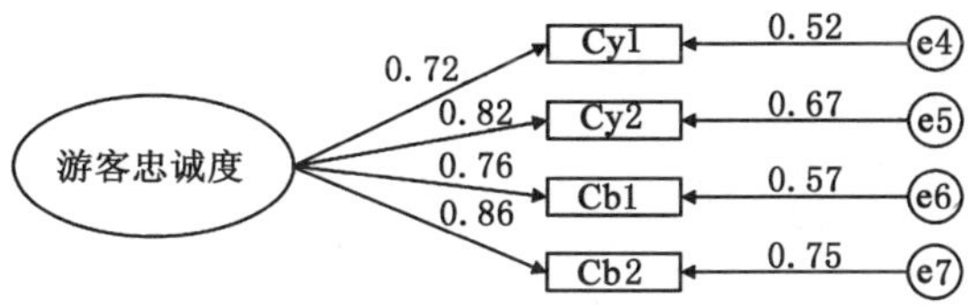

图 10-12　游客忠诚度验证性因子分析

可以看出，因变量景区游客忠诚度下设的各观测变量对其各自潜变量的路径系数均在0.50～0.95，符合一般要求，说明各观测指标能有效反映待测变量游客忠诚度的特征。

表 10-22 游客忠诚度验证性因子分析结果

研究维度	题项	标准化路径系数	临界比 C. R.	组合信度 CR	AVE
游客忠诚度	Cy1	0.723		0.871	0.629
	Cy2	0.820	12.240***		
	Cb1	0.757	11.168***		
	Cb2	0.864	12.704***		

由表 10-22 可以看出，各研究维度的组合信度 CR 值在 0.8～0.9，满足大于 0.6 的一般要求；平均方差抽取 AVE 值均大于要求的 0.5，说明观测指标能被游客忠诚度解释的变异量为 62.9%，以上数据结果表明研究模型的内在质量较好。

表 10-23 游客忠诚度模型拟合结果

χ^2/df	*P*	GFI	AGFI	RMSEA	NFI	IFI	CFI
2.330	0.097	0.991	0.957	0.072	0.991	0.995	0.995

观察表 10-23 数据，景区游客忠诚度模型拟合结果中各项指标除 *P* 值与 RMSEA 值外，均满足理想状态下的拟合结果，其中 *P* 值小于 0.1，RMSEA 值小于 0.08，仍然可以接受，假设模型与建立模型的配适度较好。

（四）相关分析

本书进行相关分析的目的在于确定各研究变量划分的各研究维度间的相关关系及其相关程度，是进一步研究中进行回归分析的前提条件和基础。通过研究变量间的相关性，借助皮尔森（Pearson）相关系数以及其对应的显著性水平衡量，可以初步验证得出研究变量和各维度间的相关关系和程度。在本研究中，借助 SPSS20.0 进行分析，得到如表 10-24 所列的相关系数矩阵。

根据表 10-24 展示的相关分析结果，本书可以得出以下结论：

（1）各变量、维度的得分情况均值皆介于 3.5～3.7，标准差皆小于 1，认为收集的数据具有较高的稳定性。

（2）活动趣味性与游客期望间相关系数为－0.094，*P* 值为 0.132，大于显著性水平 0.05，认为二者之间不具有显著的相关关系。

（3）游客期望与活动利益性、活动互动性、活动个性、游客感知以及游客忠诚度之间的相关系数分别为－0.270、－0.258、－0.282、－0.353 和－0.391，*P* 值均近似于 0，小于显著性水平 0.05，应当拒绝相关系数检验的原假设，认为游客期望与其他各变量、维度间均存在负向的弱相关性。

（4）在不涉及游客期望维度的相关关系中，各相关系数的最小值为 0.135，最大值为 0.570，相应的 *P* 值均小于显著性水平 0.05，应当拒绝相关系数检验的原假设，认为各变量、维度间存在正向的相关关系。

表 10-24　均值、标准差、各变量间的相关系数

研究维度		均值	标准差	趣味性	利益性	互动性	个性	游客感知	游客期望	游客忠诚度
趣味性	Pearson 相关性	3.648 4	0.915 91	1						
	显著性(双侧)									
利益性	Pearson 相关性	3.674 8	0.865 44	0.185**	1					
	显著性(双侧)			0.003						
互动性	Pearson 相关性	3.690 1	0.937 42	0.135*	0.182**	1				
	显著性(双侧)			0.031	0.003					
个性	Pearson 相关性	3.602 9	0.909 31	0.157*	0.253**	0.213**	1			
	显著性(双侧)			0.012	0.000	0.001				
游客感知	Pearson 相关性	3.549 5	0.902 27	0.322**	0.373**	0.392**	0.442**	1		
	显著性(双侧)			0.000	0.000	0.000	0.000			
游客期望	Pearson 相关性	3.561 2	0.839 49	−0.094	−0.270**	−0.258**	−0.282**	−0.353**	1	
	显著性(双侧)			0.132	0.000	0.000	0.000	0.000		
游客忠诚度	Pearson 相关性	3.655 3	0.878 15	0.372**	0.423**	0.405**	0.439**	0.570**	−0.391**	1
	显著性(双侧)			0.000	0.000	0.000	0.000	0.000	0.000	

注：** 为在 0.01 水平(双侧)上显著相关。

* 为在 0.05 水平(双侧)上显著相关。

（五）回归分析

相关分析结果证明，各变量、维度间确实存在着线性相关关系。为了进一步研究其中的相互作用关系和程度关系，书中将继续对回收的样本数据进行回归分析。

本部分研究内容借助 SPSS 20.0 进行。回归分析是一种应用极为广泛的数量分析方法，通过回归方程的形式描述和反映这种关系，帮助人们准确地把握因变量受其他一个或多个变量影响的程度，为科学的研究变量间关系提供科学依据。

在回归分析前，需要首先对所有变量及测量指标进行共线性诊断，以确保本研究中回归分析不存在共线性问题，如表 10-25 所列。

表 10-25　变量共线性诊断

变量	容差	VIF	特征值	条件索引
趣味性	0.890	1.123	0.096	8.388
利益性	0.828	1.208	0.051	11.524
互动性	0.829	1.207	0.047	11.907
个性	0.780	1.281	0.041	12.785
游客感知	0.603	1.659	0.028	15.622
游客期望	0.822	1.216	0.009	28.111

观察表 10-25 中的研究结果，变量指标的容差最小值为 0.603，大于要求值 0.01；方差

膨胀系数 VIF 为 1.1～1.7，符合 0～10 之间的要求；特征值最小值为 0.009，近似于要求值 0.01；条件索引最大值为 28.111，小于标准要求值 30。基于此，可以排除本书中回归分析部分的共线性影响，即研究中各自变量之间具有独立性。

（1）景区大型主题活动对游客忠诚度的作用。

① 景区大型主题活动整体对游客忠诚度的作用。本部分研究内容中将游客忠诚度作为因变量，景区大型主题活动整体得分情况作为自变量进行研究分析，初步对假设 H1 进行验证。回归分析结果如表 10-26 所列。

表 10-26　主题活动与游客忠诚度回归拟合度分析

模型	R	R^2	调整 R^2	标准估计的误差
1	0.654[a]	0.427	0.425	0.665 81

注：① 预测变量：（常量），主题活动。

表 10-26 中，R 为相关系数，R^2 为判定系数，在统计学中被用来衡量线性回归模型的拟合程度，即用来衡量自变量对因变量的解释程度。观察表 10-26 所得数据，调整后的 R^2 值为0.425，即代表此线性回归模型可以解释 42.5%的总体变异量，此模型的拟合程度较好。

进一步研究具体回归情况，回归结果如表 10-27 所列。

表 10-27　主题活动与游客忠诚度模型参数估计

模型		非标准化系数		标准系数	t	Sig.	95.0% 置信区间	
		B	标准误差	试用版			下限	上限
1	（常量）	−0.042	0.272		−0.155	0.877	−0.577	0.493
	主题活动	1.011	0.073	0.654	13.769	0.000	0.867	1.156

注：① 因变量：游客忠诚度。

观察表 10-27 回归结果，自变量景区大型主题活动的标准系数为 0.654，非标准化系数为 1.011，均为正数，且显著性水平近似于 0，说明在 0.01 的显著性水平上，景区大型主题活动对景区游客忠诚度有着显著的正向影响，假设 H1 通过初步验证。

② 景区大型主题活动各维度对游客忠诚度的作用。下面将游客忠诚度作为因变量，活动趣味性、利益性、互动性和个性 4 个维度作为自变量进行研究分析，初步对假设 H1a～H1d 进行验证。回归分析结果如表 10-28 所列。

表 10-28　主题活动各维度与游客忠诚度拟合度分析

模型	R	R^2	调整 R^2	标准估计的误差
1	0.656[a]	0.430	0.421	0.668 02

注：① 预测变量：（常量）、个性、趣味性、互动性、利益性。

② 因变量：游客忠诚度。

观察表 10-28 的数据，调整 R^2 值为 0.421，即此线性回归模型可以解释 42.1%的总体变异量，此模型的拟合程度较好。

进一步研究具体回归情况，回归结果如表 10-29 所列。

表 10-29　主题活动各维度与游客忠诚度参数估计

模型		非标准化系数		标准系数	t	Sig.	95.0%置信区间	
		B	标准误差	试用版			下限	上限
1	（常量）	−0.053	0.273		−0.192	0.848	−0.591	0.486
	趣味性	0.235	0.047	0.245	4.993	0.000	0.142	0.327
	利益性	0.263	0.051	0.259	5.156	0.000	0.162	0.363
	互动性	0.248	0.046	0.265	5.367	0.000	0.157	0.340
	个性	0.269	0.049	0.279	5.549	0.000	0.174	0.365

注：① 因变量：游客忠诚度。

观察表 10-29 回归结果，自变量景区大型主题活动的趣味性、利益性、互动性和个性 4 个研究维度的标准系数分别为 0.245、0.259、0.265 和 0.279，均为正数，且 P 值均近似于 0，达到 0.01 的显著性水平，说明趣味性、利益性、互动性和个性化对游客忠诚度具有显著的正向影响。结合表 10-29 中给出的非标准化系数，可以得出游客忠诚度与活动趣味性、利益性、互动性和个性的线性回归方程为：

$$y = 0.235x_1 + 0.263x_2 + 0.248x_3 + 0.269x_4 - 0.053$$

式中，y 为因变量游客忠诚度；x_1 代表活动趣味性；x_2 代表活动利益性；x_3 代表活动互动性；x_4 代表活动个性。

观察回归结果，自变量各维度与因变量间的回归系数均为正数，代表它们之间存在着正向相关关系，初步验证了假设 H1a～H1d 在 0.01 的显著性水平上成立。

（2）景区大型主题活动对游客满意度的作用。

① 景区大型主题活动与游客满意度。下面将游客满意度作为因变量，将主题活动整体得分作为自变量进行研究分析，初步对假设 H2 进行检验。回归分析结果如表 10-30 所列。

表 10-30　主题活动与游客满意度回归拟合度分析

模型	R	R^2	调整 R^2	标准估计的误差
1	0.596[a]	0.355	0.353	0.576 50

注：① 预测变量：（常量），主题活动。

观察表 10-30 所得数据，调整 R^2 值为 0.353，即此线性回归模型可以解释35.3%的总体变异量，此模型的拟合程度较好。

表 10-31　主题活动与游客满意度参数估计

模型		非标准化系数		标准系数	t	Sig.	95.0%置信区间	
		B	标准误差	试用版			下限	上限
1	（常量）	−0.257	0.235		−01.093	0.276	−0.720	0.206
	主题活动	0.753	0.064	0.596	11.832	0.000	0.627	0.878

注：① 因变量：游客满意度。

观察表中回归结果，自变量景区大型主题活动的标准系数为 0.596，非标准化系数为 0.753，均为正数，且显著性水平近似于 0，说明在 0.01 的显著性水平上，景区大型主题活动对游客满意度有着显著的正向影响，假设 H2 通过初步检验。

② 景区大型主题活动各维度与游客满意度。本部分研究内容中将游客满意度作为因变量，活动趣味性、利益性、互动性和个性 4 个维度作为自变量进行研究分析，初步对假设 H3、H4、H5、H6 进行验证，如表 10-32 所列。

表 10-32　主题活动各维度与游客满意度回归拟合度分析

模型	R	R^2	调整 R^2	标准估计的误差
1	0.610[a]	0.371	0.361	0.572 62

注：① 预测变量：(常量)、个性、趣味性、互动性、利益性。

② 因变量：游客满意度。

观察表 10-32 所得数据，调整 R^2 值为 0.361，即此线性回归模型可以解释36.1％的总体变异量，此模型的拟合程度较好。

进一步研究具体回归情况，回归结果如表 10-33 所列。

表 10-33　主题活动各维度与游客满意度参数估计

模型		非标准化系数		标准系数	t	Sig.	95.0％置信区间	
		B	标准误差	试用版			下限	上限
1	(常量)	−0.241	0.234		−1.028	0.305	−0.702	0.221
	趣味性	0.101	0.040	0.128	2.497	0.013	0.021	0.180
	利益性	0.201	0.044	0.243	4.608	0.000	0.115	0.287
	互动性	0.208	0.040	0.272	5.235	0.000	0.130	0.286
	个性	0.239	0.042	0.304	5.753	0.000	0.157	0.321

注：① 因变量：游客满意度。

观察表 10-33 回归结果，自变量景区大型主题活动的趣味性、利益性、互动性和个性 4 个研究维度的标准系数分别为 0.101、0.201、0.208 和 0.239，均为正数，趣味性维度 P 值为0.013，小于 0.05，其余各维度 P 值均近似于 0，达到 0.01 的显著性水平，说明趣味性、利益性、互动性和个性化对游客满意度具有显著的正向影响。结合表 10-33 中给出的非标准化系数，可以得出游客满意度与活动趣味性、利益性、互动性和个性的线性回归方程：

$$y_1 = 0.101x_1 + 0.201x_2 + 0.208x_3 + 0.239x_4 - 0.241$$

式中，y_1为因变量游客满意度；x_1代表活动趣味性；x_2代表活动利益性；x_3代表活动互动性；x_4代表活动个性。

观察回归结果，自变量各维度与因变量间的回归系数均为正数，代表它们之间存在着正向相关关系，初步验证了假设 H3a 在 0.05 的显著性水平上成立，H4、H5、H6 在 0.01 的显著性水平上成立。

③ 以游客感知作为因变量。下面将游客感知作为因变量，活动趣味性、利益性、互动性和个性 4 个维度作为自变量进行研究分析，初步对假设 H3a、H4a、H5a、H6a 进行验证。回归分析结果如表 10-34 所列。

表 10-34　主题活动各维度与游客感知回归拟合度分析

模型	R	R^2	调整 R^2	标准估计的误差
1	0.616[a]	0.379	0.369	0.716 61

注：① 预测变量：(常量)、个性、趣味性、互动性、利益性。

② 因变量：游客感知。

观察表 10-34 所得数据，调整 R^2 值为 0.369，即此线性回归模型可以解释36.9%的总体变异量，此模型的拟合程度较好。

进一步研究具体回归情况，回归结果如表 10-35 所列。

表 10-35　主题活动各维度与游客感知参数估计

模型		非标准化系数		标准系数	t	Sig.	95.0%置信区间	
		B	标准误差	试用版			下限	上限
1	(常量)	0.012	0.293		0.041	0.968	−0.566	0.590
	趣味性	0.197	0.050	0.200	3.907	0.000	0.098	0.296
	利益性	0.221	0.055	0.212	4.043	0.000	0.113	0.328
	互动性	0.253	0.050	0.262	5.088	0.000	0.155	0.350
	个性	0.299	0.052	0.301	5.733	0.000	0.196	0.401

注：① 因变量：游客感知。

观察表 10-35 回归结果，自变量景区大型主题活动的趣味性、利益性、互动性和个性 4 个研究维度的标准系数分别为 0.200、0.212、0.262 和 0.301，均为正数，且 P 值均近似于 0，达到 0.01 的显著性水平，说明趣味性、利益性、互动性和个性化对游客感知具有显著的正向影响。结合表 10-35 给出的非标准化系数，可以得出游客忠诚度与活动趣味性、利益性、互动性和个性的线性回归方程：

$$y_2 = 0.197x_1 + 0.221x_2 + 0.253x_3 + 0.299x_4 + 0.012$$

式中，y_2 为因变量游客感知；x_1 代表活动趣味性；x_2 代表活动利益性；x_3 代表活动互动性；x_4 代表活动个性。

观察回归结果，自变量各维度与因变量间的回归系数均为正数，代表它们之间存在着正向相关关系，初步验证了假设 H3a、H4a、H5a、H6a 在 0.01 的显著性水平上成立。

④ 以游客期望作为因变量。下面将游客期望作为因变量，活动趣味性、利益性、互动性和个性 4 个维度作为自变量进行研究分析，初步对假设 H3b、H4b、H5b、H6b 进行验证。回归分析结果如表 10-36 所列。

表 10-36　主题活动各维度与游客期望回归拟合度分析

模型	R	R^2	调整 R^2	标准估计的误差
1	0.391[a]	0.153	0.140	0.677 867

注：① 预测变量(常量)：个性，趣味性，互动性，利益性。

② 因变量：游客期望。

观察表 10-36 所得数据，调整 R^2 值为 0.140，即此线性回归模型可以解释14.0% 的总体变异量，此模型的拟合程度偏好。

进一步研究具体回归情况，回归结果如表 10-37 所列。

表 10-37　主题活动各维度与游客期望参数估计

模型		非标准化系数		标准系数	t	Sig.	95.0%置信区间	
		B	标准误差	试用版			下限	上限
1	（常量）	5.494	0.319		17.240	0.000	4.866	6.122
	趣味性	−0.004	0.055	−0.004	−0.075	0.940	−0.112	0.104
	利益性	−0.181	0.059	−0.187	−3.057	0.002	−0.298	−0.065
	互动性	−0.163	0.054	−0.182	−3.018	0.003	−0.269	−0.057
	个性	−0.180	0.057	−0.195	−3.189	0.002	−0.292	−0.069

注：① 因变量：游客期望。

观察表 10-37 回归结果，自变量景区大型主题活动的 4 个研究维度趣味性、利益性、互动性和个性的标准系数分别为−0.004、−0.187、−0.182 和−0.195，均为负数，除趣味性外 P 值均近似于 0，达到 0.01 的显著性水平，说明利益性、互动性和个性化对游客忠诚度具有显著的负向影响；趣味性维度的 P 值为 0.940，远超过显著性水平 0.05，认为趣味性与游客期望之间不存在显著的相关关系。结合表 10-37 中给出的非标准化系数，可以得出游客忠诚度与活动利益性、互动性和个性的线性回归方程：

$$y_3 = 5.494 - 0.181x_1 - 0.163x_2 - 0.180x_3$$

式中，y_3 为因变量游客期望；x_1 代表活动利益性；x_2 代表活动互动；x_3 代表活动个性。

观察回归结果发现，自变量各维度与因变量间的回归系数均为负数，代表其间存在着负向相关关系，初步验证了假设 H4b、H5b、H6b 在 0.01 的显著性水平上成立，H3b 不成立。

（3）游客满意度对游客忠诚度的作用。

① 游客满意度与游客忠诚度。本部分研究中将游客忠诚度作为因变量，将游客满意度作为自变量进行研究分析，初步对假设 H7 进行验证。回归分析结果如表 10-38 所列。

表 10-38　游客满意度与游客忠诚度回归拟合度分析

模型	R	R^2	调整 R^2	标准估计的误差
1	0.588[a]	0.346	0.343	0.711 55

注：① 预测变量（常量）：游客满意度。

观察表 10-38 所得数据，调整 R^2 值为 0.343，即此线性回归模型可以解释34.3%的总体变异量，此模型的拟合程度较好。

进一步研究其具体回归情况，回归结果如表 10-39 所列。

表 10-39　游客满意度与游客忠诚度回归结果

模型		非标准化系数		标准系数	t	Sig.	95.0%置信区间	
		B	标准误差	试用版			下限	上限
1	（常量）	1.857	0.161		11.513	0.000	1.540	2.175
	游客满意度	0.721	0.062	0.588	11.593	0.000	0.598	0.843

注：① 因变量：游客忠诚度。

观察表 10-39 中回归结果，自变量景区大型主题活动的标准系数为 0.588，非标准化系数为 0.721，均为正数，且显著性水平近似于 0，这说明在 0.01 的显著性水平上，景区大型主题活动对游客满意度有着显著的正向影响，假设 H7 通过初步检验。

② 游客满意度各维度与游客忠诚度。下面将游客忠诚度作为因变量，将游客满意度下分的两个研究维度游客感知和游客期望作为自变量进行研究分析，初步对假设 H7a、H7b 进行验证。回归分析结果如表 10-40 所列。

表 10-40　游客满意度各维度与游客忠诚度回归拟合度分析

模型	R	R^2	调整 R^2	标准估计的误差
1	0.605[a]	0.366	0.361	0.701 76

注：① 预测变量：（常量），游客感知，游客期望。

② 因变量：游客忠诚度。

观察表 10-40 所得数据，调整后的 R^2 值为 0.361，即此线性回归模型可以解释36.1%的总体变异量，此模型的拟合程度较好。

进一步研究其具体回归情况，回归结果如表 10-41 所列。

表 10-41　游客满意度各维度与游客忠诚度参数估计

模型		非标准化系数		标准系数	t	Sig.	95.0%置信区间	
		B	标准误差	试用版			下限	上限
1	（常量）	2.755	0.319		8.638	0.000	2.127	3.384
	游客感知	0.481	0.052	0.494	9.235	0.000	0.378	0.583
	游客期望	−0.227	0.056	−0.217	−4.048	0.000	−0.337	−0.116

注：① 因变量：游客忠诚度。

观察表 10-41 回归结果，自变量景区游客满意度的 2 个研究维度游客感知和游客期望的标准系数分别为 0.494 和−0.217，且 P 值均近似于 0，达到 0.01 的显著性水平，说明游客感知对游客忠诚度具有显著的正向影响，游客期望对游客忠诚度具有显著的负向影响。结合表 10-41 中给出的非标准化系数，可以得出游客忠诚度与活动趣味性、利益性、互动性和个性的线性回归方程：

$$y = 0.481x_1 - 0.227x_2 + 2.755$$

式中，y 为因变量游客忠诚度；x_1代表游客感知；x_2代表游客期望。

观察回归结果发现，游客感知与游客忠诚度的回归系数均为正数，代表其间存在着正向相关关系；游客期望与游客忠诚度的回归系数均为负数，代表其间存在着负向相关关系。因此，初步验证假设 H7a 和 H7b 在 0.01 的显著性水平上成立。

三、中介效应分析

中介效应指自变量与因变量之间并非直接的影响关系，其间的关系可能是间接的，即自变量通过中介变量从而对因变量产生影响。

中介效应分为两种：部分中介效应和完全中介效应。完全中介效应指自变量与因变量显著相关，自变量与中介变量相关，但在引入中介变量后，自变量与因变量间无显著相关关系，此时认为中介变量为完全中介；部分中介指引入中介变量后，自变量与因变量之间仍然相关，但相关系数产生了变化。

研究表明，景区通过举办大型主题活动确实能够提高游客的忠诚度，且游客满意度在其中起到中介作用。本节旨在分析游客满意度在其中起到何种作用，下面将借助 SPSS 20.0 对游客满意度的中介效应进行检验。

（一）游客满意度的中介作用分析

将景区大型主题活动整体得分情况分别作为自变量，将游客忠诚度作为因变量，将游客满意度作为中介变量进行回归分析，分析结果如表 10-42 所列。

表 10-42　游客满意度的中介作用拟合度分析

模型	R	R^2	调整 R^2	标准估计的误差
1	0.654[a]	0.427	0.425	0.665 81
2	0.699[b]	0.489	0.484	0.630 50

注：① 预测变量(常量)：主题活动。

② 预测变量(常量)：主题活动，游客满意度。

观察表 10-42 所得数据，模型 1 为未引入中介变量游客满意度的模型，其调整后的 R^2 值为 0.425，表示此线性回归模型可以解释 42.5%的总体变异量，此模型的拟合程度较好；模型 2 为引入中介变量游客满意度之后的模型，调整 R^2 值为 0.484，表示此线性回归模型可以解释 48.4%的总体变异量，大于原来的 42.5%，模型拟合程度更好。基于此，认为引入游客满意度这一中介变量是有效的。

表 10-43　游客满意度的中介作用检验结果

模型		非标准化系数		标准系数	t	Sig.	95.0%置信区间	
		B	标准误差	试用版			下限	上限
1	（常量）	−0.042	0.272		−0.155	0.877	−0.577	0.493
	主题活动	1.011	0.073	0.654	13.769	0.000	0.867	1.156
2	（常量）	0.055	0.258		0.213	0.832	−0.453	0.563
	主题活动	0.727	0.087	0.470	8.396	0.000	0.557	0.898
	游客满意度	0.377	0.069	0.308	5.499	0.000	0.242	0.513

注：① 因变量：游客忠诚度。

观察表 10-43 所得数据，在引入中介变量游客满意度前建立的模型中，自变量与因变量之间的标准系数均为正值，且 P 值均近似为 0，证明自变量各维度与因变量之间存在着显著的正向相关关系。

在引入中介变量游客满意度后，主题活动的非标准化系数由 1.011 降至 0.727，降低了 0.284，标准化系数由 0.654 降至 0.470，降低了 0.184，显著性仍近似于 0。据此，在 0.01 的显著性水平上，游客满意度在景区大型主题活动与游客忠诚度之间具有部分中介作用，假设 H8 初步通过检验。

（二）游客感知的中介作用分析

（1）对整体的中介作用。下面将景区大型主题活动的 4 个研究维度分别作为自变量，将游客忠诚度作为因变量，将游客感知作为中介变量进行回归分析，分析结果如表 10-44 所列。

表 10-44　游客感知的中介作用拟合度分析

模型	R	R^2	调整 R^2	标准估计的误差
1	0.654[a]	0.427	0.425	0.665 81
2	0.689[b]	0.475	0.471	0.638 82

注：① 预测变量（常量）：主题活动。

② 预测变量（常量）：主题活动，游客感知。

观察表 10-44 所得数据，模型 1 为未引入中介变量游客感知的模型，其调整后的 R^2 值为 0.425，表示此线性回归模型可以解释 42.5％的总体变异量，此模型的拟合程度较好；模型 2 为引入游客感知中介变量之后的模型，调整 R^2 值为 0.471，表示此线性回归模型可以解释 47.1％的总体变异量，大于原来的 42.5％，模型拟合程度更好。基于此，认为引入游客感知这一中介变量是有效的。

表 10-45　游客感知的中介作用检验结果

模型		非标准化系数		标准系数	t	Sig.	95.0％置信区间	
		B	标准误差	试用版			下限	上限
1	（常量）	−0.042	0.272		−0.155	0.877	−0.577	0.493
	主题活动	1.011	0.073	0.654	13.769	0.000	0.867	1.156
2	（常量）	−0.047	0.261		−0.181	0.856	−0.561	0.466
	主题活动	0.753	0.089	0.487	8.491	0.000	0.579	0.928
	游客感知	0.267	0.056	0.275	4.787	0.000	0.157	0.377

注：① 因变量：游客忠诚度。

观察表 10-45 所得数据，在引入中介变量游客感知的前后建立的模型中，自变量与因变量之间的标准系数均为正值，且 P 值均近似为 0，证明主题活动与游客忠诚度之间存在着显著的正向相关关系。

在引入中介变量游客感知后，主题活动的非标准化系数由 1.011 降至 0.753，降低了 0.258，标准化系数由 0.654 降至 0.275，降低了 0.379，显著性仍近似于 0。据此，在 0.01 的显著性水平上，游客感知在主题活动与游客忠诚度之间具有部分中介作用，假设 H9 初步通过检验。

(2) 对各维度的中介作用。下面将景区大型主题活动的4个研究维度分别作为自变量,将游客忠诚度作为因变量,将游客感知作为中介变量进行回归分析,分析结果如表10-46和表10-47所列。

表10-46 游客感知对各维度的中介作用模型拟合度分析

模型	R	R^2	调整 R^2	标准估计的误差
1	0.656[a]	0.430	0.421	0.668 02
2	0.690[b]	0.476	0.465	0.642 09

注:① 预测变量(常量):个性、趣味性、互动性、利益性。

② 预测变量(常量):个性、趣味性、互动性、利益性、游客感知。

观察表10-46所得数据,模型1为未引入中介变量游客感知的模型,其调整后的 R^2 值为0.421,表示此线性回归模型可以解释42.1%的总体变异量,此模型的拟合程度较好;模型2为引入游客感知中介变量之后的模型,调整的 R^2 值为0.465,表示此线性回归模型可以解释46.5%的总体变异量,大于原来的42.1%,模型拟合程度更好。基于此,认为引入游客感知这一中介变量是有效的。

表10-47 游客感知对各维度的中介作用检验结果

模型		非标准化系数		标准系数	t	Sig.	95.0%置信区间	
		B	标准误差	试用版			下限	上限
1	(常量)	−0.053	0.273		−0.192	0.848	−0.059 1	0.486
	趣味性	0.235	0.047	0.245	4.993	0.000	0.142	0.327
	利益性	0.263	0.051	0.259	5.156	0.000	0.162	0.363
	互动性	0.248	0.046	0.265	5.367	0.000	0.157	0.340
	个性	0.269	0.049	0.279	5.549	0.000	0.174	0.365
2	(常量)	−0.056	0.263		−0.212	0.832	−0.573	0.462
	趣味性	0.183	0.046	0.191	3.929	0.000	0.091	0.274
	利益性	0.204	0.051	0.201	4.047	0.000	0.105	0.304
	互动性	0.182	0.047	0.194	3.893	0.000	0.090	0.274
	个性	0.191	0.050	0.198	3.845	0.000	0.093	0.289
	游客感知	0.263	0.057	0.271	4.656	0.000	0.152	0.375

注:① 因变量:游客忠诚度。

观察表10-47所得数据,在引入中介变量游客感知的前后建立的模型中,自变量与因变量之间的标准系数均为正值,且 P 值均近似为0,证明自变量各维度与因变量之间存在着显著的正向相关关系。

在引入中介变量游客感知后,活动趣味性的非标准化系数由0.235降至0.183,降低了0.052,标准化系数由0.245降至0.191,降低了0.054,显著性近似于0。据此,在0.01的显著性水平上,游客感知在活动趣味性与游客忠诚度之间具有部分中介作用,假设H9a初步通过检验。

活动利益性的非标准化系数由0.263降至0.204,降低了0.059,标准化系数由0.259降至0.201,降低了0.058,显著性近似于0。据此,在0.01的显著性水平上,游客感知在活动利益性与游客忠诚度之间具有部分中介作用，假设 H9b 初步通过检验。

活动互动性的非标准化系数由 0.248 降至 0.182，降低了 0.066，标准化系数由 0.265 降至 0.194，降低了 0.071，显著性近似于 0。据此，在 0.01 的显著性水平上，游客感知在活动互动性与游客忠诚度之间具有部分中介作用，假设 H9c 初步通过检验。

活动个性的非标准化系数由 0.269 降至 0.191，降低了 0.078，标准化系数由 0.279 降至 0.198，降低了 0.081，显著性近似于 0。据此，在 0.01 的显著性水平上，游客感知在活动个性与游客忠诚度之间具有部分中介作用，假设 H9d 初步通过检验。

（三）游客期望的中介作用分析

（1）对整体的中介作用。下面将景区大型主题活动的 4 个研究维度分别作为自变量，将游客忠诚度作为因变量，将游客期望作为中介变量进行回归分析，分析结果如表 10-48 和表 10-49 所列。

表 10-48　游客期望的中介作用模型拟合度分析

模型	R	R^2	调整 R^2	标准估计的误差
1	0.654[a]	0.427	0.425	0.665 81
2	0.674[b]	0.454	0.450	0.651 34

注：① 预测变量：(常量)，主题活动。

② 预测变量：(常量)、主题活动、游客期望。

观察表 10-48 所得数据，模型 1 为未引入中介变量游客期望的模型，其调整后的 R^2 值为 0.425，表示此线性回归模型可以解释 42.5%的总体变异量，此模型的拟合程度较好；模型 2 为引入游客期望中介变量之后的模型，调整 R^2 值为 0.450，表示此线性回归模型可以解释 45.0%的总体变异量，大于原来的 42.5%，模型拟合程度更好。基于此，认为引入游客期望这一中介变量是有效的。

表 10-49　游客期望的中介作用检验结果

模型		非标准化系数		标准系数	t	Sig.	95.0%置信区间	
		B	标准误差	试用版			下限	上限
1	(常量)	−0.042	0.272		−0.155	0.877	−0.577	0.493
	主题活动	1.011	0.073	0.654	13.769	0.000	0.867	1.156
2	(常量)	0.975	0.392		2.485	0.014	0.202	1.748
	主题活动	0.912	0.077	0.590	11.820	0.000	0.760	1.064
	游客期望	−0.184	0.052	−0.176	−3.523	0.001	−0.287	−0.081

注：① 因变量：游客忠诚度。

观察表 10-49 所得数据，在引入中介变量游客感知的前后建立的模型中，自变量与因变量之间的标准系数均为正值，且 P 值均近似为 0，证明主题活动与游客忠诚度之间存在着显著的正向相关关系。

在引入中介变量游客期望后，主题活动的非标准化系数由 1.011 降至 0.912，降低了 0.099，标准化系数由 0.654 降至 0.590，降低了 0.064，显著性近似于 0。据此，在 0.01 的显著性水平上，游客期望在主题活动与游客忠诚度之间具有部分中介作用，假设 H10 初步通过检验。

(2) 对各维度的中介作用。下面将景区大型主题活动的 4 个研究维度分别作为自变量，将游客忠诚度作为因变量，将游客期望作为中介变量进行回归分析，分析结果如表 10-50和表 10-51 所列。

表 10-50 游客期望对各维度的中介作用模型拟合度分析

模型	R	R^2	调整 R^2	标准估计的误差
1	0.656[a]	0.430	0.421	0.668 02
2	0.676[b]	0.457	0.446	0.653 43

注：① 预测变量：(常量)、个性、趣味性、互动性、利益性。

② 预测变量：(常量)、个性、趣味性、互动性、利益性、游客期望。

观察表 10-50 所得数据，模型 1 为未引入中介变量游客期望的模型，其调整后的 R^2 值为 0.421，表示此线性回归模型可以解释 42.1%的总体变异量，此模型的拟合程度较好；模型 2 为引入中介变量游客期望之后的模型，调整 R^2 值为 0.446，表示此线性回归模型可以解释 44.6%的总体变异量，大于原来的 42.1%，模型拟合程度更好。基于此，认为引入游客期望这一中介变量是有效的。

表 10-51 游客期望对各维度的中介作用检验结果

模型		非标准化系数		标准系数	t	Sig.	95.0%置信区间	
		B	标准误差	试用版			下限	上限
1	(常量)	−0.053	0.273		−0.192	0.848	−0.591	0.486
	趣味性	0.235	0.047	0.245	4.993	0.000	0.142	0.327
	利益性	0.263	0.051	0.259	5.156	0.000	0.162	0.363
	互动性	0.248	0.046	0.265	5.367	0.000	0.157	0.340
	个性	0.269	0.049	0.279	5.549	0.000	0.174	0.365
2	(常量)	0.969	0.395		2.453	0.015	0.191	1.748
	趣味性	0.234	0.046	0.244	5.088	0.000	0.143	0.324
	利益性	0.229	0.051	0.226	4.510	0.000	0.129	0.329
	互动性	0.218	0.046	0.233	4.733	0.000	0.127	0.309
	个性	0.236	0.048	0.244	4.869	0.000	0.140	0.331
	游客期望	−0.186	0.053	−0.178	−3.512	0.001	−0.290	−0.082

注：① 因变量：游客忠诚度。

观察表 10-51 所得数据，在引入中介变量游客期望的前后建立的模型中，自变量与因变量之间的标准系数均为正值，且 P 值均近似为 0，证明自变量各维度与因变量之间存在着显著的正向相关关系。

在引入中介变量游客期望后，活动趣味性的非标准化系数由 0.235 降至 0.234，降低了 0.001，标准化系数由 0.245 降至 0.244，降低了 0.001，显著性近似于 0，可以认为在引入中介变量游客期望后，活动趣味性与因变量游客忠诚度之间的系数几乎没有发生改变。据此可以认为，在 0.01 的显著性水平上，游客期望在活动趣味性与游客忠诚度之间不具有中介作用，假设 H10a 未能通过检验。

活动利益性的非标准化系数由 0.263 降至 0.229，降低了 0.034，标准化系数由 0.259 降至 0.226，降低了 0.033，显著性近似于 0。据此，在 0.01 的显著性水平上，游客期望在活动利益性与游客忠诚度之间具有部分中介作用，假设 H10b 初步通过检验。

活动互动性的非标准化系数由 0.248 降至 0.218，降低了 0.030，标准化系数由 0.265 降至 0.233，降低了 0.032，显著性近似于 0。据此，在 0.01 的显著性水平上，游客期望在活动互动性与游客忠诚度之间具有部分中介作用，假设 H10c 初步通过检验。

活动个性的非标准化系数由 0.269 降至 0.236，降低了 0.033，标准化系数由 0.279 降至 0.244，降低了 0.035，显著性近似于 0。据此，在 0.01 的显著性水平上，游客期望在活动个性与游客忠诚度之间具有部分中介作用，假设 H10d 初步通过检验。

研究表明，引入游客感知作为中介变量比引入游客期望后回归系数变化更大，即游客感知维度的部分中介效应更强。

四、研究模型检验

在研究各维度的相关关系后，下面对研究模型整体以及各研究变量之间的相互作用关系进行分析研究。下面将借助 AMOS 22.0 对前面研究中建立的理论模型进行验证分析，进而得出景区大型主题活动、游客满意度和游客忠诚度这三者整体之间相互关系，以及各变量相互作用的效果。

依照前文中的理论分析和建立的假设，初始结构方程模型如图 10-13 所示。

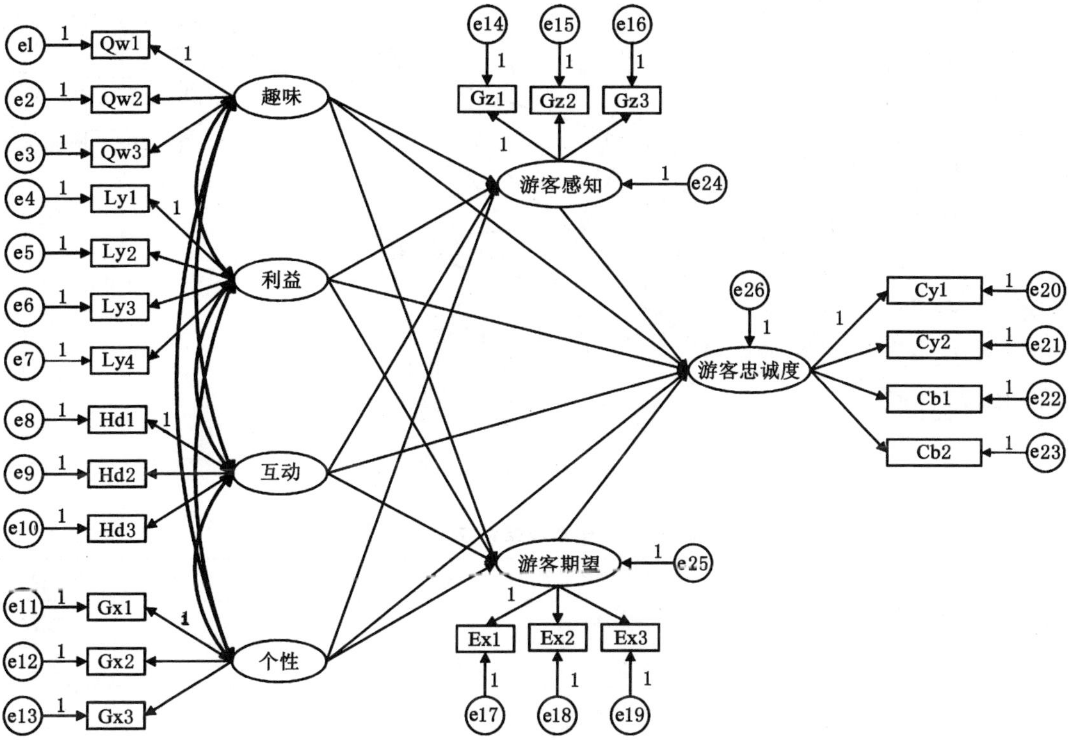

图 10-13　初始结构方程模型

下面将对导出的数据分析结果进行展示和分析，见表 10-52 和表 10-53。

表 10-52 初始模型拟合结果

χ^2/df	P	GFI	AGFI	RMSEA	NFI	IFI	CFI
1.161	0.055	0.927	0.905	0.025	0.925	0.989	0.989

观察表 10-52 所得数据，建立的初始模型拟合结果中，χ^2/df 值为 1.161，介于要求的 1～3；P 值为 0.055，小于 0.1，有 90%的把握拒绝原假设，认为结果是显著的；RMSEA 值为 0.025，小于要求的 0.05；其余各拟合指标均满足大于 0.9 的统计学要求，假设模型与建立的模型的配适度较好。

对 AMOS 导出的数据分析结果进行汇总，见图 10-14 和表 10-53。活动趣味性对游客期望作用路径的显著性水平为 0.728，大于 0.05，假设 H3b 未通过检验，证明初始模型设计存在一定的问题，需要进行修正。

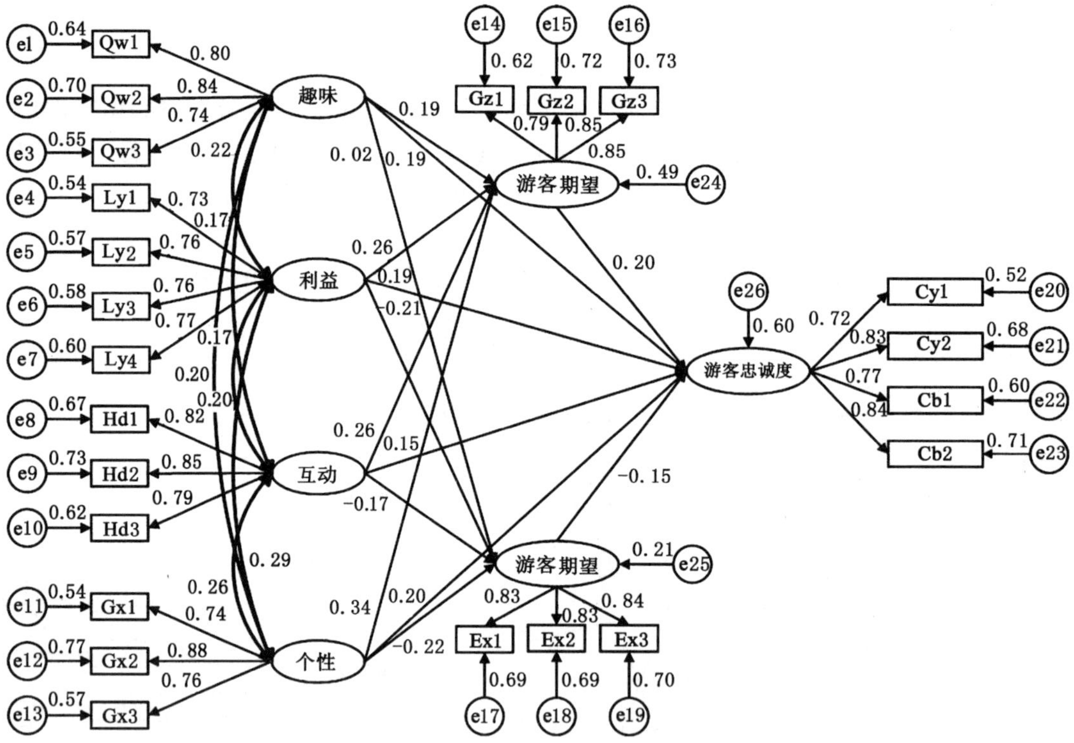

图 10-14　初始模型标准化路径系数

表 10-53 初始模型数据分析结果

假设	路径关系	标准化路径系数	S. E.	C. R.	P	假设检验
H1a	游客忠诚度←趣味	0.193	0.051	3.770	* * *	通过
H1a	游客忠诚度←趣味	0.193	0.051	3.770	* * *	通过
H1b	游客忠诚度←利益	0.194	0.062	3.124	0.002	通过
H1c	游客忠诚度←互动	0.152	0.052	2.921	0.003	通过

表 10-53(续)

假设	路径关系	标准化路径系数	S. E.	C. R.	P	假设检验
H1d	游客忠诚度←个性	0.197	0.063	3.135	0.002	通过
H3a	游客感知←趣味	0.191	0.056	3.391	* * *	通过
H4a	游客感知←利益	0.257	0.069	3.714	* * *	通过
H5a	游客感知←互动	0.255	0.058	4.419	* * *	通过
H6a	游客感知←个性	0.335	0.069	4.827	* * *	通过
H3b	游客期望←趣味	0.021	0.060	0.347	0.728	未通过
H4b	游客期望←利益	−0.212	0.073	−2.884	0.004	通过
H5b	游客期望←互动	−0.174	0.060	−2.881	0.004	通过
H6b	游客期望←个性	−0.215	0.072	−3.011	0.003	通过
H7a	游客忠诚度←游客感知	0.201	0.074	2.701	0.007	通过
H7b	游客忠诚度←游客期望	−0.153	0.060	−2.548	0.011	通过

五、研究模型修正

基于前节的研究结果，将研究模型进行修正，即删除显著性水平大于 0.05 的路径，并对修正后的模型进行重新验证分析，见表 10-54 和表 10-55。

表 10-54　修正后模型拟合结果

χ^2/ df	P	GFI	AGFI	RMSEA	NFI	IFI	CFI
1.156	0.060	0.928	0.905	0.025	0.925	0.989	0.989

表 10-55　修正后模型数据分析结果

假设	路径关系	标准化路径系数	S. E.	C. R.	P	假设检验
H1a	游客忠诚度←趣味	0.231	0.051	3.768	* * *	通过
H1b	游客忠诚度←利益	0.201	0.062	3.129	0.002	通过
H1c	游客忠诚度←互动	0.181	0.052	2.924	0.003	通过
H1d	游客忠诚度←个性	0.209	0.063	3.140	0.002	通过
H3a	游客感知←趣味	0.213	0.056	3.422	* * *	通过
H4a	游客感知←利益	0.244	0.069	3.710	* * *	通过
H5a	游客感知←互动	0.281	0.058	4.416	* * *	通过
H6a	游客感知←个性	0.327	0.069	4.825	* * *	通过
H4b	游客期望←利益	−0.212	0.072	−2.871	0.004	通过
H5b	游客期望←互动	−0.204	0.060	−2.863	0.004	通过
H6b	游客期望←个性	−0.223	0.071	−2.994	0.003	通过
H7a	游客忠诚度←游客感知	0.218	0.074	2.701	0.007	通过
H7b	游客忠诚度←游客期望	−0.153	0.060	−2.539	0.011	通过

观察上表数据，修正后的模型拟合结果中，χ^2/ df 值为 1.156，介于要求的 1 和 3 之间；

P 值为 0.060，小于 0.1，有 90% 的把握拒绝原假设，认为结果是显著的；RMSEA 值为 0.025，小于要求的 0.05；其余各拟合指标同样均满足大于 0.9 的统计学要求，假设模型与修正后的模型的配适度较好。

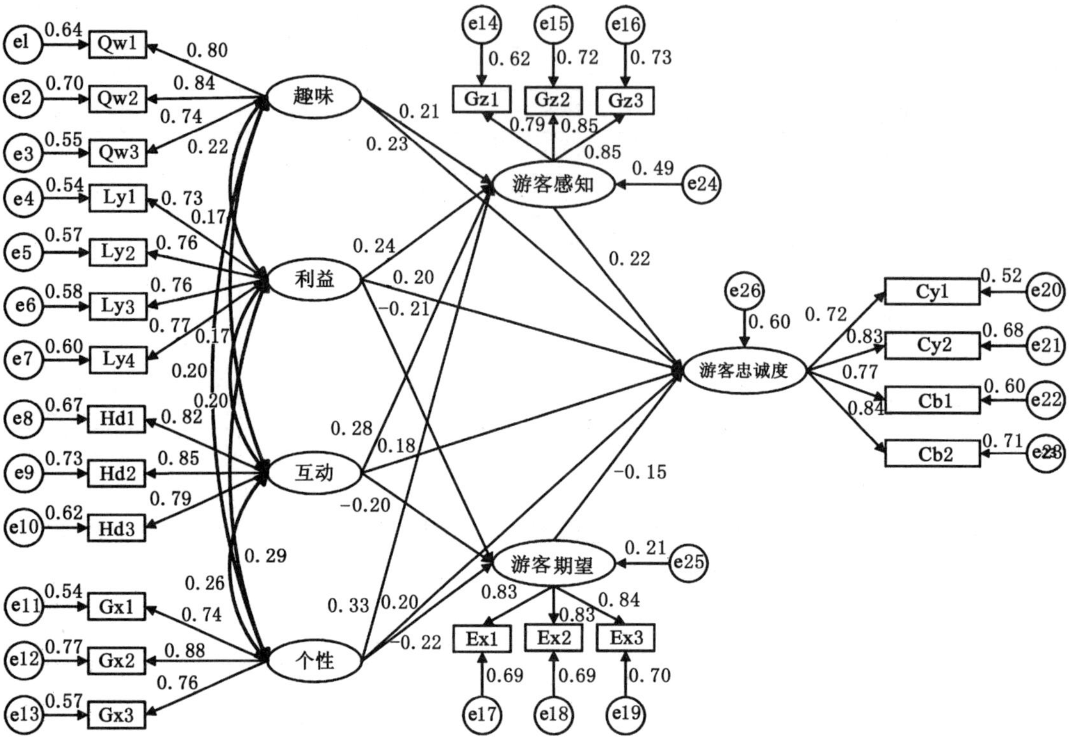

图 10-15　修正后模型标准化路径系数

依照表 10-55 汇总得到的数据分析结果，修正后的模型可以很好的反映研究模型中各变量、各维度之间的相互关系。

（一）假设检验汇总

通过回归分析和结构方程对研究中构建的理论模型进行了拟合与检验，更进一步地明确了各变量、维度之间的影响关系，对书中提出的假设进行检验，现对假设检验结果进行汇总，如表 10-56 所列。

表 10-56　假设检验结果汇总

	题项编号	假设	假设检验结果
大型主题活动与游客忠诚度	H1	景区举办大型主题活动对游客忠诚度有正向影响	通过
	H1a	活动趣味性对景区游客忠诚度有正向影响	通过
	H1b	活动利益性对景区游客忠诚度有正向影响	通过
	H1c	活动互动性对景区游客忠诚度有正向影响	通过
	H1d	活动个性对景区游客忠诚度有正向影响	通过

表 10-56(续)

	题项编号	假设	假设检验结果
大型主题活动与游客满意度	H2	景区举办大型主题活动对游客满意度有正向影响	通过
	H3	活动趣味性对游客满意度有正向影响	通过
	H3a	活动趣味性对游客感知有正向影响	通过
	H3b	活动趣味性对游客期望有正向影响	不通过
	H4	活动利益性对游客满意度有正向影响	通过
	H4a	活动利益性对游客感知有正向影响	通过
	H4b	活动利益性对游客期望有负向影响	通过
	H5	活动互动性对游客满意度有正向影响	通过
	H5a	活动互动性对游客感知有正向影响	通过
	H5b	活动互动性对游客期望有负向影响	通过
	H6	活动个性对游客满意度有正向影响	通过
	H6a	活动个性对游客感知有正向影响	通过
	H6b	活动个性对游客期望有负向影响	通过
游客满意度与游客忠诚度	H7	游客满意度对游客忠诚度有正向影响	通过
	H7a	游客感知对游客忠诚度有正向影响	通过
	H7b	游客期望对游客忠诚度有负向影响	通过
游客满意度的中介作用	H8	游客满意度在景区大型主题活动和景区忠诚度之间有中介作用	通过
	H9	游客感知在景区大型主题活动和景区忠诚度之间有中介作用	通过
	H9a	游客感知在活动趣味性和景区忠诚度之间有中介作用	通过
	H9b	游客感知在活动利益性和景区忠诚度之间有中介作用	通过
	H9c	游客感知在活动互动性和景区忠诚度之间有中介作用	通过
	H9d	游客感知在活动个性和景区忠诚度之间有中介作用	通过
	H10	游客期望在景区大型主题活动和景区忠诚度之间有中介作用	通过
	H10a	游客期望在活动趣味性和景区忠诚度之间有中介作用	不通过
	H10b	游客期望在活动利益性和景区忠诚度之间有中介作用	通过
	H10c	游客期望在活动互动性和景区忠诚度之间有中介作用	通过
	H10d	游客期望在活动个性和景区忠诚度之间有中介作用	通过

观察假设检验的结果，本书提出的大部分假设得到验证，并对假设检验未通过的部分进行原因分析。

（1）在活动趣味性与游客期望关系研究中，结果显示二者没有显著相关关系（假设 H3b 未能通过检验），这可能与游客自身认知世界的变化有关。游客在经历过众多游玩体验后，可能会对某一类型的活动产生特定的认知，游客在体验新的主题活动过程中，期望标准并不会随着活动趣味性的改变而发生显著的改变。与此同时，活动的趣味性却能够显著的提升游客的感知程度，进而产生了提高游客满意度的影响效应，使得假设 H3 得以被验证。

（2）游客期望在活动趣味性和景区忠诚度之间的中介作用研究中，由于活动趣味性与游客期望的不相关性，其中介作用也随之未能通过假设检验。

本小节借助 SPSS 20.0 和 AMOS 22.0 对问卷调查所获得的数据样本进行了实证分

析，具体分析过程包括对样本数据的描述性统计分析，对控制变量活动类型的单因素方差分析，对样本数据的信度分析、因子分析，各变量、维度间的相关性分析、回归分析，以及针对整体研究模型的结构方程分析，基于上述的分析结果，对前文研究中通过理论研究和实际分析提出的假设进行验证，同时对建立的理论模型进行了修正。通过本章内容的研究，我们对景区大型主题活动、游客满意度和游客忠诚度这三者之间的相关关系和影响路径有了清晰的认识，反映了实际的管理规律，为管理实践的提升提供了科学依据。

第五节 景区大型主题活动游客忠诚度提升策略

基于前面研究中得出的研究结论，本节对景区管理提出如下几点建议。

一、展现感情色彩

人类总是带有感性的，很容易被周围环境的感情氛围潜移默化地影响，将自身的情绪融入这个氛围中来，会使得心理感受更为强烈，提升人们的认知程度。比如，当人们看电影时，自身会在潜意识中进行自我代入，把自己融入故事情节中，以自身的经验和立场判断情节中的人和事，并产生强烈的情绪，进而影响自我的感知。在感情足够激烈的情况下，会使游客产生深刻的记忆，在日后生活中再次产生这种情绪时，会自然地联想到本次游玩活动，自觉地向他人传播。因此，在景区日常管理中可以以此为着手点进行改变提升。下面以快乐的情绪为例提出提升策略：

第一，景区可以在游客参与活动前为游客播放以往游客的快乐场景，这样游客会自觉进入过往游客的愉悦状态中，对其中自身向往的游玩经验进行效仿；同时，使游客们怀着期待进入园区，有目的性地选择参与活动的项目和路线，避开会使游客自身产生负面感知的活动，更好地迎合游客的需求，提升游客对活动经历的满意度和忠诚度。

第二，景区可以在园区内多处设置名人轶事或安排喜剧演出等。笑是一种很好的情绪表达和宣泄方式，只要游客能够笑出来，就可以排解压抑、焦虑等负面情绪，产生愉悦、幸福等正面情绪。如此不仅提高游客的体验，还提升游客对景区的认同度。

第三，举办景区活动的工作人员需要配合活动主题，散发出对应的情绪。在快乐的氛围中，要笑容明媚；在爱情的氛围中，要情意绵绵……游客在感受到相应的情绪后，会更加快速地找准主题活动定位，也会更自然地融入该氛围中。

二、突出现实意义

如前文所述，消费者进行消费活动是为了获得其使用价值，游客会更喜欢进行“有意义”的活动，实现一定的人生价值。“有意义”的活动包含很多方面，可以是获得实际物品，也可以是获得文化知识，还可以是精神得到了放松等，景区和活动举办者应该大力宣扬此等意义，使有此类需求的游客有目的地聚集在一起，更容易使游客产生满意度和忠诚度。

例如，可以设置诸多游客亲身参与的游乐项目，如亲身耕种、私人农场、特殊场景的摄影、大型群体游艺活动等，游客可以通过参与此类活动忘记先前的负面情绪，尽情融入活动，产生愉悦、兴奋等正面情绪，提升游客的体验。此外，还可以开展文化教育等活动，让游客有所收获。

三、营造活动氛围

在游玩时，游客的身体、情绪和环境之间互相影响，从而形成一个整体。如果对环境进行适当的改变，那么就可以促进旅游者的情绪变化和身体感知的提升，从而提升游客的满意度和忠诚度。

景区可提升的活动氛围包含物理氛围、服务氛围2个部分。下面提出几点具体的提升策略。

（一）物理氛围的提升

第一，景区可以通过调节游览环境的光线，来增强游客的体验。美国心理健康研究中心的研究表明，光线太暗会引起人们消极情绪的产生，导致人们季节性情绪失调。因此，在夜间，尤其是冬季或者阴天等光线不足的情况下，景区需要尽力保证园区和活动现场各处的光线保持明亮，让游客身处光亮的环境中，可以有效地减少游客负面情绪的产生。

第二，景区可以通过调整颜色来帮助游客调整情绪。例如，红色这种鲜艳的颜色会让人愤怒、情绪愈加强烈，穿着黑色这种暗色的衣服会导致人的心情变得更糟糕。在选用装饰颜色时，应尽量避免红色和黑色；在休息室等的墙壁粉刷时，也应避免使用太暗或太明的颜色，可以使用淡蓝色，让人感到舒适、放松，从而缓解游客紧张的情绪，不再感到焦虑。

第三，听觉感知的物理环境对游客的感知影响也较大。园区和活动现场可以配合与活动主题类型相匹配的音乐。如果能营造出令游客身心愉悦的听觉环境，游客的游玩体验将会大幅提高，游客对景区和活动会产生更高的认同度。

（二）服务氛围的提升

景区需要重视对员工的培训与引导。一线员工直接与游客接触，其服务水平高低能够直接地影响到游客的满意度。景区管理者应在服务导向上做到规范服务观念，调动服务气氛，提升服务水平。对员工进行文化、礼仪和工作技能等方面的培训，提升员工个人素质，激发员工的工作热情，最终达到提升游客满意度、忠诚度的目标。

四、凸显竞争优势

主题是一个景区主题活动的灵魂。一个新颖、明确的主题可以极大地吸引游客眼球，提升游客兴趣，给游客带来一种新奇的体验。活动主题是一个成功的主题活动的核心竞争力，是必要的、不可替代的，是对外宣传的名片，也是游客产生认知的起源点。在主题活动主题的选择上，应该首重独创性、避免滥俗，同时在主题文化的构建上也应该多方考虑，营造更多的主题事件来加深游客印象，使游客更好地融入活动中，提升游客的满意度与忠诚度。

需要注意的是，主题的独创性与新意不是一直保存的，仍然需要不断更新内容才能够实现可持续发展。创新驱动生命，不同于自然资源和人文资源的不可复制性，景区举办的主题活动只有不断创新，不断丰富自身内涵，不断开发新项目，挖掘景区可持续发展的动力源泉，这样才能为游客带来持续的新鲜感，从而实现景区和活动的持续发展。

五、政府鼓励支持

景区和活动的有效开展，离不开政府的扶持。

第一，政府的支持可以使景区和活动引发更大的社会效应，更容易被社会所关注，更能够吸引更多的游客前来。

第二，政府在交通管制、基础设施上的支持会为游客带来更大的出行便利，游客可以更快、更方便地到达旅游目的地，游客会更愿意来到该景区参与主题活动。

第三，政府在经济、政策等方面的支持会显著的降低景区和活动的经营成本，可以为游客带来更多实惠，游客就会容易对景区和活动产生满意度和忠诚度。

第四，政府还可以在景区经营活动中发挥监督、引领作用，监督指正经营管理中的问题，引导景区和活动主题更契合人民实际需求，更契合社会普遍观点，更契合时代背景，更具有前瞻性。

第十一章　基于环境容量的"游环冲突"管理研究

第一节　休闲农业的资源特性

与传统的农业不同，休闲农业是高层次、高品位的绿色产业，是按照居民的多种需求构建、培育的融生产、生活、生态、科学、教育、文化于一体的现代化农业体系。通过各家对休闲农业定义的界定，发现休闲农业是农业与旅游业相结合的产物，它赖以生存的基础是"大农业"的自然生态和人文景观资源。因此，休闲农业具有以下特征：

一、休闲农业赖以生存的资源繁多

虽然"休闲农业"这一新兴名词带有"农业"这一产业界定，但休闲农业到底应该归属第一、第二、第三产业的哪一个，这是个模糊的问题。休闲农业现今越来越成为人们生活中必不可少的成分，它在工业、农业和第三产业中均有体现，其依托的资源也跨越了第一、第二和第三产业。

二、休闲农业的主体资源易遭破坏

休闲农业依赖的资源很多，但以农、林、牧、副、渔为基础的"大农业"仍然是其根基，而这一基础使得休闲农业的资源极易遭到破坏。

（一）自然演进会引起休闲农业资源的衰退

休闲旅游资源中，自然景观是大自然的一部分，其开发、利用均会影响休闲农业旅游资源的变化，地震、洪灾等则会直接地改变旅游资源的面貌，就连风吹日晒、寒暑变化也会改变休闲旅游资源的形态和性质，使休闲旅游资源缓慢变化。无论是哪种力量，都在改变和破坏着休闲农业资源的可持续发展。

（二）开发不当会导致休闲农业的环境问题

部分休闲农业旅游资源要服从市政建设、城市整体布局。而市政建设和城市整体布局也会破坏休闲农业旅游资源，如围湖造田、砍伐森林等都会导致休闲农业旅游环境的恶化。

（三）经营不善会带来休闲农业的管理威胁

休闲农业是面向游客的，而游客的参与也可能对休闲农业旅游资源造成破坏，如游客对绿化的践踏，对景物的刻画、涂抹，对花草树木的攀折。若不对这些行为进行管制，不对游客进行教育和引导，将导致休闲农业环境不断恶化。

第二节　休闲农业的游客行为特征

一、休闲农业游客参与的形式不拘一格

休闲农业的形式主要有9种：观光农园、市民农园、农园公园、教育农园、休闲农场、森林旅游、农村留学、民宿农庄、民俗旅游等。这是一个庞大的休闲农业旅游体系，不受时间、空间的限制，而游客面对如此丰富的休闲形式，他们的参与形式也会是多种多样的，如直接品尝农产品或直接参与农业生产与生活实践活动等。因此，休闲农业具有很强的实践性和体验性。

二、游客的需求会引申休闲农业经营的双重性

休闲农业是农业经济与旅游经济的结合体，这一特性最大的体现就是其产品既是一种或数种农产品，又是旅游产品。比如，游客在休闲农场，既可以从采摘新鲜瓜果蔬菜上获得乐趣和放松，又可以将自己采摘的新鲜瓜果蔬菜带回家享受绿色食品。

三、以游客行为为核心会带来经营的失重

休闲农业是面向游客的旅游项目，其经营理念是"以消费者需求为核心"。这种理念没有错，一旦只关心消费者的需求，则可能放弃对资源的关心，这就本末倒置了，容易用长期的生态和环境代价换得短时期的利益。

第三节　环境容量及其特征

一、环境容量的内涵

在"绿色回归生活"呼唤下诞生的休闲农业旅游具有鲜明的个性特征，其中最明显的特征就是游客的参与度很高。相应地，休闲农业的资源又是极易遭到破坏的，这是一个我们不得不重视的冲突。面对冲突，我们首先应重视的问题就是休闲农业旅游资源的环境容量问题。

环境容量(carrying capacity of environment)是一个从生态学中发展起来的概念。与它相近的一个概念是环境承受力(environmental bearing capacity)，也可称为环境承载力(environmental load capacity)、环境忍耐力(environmental tolerance)。环境容量这一概念在环境科学领域一般指的是狭义的概念，即环境系统所能容纳污染物质的最大数量。

休闲农业环境容量是针对休闲农业旅游区这个特定的地域单元所引发的环境容量的概念。从根本上来说，休闲农业旅游区的环境问题绝大部分都是由旅游者引起的。因此，一般以旅游者的容量来表征污染物的数量，二者之间有一个标准对应关系。相应地，休闲农业环境容量是指休闲农业旅游区这个环境里面所能容纳旅游者的最大数量。一个休闲农业旅游区所能容纳的游客人数并不是没有限度的；相反，由于游客的过度密集会引发许多环境、经济和社会问题，甚至影响区域休闲农业旅游的可持续发展，因此它客观上存在着一个容量的极限值和一个最适值。

在休闲农业发展的第一个阶段，旅游目的地很少受益，因为休闲农业最初投资巨大而收益很少。因此，休闲农业发展的目标在于对旅游目的地和设施进行各方面的投资管理，然后尽可能多地吸引游客。当休闲农业发展带来的效益不足以补偿给当地社会带来的消极影响

(如对文化的破坏)时,当地社会就出现了“净支出”,也就是环境容量进入饱和的状态。一般来说,当休闲农业发展到超过极限时,就会出现额外的消极影响。

等到休闲农业在达到饱和状态之后再谋发展、想改良,还不如在建设之初就对其进行良好的规划和管理,对将会限制和破坏其发展的环境容量因素进行控制,让其保持良好的、持久的生命力。

二、环境农业环境容量的特点

(一)“木桶性”

所谓“木桶性”,是指一个木桶的容量由木桶边缘最短的一块木板所决定。它的一般意义在于:对于任何一个系统而言,其系统的容量是由系统的各要素中容量最小的要素决定。休闲农业环境容量是有机体系,它由许多的因素组成,如床位、车位、索道容量等。在这一系统当中,任何一个容量最小的因素都会成为制约休闲农业旅游区环境容量的限制性因子。如果能够有效地利用“木桶”原理,就可以在一定程度上有针对性地提高区域的休闲农业环境容量。

(二)等级性

休闲农业环境容量与旅游景点的吸引程度、旅游者的要求水平、旅游经济活动的层次等方面都有着密切的内在联系。因此,不同等级的标准和内容,会体现出不同的旅游环境容量值,不同的休闲农业场所也会有自身不同的环境容量。

(三)综合性

休闲农业环境容量是各方面因素的综合体现,而某一方面的容量是不能科学且有效地表征休闲农业环境容量。

(四)可控性

休闲农业环境容量是保护景区的环境质量、促进其可持续发展的重要指标,其中瓶颈因子是可以进行人为调控的。特别是在一些区域面积比较大的休闲农业旅游区内,可以通过一定的管理手段,对某些景点的旅游者的人数进行空间和时间上的调控,可有效地增大旅游景区的环境容量。

第四节　游客密度与环境的冲突

一、游客密度对休闲农业文化的影响

游客对当地的资源及社会文化冲突是显而易见的,但这种冲突的发生程度和范围是不同的。游客密度越大,这种冲突便越大,比如文化差异(宗教信仰、生活习俗、生活观念)大的地区所能承载的游客密度也就越小。也就是说,游客密度越大就会对休闲农业旅游区的文化提出挑战,就越会破坏当地的文化环境。

二、游客密度对休闲农业资源的影响

旅游者在游玩的同时,会破坏休闲农业的旅游资源,如对草坪的践踏、对花草树木的攀折等。资源的破坏对于旅游业来说是无法弥补的,因此各休闲旅游景区应通过各种途径和方法来控制游客密度。国家标准《风景名胜区规划管理》(GB 50298—1999)规定的游憩用地生态用量如表 11-1 所列。

表 11-1　游憩用地生态容量

用地类型	允许容量和用地指标	
	容量/(人·hm^{-2})	用地/(m^2·人$^{-1}$)
针叶林地	2～3	3 300～5 000
阔叶林地	4～8	1 250～2 500
森林公园	15～20	500～660
荒草林地	20～25	400～500
草地公园	<70	>140
城镇公园	30～200	50～330

三、游客密度对休闲农业管理的影响

游客密度对休闲农业景区的管理水平提出了挑战。对休闲农业景区的管理不仅要将游客尽可能地拒之于生物易损带之外，还要保证游客不会超过休闲农业景区的极限容量。可供参考的做法很多，比如将旅游者活动中心和停车场建在对野生生物和自然景观完全没有影响的地带等。

第五节　休闲农业游客行为与环境容量冲突的解决

一、休闲农业游客行为与环境容量冲突的解决原则

（一）兼顾整体性与区域性

要解决休闲农业游客行为与环境容量之间的冲突，首先就要遵循兼顾整体性与区域性的原则。休闲农业旅游资源首先是一个整体，它是环境的各个组成部分和要素之间构成的一个完整系统，也是大自然这个大系统中的部分；同时，不同的休闲农业旅游区域又有自身不同的特性。在发展休闲农业过程中，局部的人为破坏是不可避免的，但在建设、发展、经营管理的过程中一定要在区域自身特色的基础上服从整体旅游资源的规划。

（二）兼顾变动性和稳定性

休闲农业旅游资源在短期内可能因为各种因素产生变动，但从可持续发展的角度来看，一定要保证其发展和资源环境的稳定性。休闲农业资源的变动性是指在自然和人类社会行为的共同作用下，环境的内部结构和外在状态始终处于不断变化之中；而稳定性是指环境系统具有一定的自我调节功能。兼顾变动性和稳定性的原则要求休闲农业旅游区的环境容量一定要恰当，一定要在环境系统的自我调节能力允许范围内。

（三）兼顾资源性与利益性

环境不仅是休闲农业，更是人类社会生存与发展不可或缺的依托。可以说，没有环境就没有人类的生存，更谈不上人类社会的发展，也就无从谈起休闲农业的发展。从这个意义上来看，环境具有不可估量的价值。一旦我们忽视了人类对自然资源的侵害，用人类不可或缺的资源来换取短期利益，那么得到的就不是休闲农业旅游的发展了，而将是自然对于人类的惩罚。因此，发展休闲农业过程中一定要兼顾资源性与利益性。

二、休闲农业游客行为与环境容量冲突的解决思路

（一）形成一个体系

休闲农业旅游环境是一个大的整体，任何一个分割的局部都不可能成为吸引游客的原因。因此，对于休闲农业旅游环境的保护，首要的就是要把整个旅游环境看作一个大的体系，一个包括山、水、人、物的大体系，用整体的、全局的、战略性的眼光来对休闲农业旅游资源进行管理；同时，在整个体系中要重视人的因素，包括管理者、旅游者、服务人员等，他们是整个体系中弹性最大、最能被塑造和利用的因素。

（二）打造两个环境

(1) 打造良好的服务环境。旅游者在休闲农业旅游景区旅游时，需要良好的服务，包括交通、住宿、餐饮、导游等方面，而这些因素都可以用来保护休闲农业资源不受到游客的破坏，如交通、住宿、餐饮远离风景区，导游对游客进行旅游教育等。

(2) 打造良好的游客环境。游客既是景点的欣赏者，往往又会是旅游资源的破坏者，但游客的行为是可以被教育的，游客与游客之间也能形成行为的相互影响。因此，打造良好的游客环境对于休闲农业的资源保护也是非常重要的。

（三）符合三个规律

第一，要符合消费者需求的规律。休闲农业作为一种旅游形态，它是面向游客（消费者）的。因此，在经营管理上必须要以消费者的需求为核心，在此基础上获得利润、谋求发展。

第二，要符合国际旅游业的内部发展规律。我国包含休闲农业的旅游业是改革的先导和开放的窗口，是直接面向国际市场的，也是国际认识中国的一个平台。因此，休闲农业一定要与国际旅游市场接轨，按国际旅游业的内部规律发展，从而走向世界，进入世界经济的大循环之中，成为国民经济新的增长点。

第三，要符合休闲农业旅游的可持续发展规律。休闲农业本身就是旅游业可持续发展的最佳选择。一个在全球可持续发展战略中具有天然优势的产业，必然会有更加广阔的前景。但是，休闲农业在产生相当大的效益的同时也需要庞大的社会成本。因此，休闲农业的管理目标、策略和手段更应借助自身的优势来促进休闲农业的长远发展。

第五篇
总结与展望

第十二章　研究结论与展望

第一节　研究结论

一、休闲农业发展成熟度评价相关研究结论

（一）构建休闲农业成熟度模型，划分成熟度等级

本书建立了休闲农业成熟度模型，并将休闲农业成熟度模型划分为5个等级，分别为混乱期、重复期、成长期、成熟期、优化期；确定了每个等级的关键过程和关键实践活动；明确了休闲农业的主要发展方向。

（二）构建了休闲农业成熟度评价指标体系

本书确立了整个指标评价体系，从主观感知指标和客观量化指标2个方面对休闲农业的成熟度进行评价，指标体系包括5个一级指标和24个二级指标，并运用层次分析法确立了指标的权重。

（三）分析了江苏省休闲农业的整体发展现状和特征

实证研究得到江苏省休闲农业成熟度评分，客观评价了江苏省休闲农业发展状态，并挖掘出其存在的问题。

（四）对江苏省内各地区的休闲农业进行差异化分析

在江苏省整体休闲农业评价的基础上，本书对苏南、苏中、苏北地区的休闲农业成熟度做出评价，归纳得出省内各地区休闲农业不均衡发展的现状，指出苏北地区基础设施完善度、项目独特性及休闲农业文化发展相比苏南地区都存在很大的不足。

（五）为江苏省休闲农业协调发展提供对策和建议

本书结合休闲农业成熟度模型，指出各地区现阶段主要的关键实践活动应该是注重地区人才资源的培养、标准制度的完善和监管制度的加强；同时要注意对休闲农业的文化内涵进行深层次的挖掘，形成地区的独特品牌，促使休闲农业能迈入更加成熟的阶段。

二、中外游客消费行为对比相关研究结论

休闲农业消费者15年跟踪调查显示，15年来游客在旅游信息搜集的途径、评估准则、所费时间等指标均有显著变化；同时，通过中外游客消费行为对比研究发现2组研究对象在休闲农业旅游上所花的时间、费用、次数上存在显著差异，在旅游目的地选择标准、旅游目的上比较接近。

(1) 2004—2019年的数据显示，休闲农业游客对于搜集旅游信息所花费的时间体现出游客对旅游信息的关注程度尚有待提高；现代人对旅游信息的重视程度并不高。

(2) 2004—2019 年的数据显示，徐州市休闲农业游客平均用于搜集旅游信息的时间介于“较少”和“一般”之间，需要引导游客大量关注旅游信息；国际游客更愿意在搜集旅游信息方面花费时间，以达到更好的外出游玩效果。

(3) 根据休闲农业游客旅游目的地选择依据的分析得出结论，休闲农业游客较注重旅游的安全性、商家的诚信度和良好的生态环境；国际游客最注重旅游地点的人气和商家的诚信度。

(4) 调查结果显示，国内游客每年用于休闲农业旅游景区的支出总额平均为 1 326.19 元。相对而言，国际游客更加愿意消费体验好的旅游服务；另外，休闲农业的发展潜力极为可观。

(5) 对于休闲农业游客，旅游的动机前三位依次为：为了自我身体上的放松、为了自我心理上的放松以及为了和家人增进感情。换言之，游客旅游首要动机是“逃避诱因”，其次是“社会动机”。

(6) 休闲农业游客旅游伙伴主要是：朋友、配偶或男(女)朋友和父母，表明休闲农业游客在闲余时间旅游目的有和朋友、配偶、父母等增加感情。

(7) 2006 年调查结果显示，徐州游客认为休闲农业发展的整体情况一般，他们并不满意，说明徐州市休闲农业旅游景区发展并不成熟，甚至没有特色，总体实力较弱。2017—2018 年的调查结果显示，休闲农业旅游景区游客的忠诚度基本在74.87%左右，尚有 22.46%左右的游客处于飘忽不定的状态，需要对其做进一步的宣传引导。

三、景区大型主题活动相关研究结论

(一) 景区大型主题活动与游客忠诚度

景区大型主题活动对游客忠诚度有着显著的正向影响，旅游景区通过举办大型主题活动确实能够显著提升该景区游客的忠诚度；同时，活动趣味性、互动性、利益性和个性都会正向影响游客忠诚度。

(二) 景区大型主题活动与游客满意度

从整体来看，依照数据分析结果我们可以认为景区大型主题活动对游客满意度有着显著的正向影响，景区可以通过举办大型主题活动的方式提升本景区的游客满意度。

活动趣味性可以显著提升游客感知，但对游客期望无显著影响；同时，活动利益性、互动性和个性均对游客感知有着显著的正向影响，三者对游客期望有着显著的弱负向影响。

(三) 游客满意度与游客忠诚度

游客满意度与游客忠诚度之间存在显著的正相关关系，景区可以通过使游客满意从而使游客忠诚。

(四) 游客满意度的中介作用

除游客期望在活动趣味性和景区忠诚度之间不存在中介作用外，游客满意度、游客感知和游客期望在各变量、维度间的中介作用均得到了验证通过，且对所有中介效应分析结果均为部分中介作用。

第二节　研究创新点及展望

一、研究创新点

(1) 构建了全新的研究模型。研究发现，在关于大型主题活动与游客满意度、忠诚度的

相关研究中，并没有科学、成熟的理论模型，学者们大多依照各景区的特点进行分析。本书综合分析了大量研究结果，经过筛选与实证分析，构建了全新的研究模型，这是在该研究领域内的一次创新。

(2) 现有文献中大多以单独景区为研究对象，不具有普遍意义。本书的研究对象为现场参与景区主题活动的游客，共选择了5种类型的地理位置相距较远的景区主题活动，力求寻找变量之间的一般性关系。

(3) 本书创新性地引入4I理论辅助研究景区大型主题活动的影响因素，并通过实证研究验证了其合理性，在已有的研究成果中并未发现与此类似的研究方法与手段。

二、研究展望

未来可以通过以下几个方面进行改进研究：

第一，针对研究对象选取问题，我们可以在进一步的研究中采用大范围性调查研究，通过设计反向题项等筛选出有效问卷，力争反映游客群体的一般情况。

第二，针对实证分析结果不理想问题，可以通过扩大样本量，进一步修正优化研究模型，加入更多调节变量、控制变量等，直至得出最优结果，使研究能够最真实地反映客观规律。

第三，针对样本数据的时效性问题，在今后研究过程中可以尝试建立动态的研究模型，对实际情况进行预测与分析。

参考文献

[1] 赵梦琪.基于“区域一体化”的都市农业功能空间分异研究:以长株潭城市圈为例[D].武汉:华中农业大学,2019.

[2] 尧珏,邵法焕,蒋和平.都市农业新产业和新业态的发展模式研究:以青岛市为例[J].农业现代化研究,2020,41(1):55-63.

[3] 范子文.观光、休闲农业的主要形式[J].世界农业,1998(1):26-27.

[4] 范水生,朱朝枝.休闲农业的概念与内涵原探[J].东南学术,2011(2):72-78.

[5] GILBERT D. Rural tourism and marketing:Synthesis and new ways of working[J]. Tourism management,1989,10(1):39-50.

[6] GILBERT D,TUNG L. Public organizations and rural marketing planning in England and Wales[J]. Tourism management,1990,11(2):164-172.

[7] MARSDEN T, SONNINO R. Rural development and the regional state: Denying multifunctional agriculture in the UK[J]. Journal of rural studies, 2008, 24(4): 422-431.

[8] 杨莹.基于产业融合视角的农业文旅项目立项评价研究[D].西安:西安理工大学,2019.

[9] 袁浩博.吉林省农村三次产业融合发展研究[D].长春:吉林大学,2019.

[10] 刘健哲.台湾农业结构变迁与农业政策调整[J].福建农业学报,2000,15(S1):56-62.

[11] 邵琳萍.北京市战略规划与京郊休闲农业发展[J].中国科技博览,2014(4):473.

[12] 郭一新.休闲农业旅游开发探讨[J].地域研究与开发,1999,18(2):63-65.

[13] 王佳佳.苏南地区都市休闲度假型观光农业园景观规划设计方法初探[D].苏州:苏州大学,2014.

[14] LANE B. The green light:a guide to sustainable tourism[J]. Journal of rural studies, 1993,9(2):194-195.

[15] 佟飞.平度市休闲农业发展问题与对策研究[D].泰安:山东农业大学,2019.

[16] 袁燕才,杨贤智.台湾休闲农业的崛起及其对我省的启示[J].广东农业科学,1994,21(1):1-3

[17] 丁忠明,孙敬水.我国观光农业发展问题研究[J].中国农村经济,2000(12):27-31.

[18] 李春生.郑州市城郊观光农业的发展研究[J].河南农业科学,2003,32(1):22-23.

[19] 韦林娜,甘永红,陈兴鹏.兰州市观光休闲农业发展研究[J].甘肃农业,2004(11):80-81.

[20] 袁定明.我国休闲农业现状及发展对策分析[J].农村经济,2006(9):53-56.

[21] 戴美琪,游碧竹.国内休闲农业旅游发展研究[J].湘潭大学学报(哲学社会科学版),2006,30(4):144-148.

[22] 郑雨尧,娄钰华,陈国定.休闲农业发展的实证研究:以浙江绍兴县为例[J].农业经济,2006(6):31-33.

[23] 史亚军,黄映晖.从战略高度认识北京新农村建设与都市型现代农业发展问题[C]//社会主义新农村建设高层论坛专辑,2006:34-36.

[24] 陈美云.台湾休闲农业的成功经验及对大陆的启示[J].科技情报开发与经济,2006(2):119-121.

[25] 林国华,曾玉荣,刘荣章,李建华.台湾休闲农业发展模式与经验探讨[J].台湾农业探索,2007(4):16-21.

[26] 欣农.台湾发展休闲农业的经验[J].新农村,2010(1):36-37.

[27] 朱孟珏,董宁.休闲农业发展模式探讨[J].热带农业科学,2010,30(2):70-74.

[28] 钟平,侯立白.丹东市五龙背休闲农业发展模式初探[J].农业经济,2011(12):23-24.

[29] 谢晓萍,刘恩财,沙黎明.大连市休闲农业发展问题与对策建议[J].广东农业科学,2012,39(5):155-157.

[30] 高建秋.休闲农业投资项目评价指标体系构建研究:以大秦岭秀休闲农业项目为例[D].咸阳:西北农林科技大学,2014.

[31] 中华人民共和国国家旅游局.首批全国工农业旅游示范点全书[M].北京:旅游教育出版社,2005.

[32] 许可,陆敏.基于成熟度视角的浙江大学国家大学科技园宁波分园评价[J].现代经济(现代物业下半月刊),2008,7(11):102-103.

[33] PAULK M C , CURTIS B. Capability maturity model, version 1.1[J]. IEEE software, 1993, 10(4):18-27.

[34] 马文,赵晓平,张新阳,等.电网企业数据管理成熟度评价体系的构建研究[C]//2019智能电网新技术发展与应用研讨会论文集.南京,2019:219-221.

[35] 肖吉军,郑颖琦,徐洁萍.基于AHP与DHNN的智能制造成熟度评估模型研究[J].系统科学学报,2020,28(2):105-110.

[36] 马静.财务共享服务中心能力评价体系的构建与应用:基于成熟度的视角[D].呼和浩特:内蒙古大学,2017.

[37] KERZNER H. Using the project management maturity model:strategic planning for project management[M]. Hoboken:John Wiley & Sons, 2019.

[38] 孙昌庆,廖瑞华.企业信息化成熟度判定[J].企业管理,2016(4):107-108.

[39] 陈淑静,刘秋常.基于用户体验的项目管理软件成熟度研究[J].山西建筑,2017,43(25):257-258.

[40] 杨紫英.北京市环城游憩带成熟度评价模式研究[D].石家庄:河北师范大学,2009.

[41] 全国农业旅游示范点 全国工业旅游示范点检查标准(试行)[J].中华人民共和国国务院公报,2003(18):43-48.

[42] 徐姣.基于游客体验价值的宝应县域农业旅游产品开发研究[D].扬州:扬州大学,2019.

[43] 谢贵宏. 南宁市美丽南方开放景区使用后评价(POE)研究[D]. 南宁:广西大学,2019.
[44] 吴明隆. 结构方程模型:AMOS的操作与应用[M]. 重庆:重庆大学出版社,2009.
[45] 王凯. 中国主要旅游资源赋存的省际差异分析[J]. 地理学与国土研究,1999,15(3):69-74.
[46] 谢小梅,胡豹. 基于层次分析法的米果果小镇创意农业发展水平模糊综合评价[J]. 浙江农业科学,2019,60(11):2152-2155.
[47] 袁红. 基于层次分析和模糊评判的湖北省休闲农业区域发展潜力分析[J]. 中国农业资源与区划,2018,39(9):309-314.
[48] 杨旺生. 江苏休闲农业发展报告[M]. 北京:科学出版社,2015.
[49] 董楠,张春晖. 全域旅游背景下免费型教材全国游客满意度研究:以陕西王顺山国家森林公园为例[J]. 旅游学刊,2019,34(6):109-123.
[50] D'ORE L,CROUCH G I. Promoting destinations:an exploratory study of publicity programmes used by national tourism organisations[J]. Journal of vacation marketing,2003,9(2):137-151.
[51] O'CONNOR N,FLANAGAN S,GILBERT D. The use of film in re-imaging a tourism destination:a case study of Yorkshire,UK[J]. Journal of vacation marketing,2010,16(1):61-74
[52] CATHERWOOD D W, VAN KIRK R L. The complete guide to special event management:Business insights, financial advice, and successful strategies from Ernst & Young, advisors to the Olympics, the Emmy Awards and the PGA Tour[M]. Hoboken: John Wiley & Sons, 1992.
[53] 王小刚. 海南省地方节事活动的游客参与及感知满意度调查研究[J]. 旅游纵览(下半月),2019(10):112-114.
[55] 宋超颖. 城市节事对城市经济发展的影响:以青岛啤酒节为例[J]. 文化产业,2019(3):4-7.
[54] AN T G. A study on the effect of Involvement and Food tourism Motivation of Food tourists on Participation Activity and satisfaction[J]. Indian journal of public health research & development,2018,9(8):870-876.
[57] CHRISTOU P,SHARPLEY R,FARMAKI A. Exploring the emotional dimension of visitors' satisfaction at cultural events[J]. Event management,2018,22(2):255-269.
[56] JANISKEE R L. Event management & event tourism[J]. Annals of tourism research,2006,33(3):872-873.
[58] 罗文斌,钟诚. 烟花节事旅游的居民参与度、感知与支持度影响关系研究[J]. 湖南财政经济学院学报,2015,31(4):90-96.
[59] 乔一博. 基于EMBOK理论的景区节事设计改进路径研究:以太原双塔牡丹文化节为例[J]. 山西财政税务专科学校学报,2016,18(4):56-59.
[60] 孟祥丰,张一. 基于传统文化品牌构建视角的乡村节事活动策划研究:以宜兴芳桥目连文化节活动策划为例[J]. 旅游纵览(下半月),2018(18):139-140.
[61] 张萍,王溯. 基于文化空间的民族民间体育节事可持续发展研究:以广西宾阳“炮龙节”

为个案[J]. 桂林航天工业学院学报,2017,22(3):337-343.

[62] TODD L,LEASK A,ENSOR J. Understanding primary stakeholders' multiple roles in hallmark event tourism management[J]. Tourism management,2017,59:494-509.

[63] 盖文亮,杨涛. 我国民族民间体育赛事与旅游目的地的互动影响机理[J]. 西安体育学院学报,2018,35(4):455-459.

[64] 彭平平,李宏. 影响景区节事活动发展的因素探讨:以北京香山红叶节为例[J]. 首都师范大学学报(自然科学版),2012,33(2):62-68.

[65] 孙建华,王帅. 边境旅游与节事活动互动发展的机制与路径分析:以丹东市为例[J]. 辽东学院学报(社会科学版),2018,20(6):57-62.

[66] JAKULIN T J,GOLOB A. Systems approach to standardisation,classification and modelling of managed events for tourism[J]. Organizacija,2015,48(3):188-197.

[67] 张素. 旅游节庆主题定位策划与旅游者效益感知:以浙江舟山为例[J]. 云南开放大学学报, 2018,20(3):67-72.

[68] 张珊珊,武传表. 美食旅游节对举办地的影响研究[J]. 改革与开放,2018(5):89-91.

[69] 姚培君,陈肖静,徐姣. 扬州淮扬菜美食文化旅游产品营销策略探究[J]. 江苏商论,2018(1):3-7.

[70] 吕莉. 我国旅游节事的策划与运作研究[J]. 商业研究,2006(13):202-205.

[71] 余晨杰. 节事旅游效益升级的对策研究:以宁波节事旅游为例[J]. 时代金融,2018(36):46-47.

[72] 朱娜. 体验视角下河南节事旅游营销研究[J]. 山西农经,2018(21):34-35.

[73] 杨吉,杨雨晴. 河南红色文化旅游可持续发展路径分析[J]. 现代营销(下旬刊),2019(2):130-131.

[74] 戴光全,保继刚. 西方事件及事件旅游研究的方法[J]. 桂林旅游高等专科学校学报,2004(03):13-16,21.

[75] 姚静娟. 阜阳市节事旅游影响评价体系构建[J]. 合作经济与科技,2017(20):14-17.

[76] 刘太萍,殷敏. 中国节事旅游营销管理现状分析与对策研究[J]. 北京第二外国语学院学报,2004(5):52-56.

[77] 余青,吴必虎,殷平,等. 中国城市节事活动的开发与管理[J]. 地理研究,2004,23(6):845-855.

[78] 于海波,吴必虎,卿前龙. 重大事件对旅游目的地影响研究:以奥运会对北京的影响为例[J]. 中国园林,2008(11):22-25.

[79] CARDOZO R N. An experimental study of customer effort, expectation, and satisfaction[J]. Journal of marketing research,1965,2(3):244-249.

[80] 菲利普·科特勒(美). 营销管理:分析、计划、执行和控制[M]. 13 版. 北京:中国人民大学出版社,2009.

[81] OLIVER R L. A cognitive model of the antecedents and consequences of satisfaction decisions[J]. Journal of marketing research,1980,17(4):460-469.

[82] Oliver R L, Linda G. Effect of satisfaction and its antecedents on consumer preference and intention[J]. ACR North American advances, 1981,8(1):88-93.

[83] WIRTZ J,MATTILA A S,TAN R L P. The moderating role of target-arousal on the impact of affect on satisfaction:an examination in the context of service experiences [J]. Journal of retailing,2000,76(3):347-365.

[84] HUANG Y L,SCOTT N,DING P Y,et al. Impression of Liusanjie:Effect of mood on experience and satisfaction[J]. International journal of tourism research,2012,14(1):91-102.

[85] PRAYAG G,HOSANY S,ODEH K. The role of tourists' emotional experiences and satisfaction in understanding behavioral intentions [J]. Journal of destination marketing & management,2013,2(2):118-127.

[86] DONG P,SIU N Y M. Servicescape elements,customer predispositions and service experience:The case of theme park visitors[J]. Tourism management,2013(36):541-551.

[87] 张春晖,白凯,马耀峰,等.主题景区属性绩效对游客满意度的非对称影响:以4家历史文化型主题景区为例[J].旅游学刊,2014,29(9):44-59.

[88] 杨微微,胡晓.基于IPA分析法的西双版纳野象谷景区游客满意度研究[J].西南林业大学学报,2015,35(3):73-77.

[89] 王旖旎,宋欣哲,刘锴.基于生态文明视角的海岛旅游满意度研究:以长海县为例[J].国土与自然资源研究,2017(5):61-65.

[90] 周雪娇,钟士恩,徐文燕,等.主题公园游客满意度的多维度影响因素研究:以中华恐龙园为例[J].地理与地理信息科学,2017,33(6):118-124.

[91] 夏凌云,于洪贤.湿地公园属性因素及满意对游客忠诚的影响:以哈尔滨市5个湿地公园为例[J].湿地科学,2017,15(3):396-403.

[92] YOON Y,UYSAL M. An examination of the effects of motivation and satisfaction on destination loyalty:a structural model[J]. Tourism management,2005,26(1):45-56.

[93] BOWEN J, SHOEMAKER S. The Antecedents and Consequences of Customer Loyalty[J]. Cornell hotel restaurant and administration quarterly, 1998, 39(1):12-25.

[94] GRIFFIN J, HERRES R T. Customer loyalty:How to earn it, how to keep it[M]. San Francisco, CA:Jossey-Bass, 2002.

[95] TUCKER W T. The development of brand loyalty[J]. Journal of marketing research,1964,1(3):32-35.

[96] DAY G S. A two-dimensional concept of brand loyalty[M]//Lecture Notes in Economics and Mathematical Systems. Berlin, Heidelberg: Springer Berlin Heidelberg,1976:89-89.

[97] HERNÁNDEZ-LOBATO L,SOLIS-RADILLA M M,MOLINER-TENA M A,et al. Tourism destination image, satisfaction and loyalty: a study in ixtapa-zihuatanejo, Mexico[J]. Tourism geographies,2006,8(4):343-358.

[98] GALLARZA M G,GIL SAURA I. Value dimensions,perceived value,satisfaction and loyalty: an investigation of university students' travel behaviour [J]. Tourism

management,2006,27(3):437-452.

[99] CHI C G Q,QU H L. Examining the structural relationships of destination image, tourist satisfaction and destination loyalty: an integrated approach [J]. Tourism management,2008,29(4):624-636.

[100] LEE J,GRAEFE A R,BURNS R C. Examining the antecedents of destination loyalty in a forest setting[J]. Leisure sciences,2007,29(5):463-481.

[101] 杨雪雁,李洪心. 旅游网站顾客忠诚度影响因素实证研究[J]. 广东商学院学报,2013,28(5):65-74.

[102] 狄佩佩. B2C模式下顾客忠诚度影响因素研究[J]. 现代商业,2017(14):40-41.

[103] BIGNE J E,SANCHEZ M I,SANCHEZ J. Tourism image,evaluation variables and after purchase behaviour:inter-relationship[J]. Tourism management,2001,22(6):607-616.

[104] PETRICK J F , BACKMAN S J. An examination of golf travelers' satisfaction, perceived value, loyalty, and intentions to revisit[J]. Tourism analysis, 2002,6(3):223-237.

[105] 罗楚,沈蕾,高晗. 旅游目的地品牌体验对游客忠诚度的作用机制研究[J]. 东华大学学报(自然科学版),2016,42(5):752-759

[106] 林翠生,王雅君,林文君. 福建湄洲岛朝圣者忠诚度提升研究[J]. 宁德师范学院学报(哲学社会科学版),2018(2):84-89.

[107] 李武. 感知价值对电子书阅读客户端用户满意度和忠诚度的影响研究[J]. 中国图书馆学报,2017,43(6):35-49.

[108] 陈晓艳,方婷. 乡愁旅游动机对游客忠诚度的影响:以高淳慢城为例[J]. 南京晓庄学院学报,2018,34(4):104-112.

[109] 杨发鹏,白银霞. 新疆屯垦旅游形象对旅游忠诚度的影响研究:以石河子地区为例[J]. 石河子大学学报(哲学社会科学版),2018,32(3):50-56.

[110] 丘甜,华伟平. 供给侧改革下大武夷旅游生态圈游客满意度研究[J]. 铁道运输与经济,2019,41(1):34-38.

[111] 杨帆. 中外节事旅游研究综述[J]. 旅游纵览(下半月),2015(8):42-43.

[112] 周伟伟,胡春丽,荣培君. 基于Fuzzy-AHP的开封菊展节事旅游满意度评价[J]. 焦作大学学报,2014,28(3):83-85.

[113] 汤国荣,高峻. 传统少数民族节庆旅游中的旅游者凝视行为探析:基于云南彝族"阿细祭火节"旅游的个案研究[J]. 旅游研究,2014,6(1):64-68.

[114] 阮文佳,袁箐. 基于IPA分析法的游客旅游满意度研究:以开封菊花文化节为例[J]. 石家庄学院学报,2015,17(3):75-81.

[115] 白雪,刘江. 基于游客感知的苗族姊妹节旅游品质提升策略研究[J]. 贵州师范学院学报,2016,32(5):62-67.

[116] 祝晔,赵志霞. 体验经济视角下泰州节事旅游发展探讨[J]. 经贸实践,2015(13):36-37.

[117] EGGERT A,ULAGA W. Customer perceived value:a substitute for satisfaction in business markets? [J]. Journal of business & industrial marketing,2002,17(2/3):

107-118.
[118] 李茜.游客满意度和忠诚度提升视角下的旅游目的地建设与完善策略[J].旅游纵览(下半月),2014(4):166.
[119] 周学军,郑亚章.三峡游客满意度影响因素及品牌忠诚检验[J].统计与决策,2016(18):182-184.
[120] 黎琴.香港迪士尼乐园娱乐表演节目游客满意度实证研究[J].云梦学刊,2018,39(6):97-101.
[121] 杨奇星,王京安,欧瑞秋.二三线城市购物中心顾客体验、顾客满意和顾客忠诚关系的实证研究[J].商业经济,2019(1):125-129.
[122] 许春晓,范香花.节事旅游环境对旅游者生活满意的影响研究:以2011西安世界园艺博览会为例[J].旅游研究,2013,5(4):49-56.
[123] 李朝军,郑焱.旅游节事创新维度结构及其对游客行为意向的影响[J].商业研究,2014(8):162-170.
[124] 罗楚,沈蕾,高晗.旅游目的地品牌体验对游客忠诚度的作用机制研究[J].东华大学学报(自然科学版),2016,42(5):752-759.
[125] 万红珍.体验经济视角下的节事旅游产业化路径研究[J].湖北经济学院学报(人文社会科学版),2016,13(5):53-54.
[126] 吴宪霞,秦小丽,严敏.旅游目的地品牌个性特征与游客忠诚度:以游客满意度为中介变量[J].湖南财政经济学院学报,2017,33(6):106-113.
[127] 许春晓,左湘,胡婷,等.旅游情境、游客情感与游客忠诚的关系研究:以岳阳楼:君山旅游区为例[J].华侨大学学报(哲学社会科学版),2018(5):41-51.
[128] 刘案飞,毛端谦.红色旅游地品牌个性对游客忠诚度的影响研究:以游客满意度为中介变量[J].旅游研究,2018,10(4):37-46.
[129] 王晓宇.基于体验视角的旅顺(北海)渔人节开发研究[J].农业部管理干部学院学报,2018(3):40-43.
[130] 严泽美,许忠伟.节事活动参与者期望与满意度关系研究:以第29届北京玉渊潭樱花节为例[J].四川旅游学院学报,2018(5):46-51.
[131] 何琼峰.基于扎根理论的文化遗产景区游客满意度影响因素研究:以大众点评网北京5A景区的游客评论为例[J].经济地理,2014,34(1):168-173.
[132] "游客满意度指数"课题组,戴斌,李仲广,等.游客满意度测评体系的构建及实证研究[J].旅游学刊,2012,27(7):74-80.
[133] 李思宇.重庆市巫山县旅游扶贫的制约因素与对策研究[J].农村经济与科技,2018,29(7):103,159.
[134] BACKMAN S J, CROMPTON J L. The usefulness of selected variables for predicting activity loyalty[J]. Leisure sciences, 1991, 13(3):205-220.
[135] 邹益民,黄晶晶.自然旅游景区关于游客忠诚度培养的深层探讨[J].技术经济与管理研究,2004(5):111-112.